国家社科基金"人文视野下的中国道路
景观文化研究"（编号：10BZX80）

中国道路景观文化研究

谢怀建 著

中国社会科学出版社

图书在版编目（CIP）数据

中国道路景观文化研究／谢怀建著．—北京：中国社会科学出版社，
2016.7

ISBN 978-7-5161-8827-9

Ⅰ.①中… Ⅱ.①谢… Ⅲ.①公路景观—文化研究 Ⅳ.①U418.9

中国版本图书馆 CIP 数据核字（2016）第 205132 号

出 版 人	赵剑英
责任编辑	韩国茹
责任校对	刘　娟
责任印制	张雪娇

出　　　版	中国社会科学出版社
社　　　址	北京鼓楼西大街甲 158 号
邮　　　编	100720
网　　　址	http://www.csspw.cn
发 行 部	010 - 84083685
门 市 部	010 - 84029450
经　　　销	新华书店及其他书店

印　　　刷	北京君升印刷有限公司
装　　　订	廊坊市广阳区广增装订厂
版　　　次	2016 年 7 月第 1 版
印　　　次	2016 年 7 月第 1 次印刷

开　　　本	710×1000　1/16
印　　　张	15.5
插　　　页	2
字　　　数	216 千字
定　　　价	58.00 元

凡购买中国社会科学出版社图书，如有质量问题请与本社营销中心联系调换
电话：010 - 84083683

目　录

序　言

一

　　"建筑是人和社会存在的环境，建筑也是人的本质力量的文化符号。"① 道路作为建筑范畴的人工构筑物，当然也属于"人和社会存在的环境"和"人的本质力量的文化符号"。但相当一段时期以来，人们对道路的认识基本上停留在它的交通功能上，即道路是实现人流物流的载体。但事实上，道路除了为人们提供人流物流、方便人们的交往外，还有诸多其他功能。正如沈福煦教授所说："建筑不仅仅是满足人的物质活动的对象物，也须满足人的种种精神活动的需要，如心理的、伦理的、宗教的、审美的。"② 建筑是一个非常复杂的现象，具有自然科学、社会科学和艺术学的多种属性，要真正认识到建筑的"核心关节中去，最终的归属必然是文化"③。属于建筑范畴的道路及景观形态，也同样具有满足人的文化需求的功能，甚至成为人们首先认识一个国家、地区或民族的标志之一。笔者进行的一个针对四大洲（亚洲、美洲、欧洲、非洲）八个国家（中国、越南、哈萨克斯坦、美国、加拿大、英国、法国、贝宁）600 人的调查表明，72% 的

---

① 郑时龄：《建筑批评学》，建筑工业出版社 2001 年版，第 1 页。
② 沈福煦：《中国建筑文化史》，上海古籍出版社 2001 年版，第 1 页。
③ 萧默：《建筑的意境》，中华书局 2014 年版，第 2 页。

人首先是通过一个国家的道路（街道）景观形态而对这个国家和城市产生初步印象的。可见，道路除了实现交通功能外，还有体现国家与城市形象、文化与特征的功能。一个国家或城市的特征，就外在来讲，分为两大方面：一是从自然角度来看，是这个国家或城市的山川河流，地形地貌，气候物候，植被生态；二是从人工构筑物与自然的结合来看，是这个国家中的城市的重要建筑物景观，包括道路、边界、区域、节点、标志物①，等等。从精神文化角度来看，精神的东西总会体现在物质上，人造物的形态是人的本质力量对象化的结果。因此，辨识一个国家或城市的人文风情、思想文化、政治制度等不仅仅可以通过与这个国家和城市的人员进行交往和学习他们的政治、法律制度，同时也可以通过对其中的构筑物——建筑、道路、标志物、绿化等景观的解读来达到。建筑不只是建筑材料的堆砌，还是建筑思想的物化表达，道路沿线的景观也一样。不同的国家与城市，细心的人总能从道路景观形态背后找出它们的某些文化特点。总之，道路的作用不仅仅体现在实现人流物流的交通功能上，在它的景观形态背后，还蕴含着文化功能、艺术功能、教育功能等。

迄今为止，人们对建筑、建筑史都著述颇多，建筑文化研究的论文和专著也陆续有作品问世。对归为建筑大类的道路工程建设的研究，无论理论还是实践都成果丰硕。同时，道路景观的研究著述也不少。从20世纪90年代至今，关于道路（公路）景观、美学之类的论文专著都不少，以书籍为例，就有张阳的《公路景观学》②，史忠礼等人的《城市道路绿化景观设计与施工》③，熊广忠的《论道路美学》④，李祝

---

① ［美］凯文·林奇：《城市意象》，方益萍、何晓军译，华夏出版社2001年版，第35—69页。

② 张阳：《公路景观学》，建筑工业出版社2004年版。

③ 史忠礼等：《城市道路绿化景观设计与施工》，中国林业出版社2005年版。

④ 熊广忠：《论道路美学》，人民交通出版社2009年版。

龙的《公路环境与景观设计咨询要点》①，胡长龙的《道路景观规划与设计》②等。至于道路景观的相关论文更是汗牛充栋，举不胜举，如果在中国知网上以主题搜索"道路景设计"，会获得9033篇论文，但如果搜索"道路景观文化"，相关数据就会大大降低，只有5581篇论文；如果从研究的角度更进一步去搜集相关论文，不难发现，真正从道路景观文化来展开研究的，只是凤毛麟角。这说明，人们对道路景观（包括城市街道景观）表达的城市个性、蕴含的文化价值取向并未十分重视。换个角度来说，就是对一个国家、一个城市的精神文化、审美心理与这个国家的城市道路、公路景观等方面的内在联系研究较少。拙著《中国道路景观文化研究》正是针对这方面的问题来展开研究的，如果能因此引起相关人士的关注，笔者将不胜欣慰，或许这正是它的意义所在。

从世界历史角度来看，作为精神文化的东西总会包含着某些基本的或核心的概念。如果古希腊文化的核心概念是逻各斯（logos），那么，中国文化传统的核心范畴就是"道"。③ "道"的原始本义是"道路"。《诗经·小雅·大东》有"周道如砥，其直如矢"，其中的"道"指的就是道路。道路作为人的通行空间，具有出此及彼的通达目标的特征。道路所固有的由此空间到彼空间的通达特征，使它具有通江达海、延伸四方的功能性特点，这就将道提升为实现人与人的交往、人与社会的交往，从而达到社会的有序、规范运行的高度具备了可能。因此，道这个本身作为物理空间的名词就被人们赋予了人与人之间交往、人与社会交往的哲学意涵，形成为人之道、立世之道，并更高层次地泛化为覆盖宇宙与人生的普遍原理的中国式哲学语言。作为宇宙与人世的普遍原理，"道"一方面用来述说、解释宇宙与人类社会中各种不同的现象；另一方面

---

① 李祝龙：《公路环境与景观设计咨询要点》，人民交通出版社2011年版。
② 胡长龙：《道路景观规划与设计》，机械工业出版社2012年版。
③ 杨国荣：《中国文化中的"道"——杨国荣教授在上海外国语大学的讲演》，《文汇报》2010年5月8日。

又被视为存在的终极根据：纷繁复杂的大千世界，千差万别的各种事物，追根溯源往往都被归结于"道"。道又被分为天道和人道。天道与天体、宇宙等自然界相联系；人道从广义上讲，是与人以及人的活动、人的社会组织等相关联，表现为社会活动、历史变迁中的一般原理。① 人道意义上的"道"，"首先涉及广义的社会理想、文化理想、政治理想、道德理想等等，它同时也被理解为体现于社会文化、政治、道德等各个方面的价值原则"②。可见，所谓人道之"道"就是要将作为自然的人引向具有某一社会性质的文明开化之人，实现人的社会性目标。"道不远人"③ 即指道与人们的实践相关，这就规定了道和人的实践活动无法相分，而"百姓日用即道"④ 之"道"是以人的"日用常行"⑤ 为内容的。这就将"道"与"事"、"形而上"与"形而下"在日常的人生体验中交融贯通起来。在与人生活密不可分的建筑中，理所当然地融入了中国文化中"道"的精神内涵。过去，人们对四合院、三合院、中国园林、紫禁城、天坛、地坛、日坛、月坛等予以了更多关注，而对同样作为建筑的道路及其两侧建筑立面景观所彰显的文化内涵研究却较少。但事实上，道路作为线形的空间景观同样具有丰富的"道"的内容。也就是说，哲学意义上的"道"具有丰富的思想文化内涵，它会作为一种意识或思想价值观来指导具有代表意义的实体道路的设计与建设，因此，道路就具有了"弘道"的意义，这样，文化意义上的"道"就与实体的"道路"融为了一体，使实体道路不仅具有了实现人流物流的交通功能，同时也具有了"传道"与"弘道"的文化、宣传、教育功能。这是过去的研究者没

---

① 杨国荣：《中国文化中的"道"——杨国荣教授在上海外国语大学的讲演》，《文汇报》2010年5月8日。

② 同上。

③ （宋）朱熹：《四书章句集注·中庸章句·第十三章》，中华书局1983年版，第23页。

④ 龚杰：《王艮评传》，南京大学出版社2011年版，第74页。

⑤ 同上。

有注意的。

　　人们如何理解道路景观，决定了他们如何设计道路景观。道路景观文化研究，就是对现存的道路景观进行分析、批判、研究，从中发掘出有文化意义的东西，以加深对道路景观的理解，从而为未来的道路景观设计奠定相应的基础。拙著作为国家社科基金项目资助的研究文本，侧重从文化视野的角度来着力研究道路景观。因此，它对于道路景观设计者而言，如果有意义那仅仅是指设计的思想方面的而非技术方面的。而文化是一个很大的概念，百科名片说，有关文化的各种不同的定义至少有两百多种。人们对"文化"一词的纷繁复杂的解读，虽然分歧众多，但有几点是共同的。"第一，都把文化理解为人类活动的产物，而不是与人的活动无关的自然物……第二，即使是指物质的东西，无论是人造的还是自然的，人们关注的也不是这些物质事物的物理的化学的属性，而是体现在其中的精神内容。第三，尽管都把文化理解为与经济、政治、社会、生态不同的概念，但都没有把它们看成互斥的关系，更没有理解为逻辑上的上位概念与下位概念的关系。"① 笔者很赞成将文化分成四个层次的说法，即物态文化、制度文化、行为文化、精神文化。② 按这个分层来认识道路景观文化，可以全面覆盖道路景观的各个方面。第一，道路景观本身是物态的文化，不同的时代道路的质地、材料、空间宽幅是不一样的，这反映的是那个时代的科学技术水平与生产力水平。第二，道路景观形态又反映了不同时代交通的制度文化的特点。如，古罗马的《森普罗尼乌斯道路法》规定，每一罗马里（古罗马的"里"等于一千步，约1.485公里）设置一根石柱，这就是里程碑——于是古罗马军用大道沿途就有了里程

---

① 陶德麟：《略论文化建设中的传承与借鉴》，《哲学研究》2012年第6期，第3—10页。

② 冯辉：《关于文化的分类》，《中州大学学报》2005年第4期，第40—47页。

碑①景观；中国古代交通确立的驿亭制度，使古代中国驿道有了长亭短亭的道路景观。第三，"亭"这种道路景观还是古代中国人送行文化（属于行为文化的一种）的重要载体；中国古代道路两旁多植柳树，这是道路的绿化景观，而这却源于中国古代男女相别时常常折柳相送这一风俗文化，"柳"谐音"留"，以此表明恋人们、友人们对对方的留恋。可见，人与建筑的关系同样适宜于道路与人的关系。第四，道路景观还蕴含着深刻的思想文化内涵。古今中外的建筑史告诉我们，建筑不仅仅受到科学技术的制约，还必须按照科学技术的要求与规范来建设，同时又受建筑思想的制约，而建筑思想是与时代的价值取向、审美文化、民族心理相统一的，所以不同时代、不同地域、不同民族的建筑，反映的是那个时代、那个区域和那个族群的价值取向、审美文化与民族心理。人们总是按照自己认为正确的、美观的标准来构建人工构筑物，道路的建设也是这样，不同的人有不同的爱好，不同的民族有不同的审美取向，当这些不同文化背景的人们按照自己的实用标准和审美取向来进行道路建设时，道路的景观就会各具特色。例如，古罗马建筑师维特鲁威的《建筑十书》对建筑的设计原则是"坚固、适用、美观"②。他对建筑的基本要求有一个"美观"，美观就与审美相联系，而美肯定属于哲学范畴，因为审美离不开美学，美学属哲学的分支，同时还受民族文化与心理影响。中国北宋时期李诫的《营造法式》一书，由文本与图样构成，其中图样不仅反映建筑样式，更重要的是它也反映了中国人的建筑审美。邹其昌教授就认为《营造法式》的理论体系存在显体系和隐体系两个基本面，所谓显体系是指文本构成体系，如制度、功能、料例、图样之类；所谓隐体系是指《营造法式》中的文化精神。同样是注重建筑美，但中西建筑空间

---

①   Romolo Augusto Staccioli, *The Roads of the Romans*, The J. Paul Getty Museum, Los Angeles, 2003, p. 86.

②   ［古罗马］维特鲁威：《建筑十书》，高履泰译，知识出版社 2001 年版，第16 页。

形态大异。这是为什么呢？因为中国人有中国人的文化特征，这种特征必然体现在建筑上，由建筑空间形态来反映中国文化背景下的中国特有的审美文化与审美心理。"建筑是一个时代社会生活的集中体现，包括自然的、政治的、经济的、文化的、习俗的等方面的综合因素及其影响。"① 中国与古罗马在上述自然的、政治的、经济的、文化的、习俗的等诸多方面都不一样，建筑空间形态当然也不一样。所以，中西建筑空间形态有不同是正常的，如果中西建筑空间形态相同那倒反而不正常了。

　　道路也是这样。它的空间特点往往是由文化决定的。古罗马是一个重武的国家。罗马人修路不是为了发展经济（虽然在客观上也推动了经济发展），而是为了征服。它的道路修筑到哪里，军队就开到哪里。从某种意义上说，古罗马大道是古罗马军事政治文化的物化表达，而在古代的军事中，骑兵较步兵不仅更机动快速，而且战斗力更强，为了让这个军事要求得到实现，古罗马军用大道的空间形态就修成了两侧的骑兵道高于中间的步兵道，这也是今天城市道路的基本形态。古希腊神话中，虽然"神人同形""神人同性"，但诸神都住在奥林匹亚山上，神是不死的，人要朝觐他们，所以雅典宽广的道路总是通向山顶的神庙的。雅典的民主政治决定了城市需要广场集合听众，让公民得以了解竞选者的施政主张，因此通往广场的道路也都是宽阔的。相比之下，中国的御道更显特别：它一分为三，中间是皇帝专用，两侧是平民来往通道。原因在于中国古代的观念认为皇帝是天子，尊贵超越常人，而中国人的尊卑思想反映在空间上是高为尊，低为卑，中为尊，侧为卑；反映在道路建设上，就成了御道在中间，民道在两侧，御道路面高于两侧的民道。

　　以此来观察今天的道路景观建设与城市空间建设，其存在的"千城一面""千街同貌"的西化景观问题，已不仅仅只是城市建

---

① （宋）李诫：《营造法式》，邹其昌点校，人民出版社2006年版，"校勘说明"第2页。

设与道路建设的问题，而同时也反映了思想文化认识的问题，反映了城市建设思想中的中国文化融入的问题。只有从思想文化上解决了问题，城市建设、道路景观建设存在的问题才能从根本上得到解决。

二

近现代以来，工业革命兴起，科学技术所要求的标准化在全球范围内迅速推广，汽车文明使公路建设广被世界各国，受标准化和现代主义建筑的影响，道路景观的文化特色在一定程度上受到了冲击。正如现代主义建筑受到人们的广泛质疑，并由此催生了后现代主义建筑一样，道路标准化导致的景观类同也使人们产生了深刻的反思。20 世纪 60 年代以来，道路景观特色建设引起了世界发达国家的重视。以美国为例，这个曾经深受现代主义建筑影响（美国的现代主义建筑思想由现代主义建筑的发源地德国的 Bauhaus - Universitaet Weimar 于 20 世纪 30 年代陆续传入），并将现代主义建筑传至世界各国，也最先兴起后现代主义思潮。自 20 世纪 60 年代以来，美欧等发达国家的后现代主义建筑也如雨后春笋般地兴起。与之相对应的是，在这一时期，美国的道路景观建设与保护也得到了高度重视，风景道（scenic road）的建设与保护就是其重要代表。美国风景道的一个重要特点是各具特色，都有其独特性。从20 世纪 60 年代到 90 年代，美国先后出台了《公路美化法案》（*Highway Beautification Act of 1965*），《风景道和公园道发展建议报告》（*A Proposed Program for Scenic Roads and Parkways*，1966），1973 年又提出了《国家风景公路体系可行性报告》（*FEAS Ability of Developing a National Scenic Highway System*）[1]。1991 年 1 月，美

---

①   Lindsey G. , "Use of Urban Greenways: Insights Form Indianapolis", *Landscape and Urban Planning*, 1999 (45), pp. 145 - 157.

国国会提交了《国家风景道研究报告》（*National Scenic Byways Study*，*Report to Congress*），在这个文件中提出了"对风景识别好、历史价值高的道路提名、促进、保护的计划及操作方法"①。同年12 月，美国国会正式通过了《美国交通运输道路效用法案》（*Intermodal Surface Transportation Efficiency Act of 1991*，ISTEA），在该法案下专门设立了风景道暂行法案，在风景道暂行法案中提出了"国家风景道计划"。还在国家公路秘书处下成立了"国家风景道顾问委员会"。美国国会于 1995 年审核并正式通过了《国家风景道计划》（*National Scenic Byways Program*，1995），提出："在联邦政府投资下，国家风景道计划帮助美国公路景色、历史、文化、休闲娱乐和自然资源的确认和保护，并促进这些道路与众不同。"②与之相对应，美国联邦公路管理局（FHwA）还推出了"公路设计的灵活性"（Flexibility in Highway Design）规则，提出了"每一个公路建设项目都具有特殊性，包括项目所在区域的地理位置、地形地质条件、沿线社会环境特点等因素，公路使用者的需求以及所面临的挑战与机遇。设计者所面临的任务是寻求一种安全前提下同时使道路和周围自然以及人类环境之间的协调的设计"，基于这一理念，设计师可以根据公路建设需要而灵活设计。③ 由此，美国在道路建设上基本突破了因标准化而引起的道路景观类同化，完成了道路建设从规划、设计到工程实施的规范与指导文本，较好地推动了道路景观建设中的自然景观与人文景观的有机统一。

至今，美国各州实施《风景道计划》（*State Scenic Byways Programs*）的达 40 多个，大多数州都在国家风景道计划的框架下制定了有本州特色的、更具体的、更细致的风景道择选确定标准。以加

---

① Federal Highway Administration，*National Scenic Byways Study*，Washington，D. C.：U. S. Department of Transportation，1991.

② Ibid. ，1995.

③ Federal Highway Administration，*Flexibility in Highway Design*，http：//www. fhwa. dot. gov/environment/publications/flexibility.

利福尼亚州为例,《加利福尼亚州景观公路指南》(*State of California Scenic Highway Guidelines*) 就涉及风景公路的全方位内容,包括背景简介、景观公路的标准、提名程序、立项程序、景观公路标志、合格性审查、撤销程序、争端处置程序、杂项(包括线路调整、变更、线缆掩埋等)等,甚至还收录了相关立法材料,如《街道和公路法》《公共设施法》《公共资源法》之《加利福尼亚环境质量法案》,等等,形成了完整的体系。因此,美国在道路景观建设与保护上,无论是规划管理还是法制建设,无论是技术规范还是工程实践,都建立起了一套从国家层面到州、县级政府的完整体系,这些都真真切切地推动了美国道路景观的建设与发展。依据《国家风景道计划》的程序和标准,美国形成了泛美风景道、国家风景道和州级风景道三级风景道体系,并分别在"1996 年、1998 年、2000年、2002 年、2005 年分 5 批共评选出 32 条泛美风景道和 133 条国家风景道,遍布美国各州县和乡村"①。截至 2009 年,泛美风景道增至 37 条,国家风景道增至 170 条,加上 50 个州的州级风景道,整个美国国家风景道体系(NSB)总长度达到了 24548 英里。②

在城市街道建设方面,尽管现代主义建筑从欧洲传到美国,并由美国而广被世界,但西方发达国家总体上非常注重保护本国的历史文化特色和精神风貌。考察欧美国家的城市建设,通过城市道路来表达城市特色、凸显城市魅力、弘扬精神文化是一种十分普遍的做法。从罗马的帝国大道到伦敦的舰队街,从巴黎的香榭丽舍大街到美国的华盛顿林荫大道,从莫斯科的阿尔巴特大街到东京的涩谷大街,从维也纳的纳克恩顿大街到柏林的菩提树大街,无论景观分析专家还是历史文化学者,都不难从中发现不同国家在这些城市道路中展示的文化特色、城市个性、审美偏好、历史文脉以及价值取向。因此,经典的城

---

① 余青、胡晓苒、宋悦:《美国国家风景道体系与计划》,《中国园林》2007 年第 11 期,第 73—75 页。

② 《国外风景道体系研究》,http://www.chinahighway.com/news/2011/481977.php。

市道路，与建筑标志物一样，不仅起到了城市标徽（Logo）的作用，同时更是精神文明的橱窗、历史文脉的载体、城市个性的展台。

20 世纪 60 年代，随着生态文明的兴起，生态建筑也开始出现。景观生态学虽然早在 20 世纪 30 年代就由德国地理学家 C. 特洛尔提出，但得到迅速发展却是在 60 年代生态文明在西方发达国家兴起以后。欧美国家在建设生态建筑时，同样开始了道路生态的保护。进入 21 世纪初，以生态和工程实践为基础的道路生态学在发达国家开始形成。以景观生态学家、哈佛大学教授理查德 T. T. 福尔曼（Richard T. T. Forman）为首的科研团队，集合了包括生态学家、生物学家和交通工程学家总共 14 人，总结过去多年道路生态建设的实践，耗时 27 个月，于 2003 年推出了《道路生态学——科学与解决方法》（*Road Ecology：Science and Solutions*）一书，该书共 4 篇 14 章，五十余万言，分别从道路、车辆和生态，植物和野生动物，水、化学物质和大气，道路系统和未来展望等方面，对道路生态学展开了全方位的研究[①]，产生了十分重要的影响。目前，一种新型的道路生态景观美学已在兴起，正逐步扩大影响，成为未来道路景观美学发展的新方向。

从历史文化大背景的角度来看，发达国家道路景观建设，无论是规划、保护、评价、管理还是兴建，出现了一种由工业文明向后工业文明的现代转型。因此，这不仅是对作为物质文化的道路景观的打造与保护，更是一种思想文化或者价值追求在道路景观上的彰显，其意义不仅仅在于使道路景观更优美，而且是要达到文化的弘扬、文明的启迪、生态的保护等。当然这种转型的前提条件首先在于建造者对道路的功能在思想观念与认识上的变化，而这正是思想文化内容在道路建设上的体现。

---

① Richard T. T. Forman，*Road Ecology：Science and Solutions*，Isand Press，pp. vii - x.

三

中国从传统到现代的转型是在外来力量的刺激下开始的。这种现代转型如果从文化的角度来看，其先后顺序是物质文化（以洋务运动为代表，学习西方的坚船利炮）→制度文化（以戊戌变法、清末新政、辛亥革命为代表，学习西方的君主立宪与共和制度）→精神文化（以新文化运动为代表，学习西方的"民主"与"科学"等精神文化）。思想文化的转型当然会反映在物态文化上，"建筑语言表述社会文化和观念形态"①。道路作为建筑的构成部分，当然也要"表述社会文化和观念形态"。中国的思想文化转型有一个对"旧文化"的否定，因此，这种思想影响下的建筑设计与道路景观建设，也存在一个对中国古代建筑与道路景观的否定过程。如今，民国时期仍古风犹存的"长亭外，古道边，芳草碧连天，晚风拂柳笛声残，夕阳山外山"（李叔同《送别》）古驿道景观早已难觅踪迹了。在外来文化的影响下，在新文化的构建中，民国时期的城市道路，或多或少，自觉不自觉地，总有些欧风美雨的味道，如 20 世纪 90 年代后期保护性整治的上海新天地，其实正是对晚清至民国时期殖民地半殖民地国家"华洋夹杂"的城市街道景观的恢复。紧跟上海同样推行这种城市道路保护性整治的如南京、武汉、重庆以及青岛的八大历史街区等，都可看到西方城市街道的影子，又都可以看到"华洋夹杂"的时代特征对城市道路景观的影响。

新中国成立之初，曾有一个教育文化上的"全盘苏化"时期。因此，苏联的城建思想也影响到我国当时的城市建设。北京的十大建筑多是苏式建筑。从人民大会堂到军事博物馆，从历史博物馆到北京展览馆，这些建筑立面给北京的城市带形空间（大街）留下

---

① 沈福煦：《中国建筑文化史》，上海古籍出版社 2001 年版，第 7 页。

了不可磨灭的历史记忆。"文化大革命"时期，不少城市街道建设体现了那个时期独有的历史文化记忆——城市街道建筑立面上红底黄字的"毛主席语录"。唐山市城市街道两边的干打垒建筑，如果不遇到大地震及以后的城市重建，或许会给我们留下那个时代城市建设与城市道路的经典。同样，大庆市有意留下的干打垒房屋及街道，并非因为这样的建筑是当今城市街道之所需，而是为了保持和弘扬"干打垒精神"。

改革开放之后，我国开始了大规模的城市道路、高速公路及普通公路的建设，开始建设的目的就是为解决交通问题，至于道路的美感、生态、文化均不是主要的考虑范畴。即使注意到了道路的美感，那也主要是从道路交通安全方面，以技术标准为出发点，从道路的"点、线、面"角度着眼的。交通部自 20 世纪 80 年代以来先后颁布了多个《公路线路设计规范》（分别是〔JL 3011—84〕、〔JTJ 011—1994〕、〔JTGD 20—2006〕），建设部也在 1997 年颁布了《城市道路绿化规划与设计规范》〔CJJ 75—97〕，这些文件从技术上规范了道路景观建设与绿化的标准，作为行业的技术标准无可非议，但如果从国家立法的高度、从景观文化与生态建设的角度来解决道路建设中的景观文化问题、生态问题、艺术问题等而言，却显然跟不上国家文化建设与生态建设在道路景观建设上的形势。另外，我国的城市化进程与城市建设规模宏大、速度迅猛，在规划、设计、建设等诸多方面都存在一些问题，如领导意志的干预、规划者的人文知识欠缺、市民参与的形式化等。这就使得我们的城市建设往往出现"千城一面""千街同貌"的困境——作为城市带形空间的城市道路缺乏特色。

值得欣慰的是，在大规模的城市建设与交通建设中，我国也涌现出了一些令人欣喜的亮点。如，深圳在 20 世纪 80 年代兴建了深南大道，客观上彰显了改革开放的成果，弘扬了这个城市改革开放的精神，凸显了它勇于创新的城市性格；上海在 90 年代以开放的姿态，招标引入世界一流景观设计公司——法国夏氏—德方斯公司，设计出了彰显上海城市和中国文化的景观大道——世纪大道，不仅强化了道路的景观意义，而且表达了建设方在这些景观背后所注重的文化内涵和生态意义。这些城市道路的建设，尽管存在这样那样的问题，引起了人们的争议①，但其方向无疑是值得肯定的。交通运输部于 2014 年推出了新的《公路工程技术标准》（〔JTGB 01—2014〕），新标准为公路从运输功能向旅游功能、文化功能的转变提供了技术指导，适应了新的形势。

在道路生态建设方面，我国紧跟国际前沿，不仅研究道路生态学的新成果，而且运用于工程实践。进入 21 世纪初，交通运输部交通科学研究院等与相关建设单位为打造生态道路进行了许多研究与探索。在道路工程实践方面，由李海峰博士主导的四川二级公路川（主寺）九（寨沟）路、云南高速公路思（茅）小（勐养）路等都在交通行业内产生了重要影响。川九路改造，借助了美国的"公路设计的灵活性"，在"露、透、封、诱"的原则下设计施工，较好地保护了该路域的生态环境，道路原生景观得到强化，成为我国第一条高原区生态道路；思小路在生态上较好地保护了路域沿线的热带雨林，在景观上实现了"车在林中行，人在画中游"。尽管这些道路在现实中也存在诸多问题，引起了人们的新思考。如，思小路预留的亚洲象通道未能很好地起到引导亚洲象通行的作用，常出现象群上高速路，引发多起交通事故，但毕竟开辟了国内高速公路生态建设的新方向。在道路生态理论研究方面，也有一些成果。交通部科学研究院的王云博士、兰州大学的李太安博士等在研究国外道路生态学的基础上，撰写发表了一系列道路生态学的论文。而在专著研究方面，北京师范大学的刘世梁副教授出版了《道路生态学研究》。②

---

① 孙靓：《交通 景观 人——比较世纪大道与巴黎香榭丽舍大道》，《华中建筑》2006 年第 12 期，第 122—124 页；陆细军：《浦东世纪大道城市设计之得失》，《规划师》2005 年第 10 期，第 106—107 页。

② 刘世梁：《道路生态学研究》，北京师范大学出版社 2012 年版。

目前，国内道路交通大规模发展建设的时期已基本过去，后交通时代即将到来。历史和国际惯例证明，当道路发展已基本解决交通所需，进入后交通时代后，人们会更加重视道路的景观质量。道路景观质量不仅关系到行车安全，同时还关系到艺术、文化、生态等诸多方面。因此，在后交通时代，道路景观理应成为人们高度关注的对象。

当前，国内道路景观建设的热情十分高涨，无论是高速路还是城市道路，无论是县城还是乡镇，无论是建设部门还是设计单位，无论是网上寻觅还是实地踏勘，只要你愿意，就会发现，人们打造道路景观的热情是无处不在的。每座城、每个县甚至每个镇几乎都有"景观大道"。一些城市的最美街道选美比赛，网上投票人数达数十万人甚至上百万人，获选街道达数十条。此等规模，即使从世界角度看，也是空前的。这无疑为未来道路景观建设奠定了相应的公众基础。另外，这种道路景观的美却并未摆脱"千街同貌"的窘境，对此，从专家到普通百姓都有非议①，但十多年来，问题远未能从根本上解决。个中缘故，笔者认为，从根源上看，是因为人们重视了道路景观的点、线、面之类的形式美，而忽略了隐藏在形式之后的文化内涵、生态价值。换言之，道路景观问题，不仅仅牵涉到景观本身，而是关乎地域文化、城市个性、生态文明等诸多学术理论与现实问题，就景观而景观，无异于缘木求鱼，其结果必然是不得要领。只有站在文化建设和文化自觉的高度来打造道路景观，我们的道路景观才会有中国特色、城市个性、地域特点。站在这样的视角来分析问题，本书的研究内容或许可能对目前正大规模进行的城乡道路景观建设产生一点积极的影响。如果真能如此，本书也就达到作者希望达到的目的了。

---

①　俞孔坚：《城市需要一场"大脚的革命"》，《设计家》2010 年第 1 期，第 13—15 页。

第一章　道路景观文化

景观与文化的关系，如同形式与内容的关系。如果仅仅看到景观的外在形态而不能理解这种形态表现的内容，从旅游的角度看，等于没有读懂你到过的这个地方、城市或国家；从文化的角度看，等于只看到了物态的文化而未进入决定这个物质形态外在形象的因素——精神文化内涵。研究道路景观文化首先要讲清楚景观文化。

第一节　景观文化

景观文化，顾名思义是有关景观的文化。而景观作为一种空间物质形态，与其他的物质，如木材、钢铁、矿石之类是不同的，但要真正界定清楚景观，却并非三言两语的事情。

一　景观

"景观"是个外来词。在英文中，景观为"landscape"，在德语中为"landschaft"，法语为"payage"。据说"景观"最早出现在希伯来文《圣经》（*The Book Psalms*）的旧约全书中，用于对圣城耶路撒冷总体美景（包括所罗门寺庙、城堡、宫殿在内）的描述，其含义与汉语的"风景""景致""景色"大体相同。我国《辞海》（语词版）1979 年版与 1982 年语词增补版未将景观纳入其中，1989 年版增加了该词，解释为："地理学名词，泛指地表自然景色。"《现代汉语词典》1978 年版没有"景观"一词，1998 年修订版增加了该词，有两个义项：一是指"某地或某种类型的自然景色"；二是指"泛指可供观赏的景物"。

但是，不管是西方文化还是东方文化，"景观"的原始含义更多具有视觉美学方面的意义，即与"风景"意思相近或相同，与英语 scenery 近义或同义。俞孔坚在《论景观概念及其研究的发展》一文中对国外关于景观的研究做了梳理，他认为："大多数园林风景学者所理解的景观，也主要是视觉美学意义上的景观，也即风景。"① 从 20 世纪 60 年代中期开始，以美国为中心开展了"景观评价"（"landscape assessment"，"landscape evaluation"），经过 20 多年的发展，至 80 年代末，景观评价形成了许多派别，公认的有四大学派，即专家学派（Expert Paradigm），心理物理学派（Psychophysical Paradigm），认知学派（Cognitive Paradigm）或称心理学派（Psychological Paradigm），经验学派（Experiential Paradigm）或称现象学派（Phenomenological Paradigm）。②

尽管各种词典，如《韦伯斯特词典》（Webster's，1963）、《牛津英语词典》（The Oxford English Dictionary，1933）、《辞海》（1979）、《现代汉语词典》等对"景观"的解释都是把"自然风景"的含义放在首位。但是从景观文化的角度来说，我们更赞成对"景观"一词的这样解读："景观是人所向往的自然，景观是人类的栖居地，景观是人造的工艺品，景观是需要科学分析方能被理解的物质系统，景观是有待解决的问题，景观是可以带来财富的资源；景观是反映社会伦理、道德和价值观念的意识形态，景观是历史，景观是美。"③

---

① 俞孔坚：《论景观概念及其研究的发展》，《北京林业大学学报》1987 年第 4 期，第 31 页。

② 同上。

③ 俞孔坚：《景观的含义》，《时代建筑》2002 年第 1 期，第 14—17 页。

二　文化

文化是一个非常广泛的概念。人们站在不同的角度，对文化作出了各种不同的解读。根据百度百科的说法，世界上对"文化"一词的解释有200多种，哲学家、社会学家、人类学家、历史学家和语言学家一直试图从各自学科的角度来界定文化的概念。我国典籍中最早出现"文化"一词的是《易·贲卦·象传》，其曰："观乎天文，以察时变；观乎人文，以化成天下。"《辞海·语词分册》（1979年5月版）对文化的解释是："通常指人民群众在社会历史实践过程中所创造的物质财富和精神财富的总和。也专指意识形态，以及与之相适应的制度和组织机构。"《现代汉语词典》的解释与《辞海》相类，认为所谓文化是"人类在社会历史发展过程中所创造的物质财富与精神财富的总和"。由于文化所包含的内容十分广泛，有人又把文化分为广义与狭义两个类别。《现代汉语词典》与《辞海》对文化的解释为广义的，而狭义的文化被解释为专指社会的意识形态，以及与之相适应的制度和组织机构，或特指精神财富。

由于文化本身的复杂性，为了把文化分辨得更明晰，人们对文化做了相当详尽的研究。如果在百度上搜索"文化"一词，会出现千万级以上的义项，其中百度百科解释得非常详细，几乎搜罗了所有工具书的解读，有广义与狭义、理论类别、分类层次，等等。就文化的分类层次方面，有的分为两层，如《辞海》《现代汉语词典》等，都是将其分为物质和精神两个文化层面；有的分为三层，即物质文化，制度文化，心态文化（也有的分为高级文化，大众文化，深层文化）；有的分为四层，即物质文化，制度文化，行为习惯文化，思想与价值；还有分为六大系统，即物质、社会关系、精神、艺术、语言符号、风俗习惯等。

上述对文化的释义，主要是从整体角度进行的。但我们还可以从事物对立统一的角度来对文化进行新的解释。例如，如果从汉语成语"文武双全"获得启迪，那么，我们可以说，"文化"是与"武功"相对应的事物；如果从联合国分类的世界自然遗产与文化遗产来对文化进行解释的话，那么，我们可以说"文化"是与"自然"相对应的事物。站在这样的角度来解读文化，我们或许可以将文化作出另一番解释，即"文化就是人类的语言文字等符号和思想心智所创造的有价值的东西，就是人类通过语言来进行的，由思想心智所创造的有价值的东西，说到底，就是人类思想的创造物。因为人类的思想都是通过语言进行的，'通过语言进行的思想'与'人类的思想'是同一概念"。"人类思想的创造物，含义复杂，原本就有两方面不同的意蕴：一方面，文化是人类语言思维自身直接的创造物，亦即思想、心理或观念，如知、情、意、知识、经验和科学等等，属于所谓狭义的文化概念；另一方面，文化是人类语言思维通过支配手脚等躯体和工具所创造的一切能够满足需要的东西，是人类思想所创造的一切有用的东西，是人类思想心智所创造的一切有价值的东西，包括房屋、衣服、器皿和社会组织等等，属于所谓广义的文化范畴。"①

综上所述，如果要真正全面地反映文化本身包含的全部意义，就不能不涉及精神与物质两个方面，正如一枚硬币的两面，我们不能只从单一方面所见到的状态来界定它的形态，而必须从它本身所具有的两面来认识它的形态。从哲学的角度来看，任何精神的东西，或多或少，总是要反映在物质上面的，而人工制作的物品总会反映精神的内在品质。

三　景观文化

景观文化是将景观与文化合一的偏正词组。顾名思义，这是一种与景观的外在形式相联系的文化解读，离开了景观的外在形态来谈景观文化，等于是无源之水、无木之舟；同时，离开了文化的内

涵价值去论景观，等于是无本之木，无水之鱼。

　　"景观文化"至今未有统一的定义。人们站在各自的角度，按各自的理解进行不同的解读。沈福煦在《中国景观文化论》中认为，景观文化是一种文化，它有更多的社会文化性，与社会伦理、宗教、习俗及观念形态有关，而且它还包括大量的艺术文化内容。① 陈宗海则认为，景观文化由景观的形、意、背景文化及阅读文化四部分构成。② 林辉等人则将景观文化分为广义与狭义，"广义的景观文化指人类在营建景观的实践过程中所获得的物质、精神的生产能力和创造的物质、精神财富的总和。狭义的景观文化即为物质景观文化"③。

　　但上述所有解释似都存在褊狭与不足。分析起来，大致存在两个方面。第一，这些解释均未将景观中的自然景观与人文景观区别开来，故在解读中不免有些笼统，尽管自然景观不是人文景观，但并不等于自然景观没有景观文化意义。事实上，不同的文化背景下，对自然景观的观感与理解是各不相同的。自然景观对人的视野的触动、心绪与情感的影响会根据人的心情、经历与精神状态而定，而人文景观对人的视野的触动与心绪情感的影响，是根据人的文化背景、知识结构、人生阅历而定。第二，所有对景观文化的解读均未将景观文化中的民族性格、审美心态、行为习惯等诸多因素纳入其中，从现实的景观文化现象来看这不能不说是一大不足。

　　笔者认为，要真正把握景观文化的内涵，必须真正读懂"景观"一词。从艺术哲学的角度来分析理解"景观"可能会更具普遍性。丹纳在《艺术哲学》中认为，艺术品的产生取决于"时代

---

　　① 沈福煦：《中国景观文化论》，《南方建筑》2001 年第 1 期，第 40—43 页。
　　② 陈宗海：《旅游景观文化论》，《上海大学学报》（社会科学版）2003 年第 3 期，第 108—112 页。
　　③ 林辉、荣侠、陈晓刚：《景观文化与文化景观》，《安徽农业科学》2012 年第 3 期，第 1618—1620 页。

精神和周围的风俗"①，认识艺术作品需要认识"作品产生的环境"，"首先要考察产生作品的种族"②，即要从艺术品产生的时代、作者特点以及欣赏艺术的人三个方面对艺术展开研究。景观也应如此。从艺术哲学角度来分辨"景观"，需要将这一词语分开来理解。首先是"景"，其次是"观"。在两者中：景，是风景、景致，有名词特性，是客体、实体；观，是观看，有动词特性，是欣赏观看的人因"观"而产生的一种视觉感受，包括思想观念的、情感的、审美的、想象的等诸多方面，是具有思想情感的主观体验，具有主体性的特征，与"景"的实在性相比，影响人看景观的情感、观念、思想是"看不见""摸不着"的，因此是虚体。

　　在景观文化中，将景与观分开来进行分析，不仅有助于我们全面把握与了解景观文化，而且更符合景观文化本身的含义。正如前面所论述的，"文化"与"自然"是相对应的关系，作为文化重要载体的人，虽然仍属于自然的一部分，但却是从自然界中进化分离出来的。将景与观分开理解也更有利于人们切实了解把握景观对人产生的影响。面对同样的实体、客体的"景"，由于"观"者——人的文化背景不同、人生阅历不同、社会地位不同、心理状态不同，这种景观对欣赏者产生的心理冲击、情绪感受、思想影响会大不一样。例如，同样一条两侧长满苍松翠柏的通往烈士陵园的道路景观，深受中国传统文化影响的人，其心情会由此而肃然起敬，心理就可能会从世俗转入神圣，由社会现实走进革命历史；而从未受过中国松柏崇拜影响的人，看到这样的景观，产生的印象大约只是"这儿风景真好"；又如，同样是大雁排行从天上飞过，锦鲤欢跃于碧波方塘的景观，多数人会感喟自然季节的变化，园林生态景观的美丽，但对于那种沉溺于美食的饕餮者来说，见此景观，他想到的会是：它们在火锅里是什么味道呢？表 1 - 1 反映的是美国风景

---

① ［法］丹纳：《艺术哲学》，傅雷译，人民文学出版社 1983 年版，第 32 页。
② 同上书，第 77 页。

评价各学派对景观的不同认识及他们的基本特点。

表 1－1　　　　　　　美国风景评价各学派特点分析和比较

各学派 比较点	专家学派 Expert Paradigm	心理物理学派 Psychophysical Paradigm	认知学派 Cognitive Paradigm	经验学派 Experiential Paradigm
对风景价值的认识	［客观］ 风景价值在于其形式美或生态学意义	风景价值是主客观双方共同作用下而产生的	风景价值在于其对人的生存、进化的意义	［主观］ 风景价值在于它对人（个体、群体）的历史、背景的反映
人的地位	［被动］ 风景作为独立于人的客体而存在,人只是风景的欣赏者	把人的普遍审美观作为风景价值衡量标准	从人的生存需要出发,解释风景	［主动］ 强调人（个体或群体）对风景的作用
对客观风景的把握	［分解］ 从"基本元素"（线、形、色、质）分析风景	从"风景成分"（植被、山体等）分析风景	用"维量"（复杂性、神秘性等）把握风景	［主动］ 把风景作为人或团体的一部分,整体把握

资料来源：俞孔坚：《论景观概念及其研究的发展》，载俞孔坚《景观：文化、生态与感知》，科学出版社 1998 年版，2012 年第六次印刷，第 5 页。

　　从人文的视野来理解景观文化，我们当然不能赞成美国风景评价学派中的专家学派，他们把风景景观的价值等同于它的形式美或生态学意义。正如我们前面所说，文化是与自然对应的，景观文化当然也是与完全的自然风景相对应的，如果排除了人（无论是个体还是集体），那么再美的自然景观，也只能是联合国世界自然遗产而非世界文化遗产，当然就与文化相关不大。当然，我们也承认自然风景存在的形式美与生态学意义，但这种意义如果要与景观文化相关，就必须与人发生关系。因为，从根本上来说，无论是广义还是狭义的文化，都与人的创造相关。

谈到景观文化，不能不提到人工构筑物。而人工构筑物无论优劣好坏，都与人的设计、制作、建设发生关系。人是有情感的、有审美心理和审美取向的，更是有思想文化价值取向的。人在进行劳作、创造和改变世界时，有一个最大的特点，就是他总是按照他所喜欢的、他认为正确的和美的来创造他的劳动对象，人的设计、制作、建设受他的设计建设思想、审美心理和审美取向的支配。因此，从某种意义上说，人工环境是人的本质力量的对象化，城市景观是城市建设者城市建设思想的物化形态。于是，作为人工构筑物的景（它常会与自然环境构成一个对应整体），就自然而然地融入了作为主体——人的"观"——思想观念、情感心绪、审美心理与审美取向在其中了。如果没有这个"观"的文化内涵，这个人工构筑物就失去了景的文化意义，它的设计、制作与建设者就失去了文化自我，作为一个民族自然也就失去了自立于世界民族之林的文化能力。

第二节　道路景观文化

一　道路景观

（一）道路

《现代汉语词典》解释说，道路是"地面上供人或车马通行的部分"。因此，道路的内涵是极为丰富的，从乡间的羊肠小道到现代化大都市的城市干道，都是道路。但是，当我们把道路作为土木建筑之一部分，并以道路景观来进行论述的时候，它的内涵自然也就更为丰富了。道路种类繁多，以道路两边的建筑立面和道路的宽窄来分，可分为街道和巷道；以道路上的通行物来分，可划分为车行道和步行道；以道路的结构形象来分，可划分为平行道、立交道、梯行道；以道路通行的空间分，可分为隧道和敞道；以道路上通行的机动车的性质来分，可分为公路、轻轨和铁道……如此等等，不一而足。

（二）道路景观

所谓道路景观，就是包括道路本体、道路附属物（绿化带、车站、路灯、栏杆、果皮箱、水箅口、广告栏、指示牌、信号灯等）、两侧建筑立面及周边自然环境在内的一种有别于块状与片状景观的、连续的带状空间形态。道路景观的构成十分丰富。根据对道路景观的不同观察角度、研究角度与研究方法，对道路景观的构成，存在不同的分类。

（1）按景观的图面构成来分，较之于片状与块状的空间而言，道路景观属于带（线）形空间。河流、溪流也属带（线）形空间，但与之相比，道路景观又是一种供车行与人行的带（线）形空间而非供舟船通行的带（线）形空间。

（2）按道路景观客体构成要素分类，道路景观包括了道路自身及沿线区域内全部视觉信息，包括了自然景观与人文景观两大类（见图1－1）。

（3）按道路景观主体的活动分类，可分为动态景观与静态景观两大类。当观看道路景观的人在高速的车行状态中，道路景观被视为动视景观；当观看道路景观的人处于静止状态下时，道路景观可以被视为静态景观。如果比较园林及城市社区景观，道路景观则总体上属于动视景观。

（4）按道路景观的规划建设方式分类，也可以分为两大类，即保护与利用景观；设计、创造景观。处于规划建设红线内的道路景观，是道路的实体景观；处于规划红线之外需要保护利用的景观，是道路的附属景观，在景观学上，被称为"借景"。

二　道路景观文化

与景观文化相比，道路景观文化的外延相对较小，它包含的只是各类道路景观形态及其所包括的文化内涵。

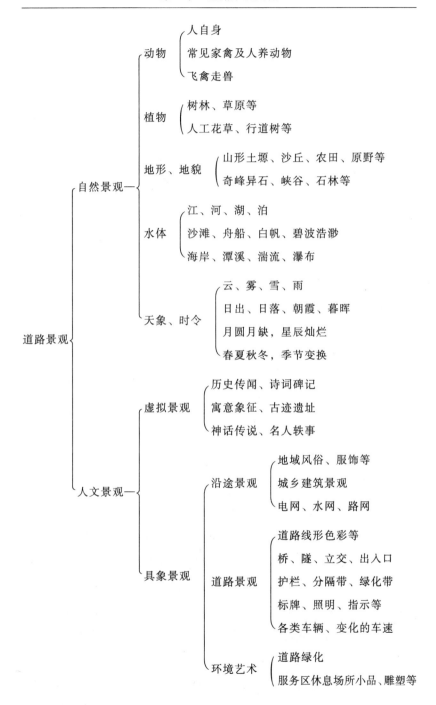

图 1-1 按道路客体的构成要素分类的道路景观

资料来源：参照张阳《公路景观学》，建筑工业出版社 2004 年版，第 5 页。

（一）道路景观文化的特点

道路景观陈列于道路路域沿线，空间上呈线形或者说带形，时间上具有序列性——任何人要想欣赏道路景观，都需要沿道路一端向另一端通行，随着前行的时间变化，道路景观呈序列依次呈现出来。所谓道路景观文化，就是呈现于道路沿线的景观——实景（包括路体、附属物、绿化、建筑立面等），借景（道路沿线视域范围内的所有景观），虚景（历史文化传说、人文风俗习惯等）等所表现出来的景观（包括色彩、形状、质地）的特点，以及这种景观外在形态中所内含的艺术特点、思想文化内涵、历史文脉、生态文明、传媒特征等诸多内容。

（二）道路景观文化的要素

道路景观文化的构成要素丰富多彩，如果排除物质性质、交通制度要素，道路景观的精神文化内容主要由以下六个方面构成。

1. 道路景观文化的艺术要素

道路的景观艺术反映的是一座城市或一个地区道路景观的美学特点。道路作为主要的带形空间线路，规范、确定了一座城市或一个区域线形景象生成的空间序列和时间序列，其本身也构成了该地域形象的重要部分。正如衣服不仅具有蔽寒遮羞的作用，同时也有装扮人的形象、表现人的性格与审美的作用一样，道路也不仅仅只具有实现人流物流的交通功能，同时也反映了它所在城市环境与地域的艺术审美取向。以道路景观美学的视角来看，作为线形的城市道路空间是以一系列变化着的三维构图呈现出来的，这种图景表现为连续相贯的首尾不断移动，其视点是连续的运动着的整个空间，着眼点是道路景观的延伸变化生成之效果。同样是通过道路的线形、色彩、绿化、雕塑、小品等来反映道路的美，为什么不同的国家与民族，不同的地域与城市，其表现出来的道路景观艺术形态就完全不同呢？答案可能有很多种，但有一种非常重要，就是：不同的国家和民族，不同的地区和城市，它们的民族个性与艺术审美取向是不一样的。图1-2为巴西城市圣保罗街道的水箅口，艺术呈

现在路面上；图1-3则为中国重庆黄桷坪艺术一条街的道路景观，
艺术则呈现在建筑立面上。

图1-2　巴西城市圣保罗街道的水箅口

资料来源：http：//www. toxel. com/inspiration/2009/05/14/storm - drain -
art - from - brazil/。

图1-3　中国重庆黄桷坪艺术一条街的道路景观

资料来源：作者自拍于2012年5月。

2. 道路景观的媒介因素

道路景观的媒介因素需要从建筑学和媒介学两个角度来确认。
从建筑学的角度来看，建筑景观形态的传播功能早已有学者关注。
例如，被称为新文化地理研究的代表人物的美国学者杰姆斯·邓肯
（Duncan James）就在他与人合编的 *A Companion to Cultural Geography*

一书中把文字、口传和建筑景观列为人类储存知识和传播知识的三大文本。① 法国18世纪的建筑师克劳德·尼古拉斯·勒杜（Claude Nicolas Ledoux）也认为："纪念性建筑的个性，如同它们的本性一样，是服务于传播和净化道德的。"② 这种关于景观形态作为一种媒介因素，以隐喻、暗示的形式对人产生思想、情感、行为影响的论点还可以从大量关于建筑与环境对人产生影响的论著中找到。

正如许多概念都有广义与狭义之分，从传播学角度所说的媒介同样存在狭义和广义之分。被誉为"现代大众传播学之父"的威尔伯·施拉姆认为："媒介就是插入传播过程之中，用以扩大并延伸信息传送的工具。"③ 在此基础上来定义的媒介就是报纸、广播、期刊、电视，以及今天人们称为第四媒介的网络。但从广义媒介的角度而言，媒介具有更丰富的内涵。被称为大众传播学鼻祖的马歇尔·麦克卢汉就对媒介有着比威尔伯·施拉姆更广的定义。他认为："从社会意义上看，媒介即讯息。"④ "在事物的运转的实际过程中，媒介即讯息。"⑤ "因为对人的组合与行为的尺度和形态，媒介正是发挥着塑造和控制作用。"⑥道路——无论是公路、铁路、轻轨，只要人们使用它，就会对人自身的重新组合与行为产生交通行为规范，道路就会对人发挥着塑造和控制作用，可见，道路即一种广义的媒介。因此，麦克卢汉把道路作为一种媒介与纸质媒介并列，认为："社会群体构成的变化，新社区的形成，都随着信息运

---

① Jame S. Duncan, Nuala C. Johnson, and Richard H. Schein, *A Companion to Cultural Geography*, Blackwell Publishing Ltd. 2004, p. 68.

② 陈志华：《外国古建筑二十讲》，生活·读书·新知三联书店2002年版，第201页。

③ ［美］威尔伯·施拉姆等：《传播学概论》，何道宽译，中国人民大学出版社2010年版，第6页。

④ ［加］马歇尔·麦克卢汉：《理解媒介——论人的延伸》，何道宽译，译林出版社2011年版，第18页。

⑤ 同上书，第20页。

⑥ 同上书，第141页。

动的加速而发生。信息运动又借助地面的讯息和道路上的运输。"①

　　当前，国内也有将桥梁视为媒介的论说。如蒋宇的《视为一种媒介：桥梁的传播过程研究》一文，就是在把桥梁视为一种媒介的基础上，借鉴了媒介传播过程中的"传播者、传播内容、媒介和受传者"以及传播模式中"创造、欣赏、反馈三个系统构成"对桥梁进行分析。② 如果将桥梁视为一种大众媒介是有道理的，那么将道路景观视作一种大众传播媒介则更是有充分理由的。至少可以从以下三个方面来分析。

　　一是从交通系统的角度来看，桥梁是道路的构成系统之一。从道路系统的角度来看，桥梁只是道路的一部分，甚至可以说，桥梁只是一种特殊的道路。所谓桥，其实就是从此端到彼端之间架设的一条跨越空间障碍的人造线形空间。桥上一定有路，世间没有无路的桥；一定路程的道路或多或少总会有桥。无论是古代单向通行的桥梁，还是现代公路、铁路、轻轨等系统中存在的多向、多运载工具通行的立交桥，它们都只是道路系统的构成部分，世界上不存在只有桥没有路的交通设施。

　　二是从建筑学的角度看，无论是桥梁还是道路，都属于建筑大范畴。单体建筑房屋以它的方位、色彩、立面、内部空间结构向人们传达着某种文化信息，桥梁以它的造型、色彩、线体、结构形式以及合龙石等来传达它的思想文化、美学信息，道路则是通过它的线形、节点、绿化、建筑立面以及附属设施（路缘石、指示牌、车站、路灯、路边小品、广告橱窗）来向人们传达它的文化信息与美学价值。

　　三是从景观学的角度看，总体而言，桥梁、房屋等建筑只是在一个点或面的空间来展示、传播它的文化与美学信息的，而道路则

---

　　① ［加］马歇尔·麦克卢汉：《理解媒介——论人的延伸》，何道宽译，译林出版社 2011 年版，第 145 页。

　　② 蒋宇：《视为一种媒介：桥梁的传播过程研究》，《西南民族大学学报》（人文社会科学版）2011 年第 9 期，第 177—180 页。

是在一个线形的空间上，通过道路两侧建筑立面、绿化、道路附属设施甚至跨越道路的桥梁侧体形态等诸多方面来传递它的文化信息与美学价值的。由于道路的线形通达性特点，它较之一般建筑更具有一种特点，即除了道路本身的线形景观外，还有将道路两端的建筑联系起来，实现建筑景观从空间的序列性到时间的连接性。例如，香榭丽舍大道将协和广场和星形广场上的凯旋门连接起来，这种连接既是建筑空间序列性连接，又是建筑时间的连接（更名为协和广场的路易十五广场兴建于 18 世纪 50 年代，凯旋门建于 19 世纪初，落成于 19 世纪 30 年代），通过道路将这两个建筑连接起来，人们在通行道路的过程中不仅实现了空间的转移，而且可以看到两个世纪间留下的历史文化印迹，从中阅读到丰富的历史文化内涵。

综上所述，如果作为道路交通构成部分的桥梁被视为一种媒介是被人们所承认的，是能成立的，那么，作为道路交通本体的道路景观整体，其媒介因素齐备，理当更是一种具有特殊意义的大众媒介。

被视作大众传媒的道路景观，其传播过程大约可分为四个时段和内容。

第一是道路景观的设计者，亦即传播学中的发讯者。道路景观的设计、施工与完成，会对人的视觉产生影响，并由眼及心，从而形成视觉和精神文化两方面的影响。如果从传播的角度来看，所谓发讯者，是指通过发出讯息的方法对他人产生影响者，可以是个人，也可以是团队，甚至还可以是组织。道路景观作为大众媒介的载体，传播者或者说发讯人就是道路景观的设计者和建设者。道路及两侧的建筑立面，形成了城市街道、附属设施，包括绿化、小品、指示牌、广告栏、果皮箱、车站、路栏、路灯等一系列设施的色彩、形态、排列状况、空间安排等，都反映着这种带形空间的景观特点，而这些特点又与设计者和建设者的建设思想、生活习惯、审美心理取向紧密相关。

第二是景观内容，亦即传播学中的传播内容。与纸质、电子、网络等媒介使用的传播载体主要是语言、声音、图画等不同，道路景观主要由建筑语言、绿化语言、小品语言、带形空间语言来传达它自身的景观美、文化内涵、思想与精神。从传播学来讲，传播信息的本身就是传播内容。因此，道路的具象真实景观与虚拟景观本身就是道路传播的内容。这包括了道路本身——色彩、质地、线形，点、线、面设计与处置等；道路上穿行的车，来往的人；周边环境——实体环境，如绿化、建筑立面的风格、附属设施的品位，以及虚拟环境，道路路域周边的历史史迹、民间传说、名人逸事等。

第三是道路景观观赏者，亦即传播学中的受讯者。道路景观有别于纸质媒介和电子媒介的最大区别在于，它是一种观赏者"非看不可"的景观。电子媒介、纸质媒介只对主动打开它、观看它的人产生作用，道路景观却不同，只要使用道路，不管是车行还是步行，都必须看，世界上还没有不看路行走的人，也没有不看路行车的人。人只要上道看路，就会被迫接受道路景观，也就是说，道路景观作为一种视觉传达媒介，是人们必须接受的视觉景观。用传播学的语言来讲，就是所有走在路上的人都是道路景观内容的"受讯人"。道路景观的传播过程中，受讯人无论是以欣赏者的身份去主动地观赏道路景观，还是以纯粹的道路使用人的身份去被动地受制于道路点、线、面的规制，他都会自觉与不自觉地受到道路景观的影响。前者多会从欣赏景观中获得美的、艺术的、思想文化的、历史文脉的享受；后者无论情愿还是不情愿，多会通过在道路这个线形空间的穿越或通行中，留下景观形态的印象，形成对这一地域的粗略认识。总之，道路建成以后无论优劣，它的景观就形成了，并通过显性的与隐性的方式，向使用道路和欣赏道路景观的人，传达着物质信息、思想文化信息、历史文脉信息与审美信息。

第四是道路景观本体，亦即传播学中的传播媒介。在传播过程中，媒介就是道路景观本身，它以线形空间形态（包括建筑立面、绿化、小品、车站、标志牌、路灯等），以及在这一空间中行驶的车、走动的人及物态空间中流传的故事等诸多形式传递物质信息、思想文化信息、审美信息等。道路景观的内涵非常丰富。从季象来说，有一年四季——春夏秋冬；从气象来说，既有风和日丽、春暖花开，又有阴霾雾雪、雨雪霏霏，既有骄阳似火，又有风霜雪雨；从时间来说，既有朝阳初照，又有晚霞万里；从动态景观来说，既有行人匆匆，车行如流，又有人在车中坐，车在路上行；从静态景观来说，既有历史遗址、诗词碑记，又有城乡建筑、山形土塬、沙丘农田；如此等等，不一而足。但是道路传递信息的方式与其他媒介，如通常的报纸、期刊、书籍、电视、网络不同，这类被广泛认可的媒介，是以直接复制的方式，生产出数不胜数的大量信息，并以自身为载体，通过人们的视觉或听觉把信息传送到内心，人们可在任何有条件的空间与时间里，用自己的方式获取这些信息。但是道路位于城乡中不同的固定位置，无法复制信息载体，只能利用人流变化的特征，将道路的各种信息通过照片、视频、语言，借助电视、报刊、手机、网络等传递给社会各个角落里的受众，从而同样达到信息大量传播的目的。由于道路所连接的区域之间、城市之间总有或多或少的人员往来与交流变化，也因此会带来不定量的信息交流与联系，其中必然包括关于道路本身的物质信息和审美信息的传递。所以，道路景观能体现出大众媒介的功能，将传播者规划、设计、建造道路时的审美趣味、价值观念、思维方式等源源不断地传递给大量的受众，并对使用和欣赏道路景观时的受众产生潜移默化的影响。

真正具有媒介意义的道路景观，是那些经典的道路。历史道路景观向人们传播的是城市的历史文脉信息；文化景观道路向人们传递的是城市的文化信息；生态景观道路向人们传递的是生态文明信息。而体现城市精神，代表城市个性，反映城市整体形象的，一定是城市最经典的道路，人们可以通过这条城市街道来阅读城市、了解城市、进入城市的精神世界，因此，它应是最具传播价值的城市媒介。

3. 道路景观的思想价值要素

"景观体验反映了人对环境的直觉反应，它受到特定的文化、社会和哲学因素的深刻影响。"[①] 人对景观的感受性背后存在完整的思想体系，它先于感受而发生作用，并且决定了人对景观的态度。"景观体验所涉及的社会学的、哲学的和艺术问题使我们必须考虑不同的文化背景和脉络。例如，特定的社会制度和社会发展进程影响到人们的信仰、思维方式、生活方式和传统甚至情绪，进而决定性地影响到人们的艺术品位及艺术实践的方法。"[②] 上述论述一方面是从对景观的欣赏或者针对受众者而说的，另一方面也是从景观的设计者，或者针对景观的打造者说的。两方面的论述说明的是一个共同的问题，即景观形态反映思想价值，因此，景观是思想文化价值以物态的、艺术的形态表现出来的，是一种思想意识形态的物化！精神力量的对象化！价值观念的艺术品化！这不仅适用于一般景观，当然也适用于道路景观，所不同的是：一般的景观，多指片形的、块状的社区景观、园林景观，而道路景观则属于带状的、以序列顺序排列的景观。以华盛顿林荫大道为例，它以三角形的道路布局，隐喻美国是一个三权鼎立的国家；它以华盛顿纪念碑的崇高——哥伦比亚特区最高建筑——喻示华盛顿精神的崇高。华盛顿林荫大道景观蕴含了思想上的、意识形态上的内涵，景观只是它的外象，而外象形式里却内含着一种价值取向。

4. 道路景观的历史文化要素

道路景观文化还可以通过历史街区与历史道路来表达。美国确立的许多风景路中，就有以历史文脉作为主要特色而被纳入其中的。在美国的"国家风景道计划"中，历史性也被作为评价标准之一。如弗吉尼亚的弗农山纪念公路（Mount Vernon Memorial

---

① 吴家骅：《景观形态学：景观美学比较研究》，叶南译，建筑工业出版社1999年版，第10页。

② 同上书，第11页。

Highway）就是具有历史纪念意义的历史景观路。该道路"设计中突出要求保护景观特征和减少侵蚀。设计理念包括景观面貌和历史特征的凸显和保护"①。世界各大城市中的历史街区，都具有历史文化的特色，都是道路景观的历史文化表达。巴黎香榭丽舍大街东起协和广场（原名路易十五广场），西至星形广场（又名戴高乐广场，中央有凯旋门），协和广场可视为大革命的起点，星形广场的凯旋门可视为资产阶级大革命胜利的标志（它为纪念拿破仑打败普奥联军而建），因此，走完了香榭丽舍大道，其实也就检阅完了法国大革命。我国自 20 世纪 90 年代以来，在城市开发的大拆大建中，也注重对历史街区的保护，已出台四批以上历史文化名街，如北京市国子监街、山西省晋中市平遥县南大街、黑龙江省哈尔滨市中央大街、江苏省苏州市平江路、安徽省黄山市屯溪老街、福建省福州市三坊七巷、山东省青岛市八大关、山东省潍坊市青州市昭德古街、海南省海口市骑楼街（区）（海口骑楼老街）、西藏自治区拉萨市八廓街、重庆市沙坪坝区磁器口古镇传统历史文化街区、安徽省黄山市歙县渔梁街、河南省洛阳市涧西工业遗产街等，这些街道景观都具有向人们传达这些城市历史文脉的特色。图 1-4 为罗马君士坦丁凯旋门后的古罗马大道，风化的石板上传达着古老的历史信息。图 1-5 为山墙对着街道的德国法兰克福老城街道。

5. 道路景观中的生态文化要素

正如道路景观可以传达历史文化信息与艺术美学信息一样，道路景观同样也可以传达生态文化信息。在炎炎盛夏，当人们看到古罗马军用大道两旁矗立着的高高的、拥有绿色巨伞般冠盖的罗马松（见图 1-6）时，这种道路景观传达给人们的信息是，树下是阴凉的——道路景观具有调节气候的生态意义；在东方，与古罗马军用

①　余青、胡晓苒、宋悦：《美国国家风景道体系与计划》，《中国园林》2007 年第 11 期，第 73—77 页。

图1-4　罗马君士坦丁凯旋门后的古罗马大道

资料来源：作者摄于2011年夏。

图1-5　法兰克福老城街道

资料来源：作者摄于2011年夏。

大道具有同样悠久历史的中国四川剑阁翠云廊景观（见图1-7）——道路两旁森森古柏已有几百年甚至上千年的树龄，其传达给人们的信息与古罗马军用大道完全相同。因此，道路景观具有传达生态文明的意义，换言之，道路景观文化可以反映出一种生态文明。今天，道路景观所反映的生态文化较之古代有了更多的内涵。如道路生态绿化体现出来的道路的"仿自然绿化""降低污染的绿化""去人工化的植被恢复"等①，以及道路水泥边坡绿色

图1-6　罗马城里的罗马松

资料来源：作者 2010 年拍摄。

图1-7　中国剑阁翠云廊

资料来源：作者 2010 年拍摄。

---

① 谢怀建：《城市绿化的价值取向分析与质量提升路径》，《城市发展研究》2007 年第 2 期，第 5—9 页。

植被的覆盖，城市河道及岸边道路的自然生态植被等，都向人们传达了这样的信息，生态道路景观是类自然的景观，它具有最大限度净化空气、降低噪声、消解污染、调节气候的功能，而非仅仅只是非图案对称、造型工整的几何形态花园。

再如，欧美、日本的许多高速公路边，常有野生动物通过，路旁设的标牌上的图标或是野鹿，或是黑熊，当人们驾乘汽车经过时，获得的信息就是这些生长于此的动物是要得到保护的，于是在驾车过程中，驾驶员会高度重视，避免超速引起对野生动物的伤害；而作为游客，就会注意景观两旁的情景，看是否有机会看到穿路而过的野生动物。这种有野生动物的交通标志，实际上不仅传达了一种交通信息，同时也传达了一种生态信息——要注意对野生动物的保护。又如，弗莱堡街道上的绿化，树木不用修剪，青草自然生长，仿佛自然拥抱着城市，城市融入了自然（见图1-8）；被雨树翠绿的巨伞遮蔽的新加坡城市道路，大大减少了阳光的直射，降低了热岛效应（见图1-9）。

图1-8 弗莱堡街道上的绿化

资料来源：李皓摄，中国科普博览，http://www.kepu.net.cn。

6. 道路景观内含的教育要素

道路景观还具有教育的因素。当我们说到道路景观的艺术美、媒介性、思想价值、历史文脉与生态文化等要素时，道路景观同时

图 1 - 9　被雨树翠绿的巨伞遮蔽的新加坡城市道路

资料来源：作者 2012 年夏自拍。

也就有了教育的意义。也就是说，人们常常在对城乡道路的"阅读"、欣赏中获得某种知识，当一个人从道路景观中获得知识的时候，他就受到了教育，由于这个教育是由道路景观给予他的，因此，道路景观也就起到了教育的作用。许多去欧洲的人，在法国与德国的大街上看到了两种不同的景观：德国街道上跑的车，基本都是德国造的汽车，日本的、法国、美国的车或者没有，或者很少；而法国街道上的车却五花八门，既有法国的，也有德国的、日本的，还有美国的。于是人们就从这个道路景观上获得了德法两国不同民族性的知识：德国人对自己国家的制造业是充满自信与自豪的，所以在选汽车时，只选德国车，并形成了一种风气，也因此，有谁去买外国车就会显得另类，于是德国人就"从善如流"了；法国人讲究实用，追求生活的多元，因此在选择时，完全根据自己的个人爱好，完全不考虑外在因素，这也从另一个方面反映出法国人的自由个性。笔者及课题组成员曾多次到欧洲，这种道路景观基本未变，面对这样的街道景观，心中自然涌出法国大革命时的一句口号："自由属于法兰西！"在亚洲也同样如此，日本、韩国大街上的汽车，几乎清一色的本国造；而在东南亚，如泰国，满街跑的主要是日本车。人们会从城市道路景观中满街行驶的汽车看出这个国家某个方面的特点，这就是道路景观给予他们的教育。同样，当人们从道路景观中获得相关生态文化、思想文化、审美取向等相应知识时，道路景观这时就成了这些知识的载体，成了人们获取知识的景观，也就具有了十分浓郁的文化教育意义。

（三）道路景观文化之概念

我们认为道路景观文化也包括广义与狭义两个方面。广义的道路景观文化，是指道路路域沿线景观所包含的物质文化与精神文化的总和。狭义的道路景观文化，是指由道路路域——道路本体（线形、质地、色彩、绿化、标识）、道路附属物（车站、路灯、栏杆、果皮箱、水算口、广告栏、信号灯等）、两侧建筑立面及周边自然环境等所构成的一种连续的带状空间形态实体以及它们所反映出来的具有艺术、媒介、思想、历史文化、生态、教育等价值与意义的全部内容。

因此，研究道路景观文化，就包括了两方面的内容：一是研究道路景观的外在形态，从道路空间的外在景观特点，进行"物"的研究；二是研究道路外在景观形态下包含的精神文化、思想价值意义，分析思想文化、精神伦理与物质文化如何在道路上实现统一。提升到哲学的层面来考虑，就是一方面研究精神文化如何影响道路景观的形成，另一方面研究道路景观如何通过"道"的实体形态来弘扬精神文化。

第二章　人文视野下的中国
古代道路概述

从某种意义上说，道路交通发展史就是人类文明发展史。无论中外，文明的发展总是伴随着人们物质与精神的交往而发展的，而伴随人的交往与物的交易的，是道路交通的发展，因而，道路交通史往往与人类文明史是联系在一起的，而人类文明史离不开人类的交通发展史。在我国，周代建周道，秦时筑驰道，汉代开辟了丝绸之路，唐代筑成了唐蕃古道，清代则将史上所有的驿道统称官马大道，近代以降，随着汽车的生产，公路应运而生；……在西方，古希腊的城市道路以格网状分布，宽大平直之路总是与城市广场、神庙相连接；在古罗马，军用大道长达8.5万公里，被称为"最持久的纪念物"或"最长的纪念物"①，不仅在军事交通史上有重要意义，而且对其所在区域的社会文明、经济发展、文化建设等诸多方面都产生了重要影响，推动了所到之处的"罗马化"进程。因此，研究道路景观，不应仅仅停留在物质形态的外在方面，更应深入其内含的精神文化、民族性格以及民风民俗等诸多方面，按今天的发展来看，道路是物质文明、精神文明与生态文明的合一体。

---

① Romolo Augusto Staccioli, *The Roads of the Romans*, Los Angeles: The J. Paul Getty Museum, 2003, p. 105.

第一节　中国古代道路的基本情况

人类道路交通的历史源远流长。作为四大文明古国之一的中国，其道路的历史也十分久远。最早的路是在人不知不觉的情况下走出来的，但那是一种"践草为路"的自然之路而非自觉（人工建造）之路。如，为了繁衍生息，人们需要采集果实、取水、打猎、捕鱼等，人迹所到之处，慢慢地就形成了路。最早的自然之路应是形成于水边，人们为了取水，因河而成路，循河而觅路。据考证，母系社会仰韶文化时期的"半坡村人"，在他们所聚集的村落边，就发现为取水而至浐水河边的路。但随着社会生产力的发展，道路作为人工构筑物而成为人类文明的一种载体，在我国，最早约出现在周代。《释名》解释路说："道，蹈也；路，露也，言人所践蹈而露见也。"① 我国于周朝起就有了"道路"一词。《诗经·小雅·大东》有"周道如砥，其直如矢"。《诗经·小雅·何草不黄》有"有栈之车，行彼周道"。《诗经·国风·郑风·遵大路》有"遵大路兮，掺执子之祛兮，无我恶兮，不寁故也"。我国最早的一部解释词义的书《尔雅》说："路、旅，途也。途即道也。"② 《尔雅》大约成书于战国至汉初这一段时间。③ 这些文献中出现的"路""道"以及对它们的解读，说明作为人工构筑的道路在我国周代已是一种普遍的存在。秦以后的各个朝代，有的称之为驰道，如秦朝；有的称之为驿道；宋代改"道"为"路"，元代改称为"大道"，清代时，从都城至各省省城的道路叫作"官道"，各省省

---

① （东汉）刘熙撰，（清）毕沅疏证，王先谦补：《释名疏证补》，中华书局 2008 年版，第 41 页。

② （晋）郭璞注：《尔雅》，浙江古典出版社 2011 年版，第 31 页。

③ 窦秀艳：《关于〈尔雅〉的成书时代和作者问题研究评述》，《东方论坛》2005 年第 3 期，第 99—102 页。

城之间的道路叫作"大路"①。

古今道路都存在不同的种类。道路的种类与道路的功能、所处地域及筑路者对道路的定位相关。由于古代没有汽车、火车、轻轨、地铁、磁悬浮列车等，所以道路的种类要远少于现代。刘文杰在《路文化》中，将古代中国的道路分成六类，即按道路所在的地域位置分类，按道路到达的方向分类，按军事目的分类，按直达交通和非直达交通分类，按地形分类，按干线道路分类。② 从道路景观文化角度出发，我们将道路分为三类：一是按道路所在的地域位置分类；二是按道路的功能分类；三是按道路所在地的地形分类。

第二节　按道路所在地域分类的中国古代道路

按地域位置对道路进行分类，最早始于西周。当时人们已经把道路分为城市道路、主干线道路和乡村道路三类。③《周礼·考工记》中把城市道路分为经、纬、环、野四种；把乡村道路分为径、畛、涂、道、路五类④；《诗经》把周代各城池之间相互连接的主道称为"周道""周行"。

一　城市道路

在中国古代城市道路中，周代王城道路规划设计周密，布局合理，是我国有文字可考的最早的城市道路规划，为后来城市道路修建奠定了基础。儒家的经典著作《周礼》中多有涉及，其中《考工记》对城市建制的记载是："匠人营国，方九里，旁三门。国中九经九纬，经涂九轨，左祖右社，前朝后市，市朝一夫。"⑤ 这里

① 刘文杰：《路文化》，人民交通出版社 2009 年版，第 3 页。
② 同上书，第 10 页。
③ 同上书，第 11 页。
④ 《周礼》，中州古籍出版社 2010 年版，第 412、150—151 页。
⑤ 同上书，第 150 页。

的匠人营国，是指建筑师丈量土地、规划并修建城市。方九里应为每边长九里，如果按古尺计算，与洛阳周代城址的 2890 米×3320 米基本相符。九经九纬指城市里有九条纵向的直街、九条横向的纬街。"也可能是有三条南北向三条东西向主要干道，每条干道由三条并列的道路组成。"①九轨应是指车轨的 9 倍。据考证，"当时车宽 6.6 尺，左右各伸 7 寸，各 8 尺，9 轨为 72 尺，即为 12 步，相当于今天 18 米"②。所谓"左祖右社"即说指祖庙建在东边，社稷坛建在西边，左右对称。"前朝后市，市朝一夫"，是说指朝廷在前，市场在后。"市与朝各方百步"③，市场的大小如一夫之地，即方百步，东西、南北各长 140 米左右。

经涂、纬涂之外，还有环涂和野涂。《考工记》还有记载："经涂九轨，环涂七轨，野涂五轨。"④ 环涂即环城之路，是城垣内侧的道路，东西南北各有一条，总共四条。野涂即城郭外的道路，"野涂以为都经涂"。可见，当时的道路是有等级的，而宽窄是等级的重要标准。《考工记》载，诸侯城的经纬涂在幅度上，相当于王城里面的环涂，而其环涂大约等于王城的野涂；诸侯以下的城邑其经涂更下一级，约相当于王城野涂。

西周时的王城中，除了宫城外，更多的是百姓居住的里。里又被称作闾里，在汉代被称为里坊。其形制延续至明清时的北京。"里的四周筑有高墙，四面设门，门临大道。在里的中心地带设社坛，即里'社'。社的四周营建住宅。"⑤ 按《周礼》的规制，五家为一比，五比为一闾，五闾为一族，即一族为一百户人家，每一族的住宅连为一排，排排相向而对，中间即成里中道路。《辞海》

---

① 董鉴泓：《中国城市建设史》（第三版），建筑工业出版社 2004 年版，第 15 页。
② 同上。
③ 同上。
④ 同上。
⑤ 王彬：《胡同：何处再觅"居之安"》，《人民日报》2014 年 4 月 24 日。

在解读"巷"一词时，引用了《毛传》"巷，里涂（塗）也"① 之说，也就是说，在古代巷是闾里中的道路。

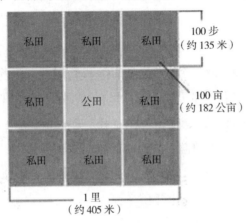

图 2-1 井田划界示意图

资料来源：中文百科在线，http://baike.baidu.com。

古代中国以农业立国，有士农工商四个阶层。历朝历代都非常重视农业。这种文化反映在城市建设上，就是城市布局与田畴相对应。许多学者认为，中国古代城市布局与道路如同"井字"，这与"井田制"（见图 2-1）有关，如同"井田"中的"井"字一样，除山地城市以外的多数古代城市都把城区划分成不同等级层次的"井"字，并组合成秩序井然的方格形的网格平面。城市道路是根据城市的土地界划而修筑的，而城市的地界规划受井田制的影响，往往划为方形、矩形。无论秦都咸阳、汉唐之都长安、六朝都城建康（建业）、北宋开封、南宋临安（杭州）、古城苏州以及元明清建都的北京城，城市格局与肌理均大体如此。"现在所知当时的城市和聚落，形状多为方形或矩形的规则变化，即使受自然地貌和地形的限制或影响，城市或聚落的外轮廓为不规则形，但内部界块的划分还是规则的矩形，实际上沿袭了井田

---

① 《辞海·语词分册》，上海辞书出版社 1979 年版，第 1330 页。

中的界划法和制度。"① 由此，我们可以说，中国古代城市道路的井字网状结构，其实是农业文明中"井田制"文化在城市道路上的反映。数千年来，中国儒家文化的传承未有大的变化，因而由儒家文化主导的城市建设思想也几乎未有变化，城市格局与道路规制也没有什么变化。

在周王城建规制下发展起来的唐长安和元明清都城北京，是最具典型意义的古代城市规制建设的代表。长安的城市格局对日本、朝鲜等国的城市格局都产生了重要影响。如日本古代都城平安京、平城京等，其城市格局几乎就是长安的翻版，只是规模小得多，只相当于长安的四分之一。长安的道路以宽大平直、工整有序、繁花似锦闻名遐迩，东西大街11条，南北大街14条，互相直角相交，形如井状网（见图2-2）。李白曾以"长安大道横九天"（《峨眉山月歌送蜀僧晏入中京》）来描写长安城市道路的宽阔、大气；白居易以"百千家似围棋局，十二街如种菜畦"（《登观音台望城》）来描写长安城的城市布局与道路景观的大格局；卢照邻以"长安大道连狭斜，青牛白马七香车"（《长安古意》）来形容长安城市道路景观的纵横交错，车马川流，繁华喧嚣；刘禹锡以"长安陌上无穷树，唯有垂杨管别离"（《杨柳枝词九首之八》）道出了当年长安城内外道路绿化的基本状况。

以上材料，无论是历史记载还是考古发现，无论是诗词还是歌赋，都向我们展示了古代中国城市道路的基本景观形态。

当然，对古代中国特定时代的城市道路形态，我们不能完全用今天的概念来认识，当时城市道路景观形态与功能同样是不能用今天的概念来认识的。例如，以唐代长安的道路来看，有学者在比较了古代西方城市与唐代长安城市的街道宽度后发现："米利都的街道平均5~10m宽，提姆加德约为6~8m，米朗德为5~8m，而唐

---

① 张宏、李益民：《井田制度与中国古代城市住居的空间形态特征》，《建筑师》2003年第1期，第71—75页。

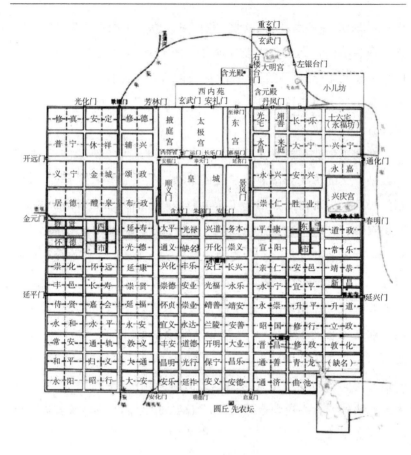

图 2-2 长安城图

资料来源：http：//imoocmooc. dlut. edu. cn/nodedetailcontroller/visitnod-edetail? knowledgeId = 55170。

长安的主要大街全都大于 100m，次要大街（除顺城街外）均在 40～70m 之间，同样达到西方网格城市街道宽度的 10 倍左右。……唐长安的街道之宽，足以并列 2～3 个古希腊或古罗马的城市街区。"① 因此，这种"唐长安坊里之间的大街"不是现代意义上的城市街道，而是"供'帝王出行'和'捕亡奸伪'。封闭的坊墙（以及御沟）阻隔了街道与两侧用地活动的横向联系，扼杀了街道

① 梁江、孙晖：《唐长安城市布局与坊里形态的新解》，《城市规划》2003 年第 1 期，第 77—82 页。

的公共性;在夜间,则通过关闭坊门,兵士巡逻等办法,对街道实行宵禁和严格管制"①。这种宽阔的城市街廓,不是通常意义的城市街廓,而是"一个个强制移民的小城镇;唐坊里之间的大街不是现代意义的街道,而是每个小城镇周边实行半军事管制的隔离带,唐长安不是一个现代意义的城市,而是近百个以农业为基础的、布局严整的、高度组织的小城镇群"②。由此,才有唐长安城市道路的另一番景观:"六街鼓歇行人绝,九衢茫茫空有月。"

　　但无论人们怎么理解中国古代城市道路,有一点是可以肯定的,即中国古代城市道路是有其文化特点的,"中国的城市是方方正正的",道路网络也大体是方格形网络,道路指向的中心是皇宫,作为城市南北中轴线的道路大都宽阔笔直。相比之下"西方的城市是弯弯曲曲的"③,其道路布局也随之多是弯弯曲曲的。在道路走向上,或者以神庙为中心(古希腊),或者以广场、斗兽场为中心,或者以凯旋门为中心(古罗马),或者以教堂为中心(中世纪欧洲)。图2-3是维也纳老城区(世界文化遗产)的平面图,其城市边界是弯弯曲曲的,中心为斯蒂芬大教堂,王宫在西南边。而图2-4是宋东京(开封)的复原图,其城市是方方正正的,路也基本是方方正正的,皇宫在城中央。

　　综上所述,中国古代城市道路主要有以下几种:一是经涂;二是纬涂;三是环涂;四是里涂,"闾里"或"坊里"中的道路,又称为巷;五是街道,即"前朝后市"中"市"内的商业街道。这种商业街道在唐朝时设在东市、西市内,"宽度仅16—18米,路面用石子铺成,路两边有石砌排水明沟,宽约30厘米,沟外,沿店铺还有1米宽的人行道"④。但宋以后,中国城市经济繁荣,城市

---

① 梁江、孙晖:《唐长安城市布局与坊里形态的新解》,《城市规划》2003年第1期,第77—82页。

② 同上。

③ 张京祥:《西方城市规划思想史纲》,东南大学出版社2005年版,第71页。

④ 董鉴泓:《中国城市建设史》(第三版),建筑工业出版社2004年版,第52页。

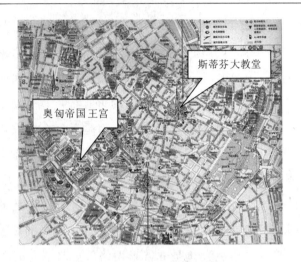

图 2 - 3　维也纳老城区平面图

资料来源：http：//maps. sinomaps. com/mapsquare/baike/。

道路与现代城市道路意义相近，"闾里""里坊"弱化，城市道路不再如唐时那样多用来作为皇宫周边的里坊空间划割，也不如唐时那样宽大，沿街可设商铺，商业街道不再是设在"前朝后市"里"市"的道路，而是遍及全城的城市道路系统之重要组成部分。

二　主干线道路

我国从周代开始，建立起由国都通往其他诸侯都邑的主干线道路，用今天的话语来说，就是"国道"。在周代，这种道路叫"周行"或"周道"。《诗经》中有"佻佻公子，行彼周行"（《小雅·大东》）；"周道如砥，其直如矢"（《小雅·大东》）。从古籍经典记载的资料来看，周道具有宽阔、平直的特点。例如，《墨子·兼爱下》有："《周诗》曰：王道荡荡，不偏不党；王道平平，不党不偏。其直如矢，其易若底。"王道即周道，荡荡即指宽阔；不偏不党，即指不偏向任何一方，也就是说，这种道路是两侧均等而线形笔直的；"王道平平，不党不偏"，即指道路平顺，没有高低凹凸的状况。同时，周时已开始在道路两边通过植树来丈量道路的实践。《周礼·秋官》记载："野庐氏：掌达国道路，至于四畿，比

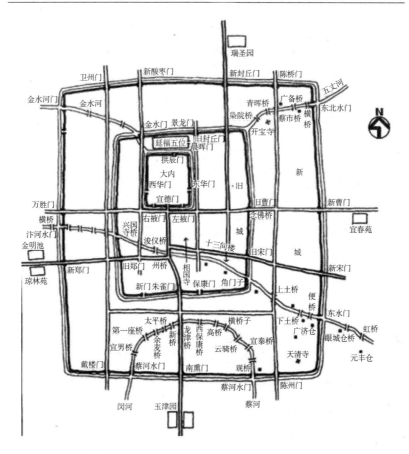

图 2－4　宋东京（开封）平面图

资料来源：http：//image．baidu．com/search/detai。

国郊及野之道路，宿息、井、树。"《周礼注疏》中，郑玄对井和树的注释是"井共饮食，树为蕃蔽"[1]。井代指提供饮食。树的作用则有两个方面：一是蕃，即道路的藩篱，作为道路的界标、保护道路；二是蔽，即它的遮阴蔽日、调节气候的作用。因此，此话的意思是说，野庐氏这种官职的职责是掌管国都通向四畿的道路畅通无阻，考察近郊、远郊及野地的道路状况，保障驿店饮食，确保行道树状况良好。《国语·周语（中）》说："周制有之，曰'列树

_____

① （汉）郑玄注，（唐）贾公彦疏：《周礼注疏》卷十六《遂人（上）》，上海古籍出版社 2010 年版，第 555、1412 页。

以表道，立鄙食以守路'。"① 所谓列树，即指成列成行的树。"表道"可从两方面理解：一为表明道路，作为道路的标志，《荀子·富国》有"掩地表亩，刺草殖谷"。杨倞注有"表，明也，谓其经界"；二为表明道路里程。由于周时道路没有测量距离的标志，如何根据距离设置驿馆守驿护路呢？当然通过种树来测量里程了，也就是说，这时的行道树具有测距标志的意思。所谓鄙食，是指供应食宿的馆所，即早期的驿馆。将"列树表道"与"立鄙食以守路"两者联系起来，其意思就是，通过种树来标志道路里程，在一定的道路里程段设驿馆供往来行人食宿，并以驿馆为点，对周边道路进行养护。就官职而言，西周已有了专司营建（包括城市建设、道路工程建设之类）与水利工程建设的司空一职，与司马、司寇、司士、司徒并称五官。总而言之，先秦时代，从夏后、殷商、西周及春秋战国时期，"在这一千七八百年中，中国历史上最大的事件，是民族与民族间继续不断地起一种混合运动"。而交通与"这种民族混合运动，关系极为密切。后者发展到了某一个程度，往往可以表示先秦交通已达到了某一个阶段。同时先秦交通之一种新进展，有时也可以表示出一种民族混合底倾向"。"先秦的交通事业，也给中国底交通，打下了一个实在的根基：国内交通区域之开拓与充实，水陆交通工具之发明，道路馆驿之制度，人工开河之方法，也都在这个时候有了一个草本。"②

在秦代，"国道"得以扩展，称为驰道（包括直道）。秦统一中国后，建起了以咸阳为中心的道路体系：东面有东方大道（由咸阳出函谷关，沿黄河经山东定陶、临淄至成山角）；西面有西北大道（由咸阳至甘肃临洮）；南面有秦楚大道（由咸阳经陕西武关、河南南阳至湖北江陵）；西南面有秦川大道（从咸阳到巴蜀）；北面有秦直道，即连接关中平原与河套地区的主要通道（北起九

---

① （东周）左秋明：《国语》，中州古籍出版社 2010 年版，第 61 页。
② 白寿彝：《中国交通史》，岳麓书社 2011 年版，第 3—5、118、148 页。

原——今内蒙古包头市西北，南至云阳——今陕西淳化西北，全长约 736 公里）……秦驰道将战国时期各诸侯国都连接起来，形成了条条大道通咸阳的壮观景象。与道路相关的是，道路交通的管理组织"如馆舍、邮驿等，也都有系统地普及于全国各地"①，形成了相对完整的体系。据统计，当时以咸阳为中心，延伸到全国各地的驰道，"包括前代所修道路在内，总里程达到 29670 里（约合今 12387 公里）。其中驰道 17920 里（不包括直道 1800 里），占总里程的 54% 以上"②。

汉承秦制而胜于秦。在原秦驰道基础上，汉开通了丝绸之路，东西横贯欧亚大陆，中西文化得以广泛深入交流。在邮驿与管理制度上，汉朝也继承了秦朝的制度，并使其更加完善。驿站按其大小，分为邮、亭、驿、传四类，大致上五里设邮，十里设亭，三十里设驿或传，约一天的路程。据《汉书·百官公卿表》载，西汉时全国共有亭 29635 个③，如此算来，当时共有干道近 15 万公里。同时，在汉代，我国的道路开始有了专门标志里程的"堠"。所谓"堠"，本来是古代瞭望敌情的土堡，从土，从侯，侯亦声。"土"指土堡，"侯"指诸侯。"土"与"侯"联合起来表示"侯国的瞭望堡"，本义即是指古代侯国瞭望敌情的土堡，东汉时与道路发生了关系，是指路边人工堆砌的土堆，用来标记道路里程。据《后汉书·和帝纪》载："旧南海献龙眼、荔枝，十里一置，五里一堠。奔腾阻险，死者继路。"④《康熙字典》对"堠"的注解是："土堡也。又封土为坛，以记里也。"⑤《汉语大字典》说堠是"古

---

① 白寿彝：《中国交通史》，岳麓书社 2011 年版，第 48 页。

② 刘文杰：《路文化》，人民交通出版社 2009 年版，第 14 页。

③ （汉）班固撰，（唐）颜师古注：《汉书》卷十九下《百官公卿表第七下》，中华书局 1962 年版，第 743 页。

④ （宋）范晔撰，（唐）李贤等注：《后汉书》（上），中华书局 2005 年版，第 131—132 页。

⑤ 《康熙字典》，上海广益书局 1917 年印行，丑集中第 31 页。

代记里程的土堆"①，并引述典籍"《玉篇·土部》：'牌墥，五里一墥。'《正字通·土部》：'墥，封土为台，以记里也。十里双墥，五里只墥。'"② 在汉代，我国已形成了从中央政府到地方郡国，再到边塞地区的严密的邮驿管理制度，这时的交通组织，系统地普及于全国各地，使交通设施得到有效的运转。

唐代时，我国古代道路发展臻于极盛。唐的主干道以东西都长安和洛阳为中心。唐太宗规定，在全国范围内要保持道路畅通无阻，不准任意破坏道路，不准侵占道路用地，不准砍伐路旁树木，要定期维护道路设施。唐代的驿，仍"以三十里一置"③。"唐驿总数，计陆驿一千二百九十七所，水驿二百六十所，水陆相兼者八十六所，共一千六百三十九所。"④ 排除水驿 260 所，唐共有陆驿和水陆兼驿 1383 所。粗略算来，唐代干线道驿道里程约在 41490 里左右。这是仅就设置驿馆的道路而言。唐宋时还有以州县为中心，通往周围 4—8 个方向州县的道路，唐宋地方志中"或称曰'八到'，或称曰'四至八到'，或称曰'地里'，或称曰'道里'，或称曰'境土'"⑤。如果包括这些不设驿站的道路在内，那么唐代全国干支道路的总里程数显然要比上述里程数量大得多。当然，古代的里程，也不能以今天的道路里程来理解。"西汉时的一里相当于今天的 417.53 米，东汉一里相当于 433.56 米，唐大里一里为今531 米，但小里一里只有 442.41 米，宋代一里长度与唐代差不多，明清一里约在现在 572 到 576 米之间。"⑥

这一时期，道路里程标志为"墥"。墥作为道路里程标志在唐

---

① 《汉语大字典》，四川辞书出版社 1986 年版，第 465 页。

② 同上。

③ 白寿彝：《中国交通史》，岳麓书社 2011 年版，第 48 页。

④ 同上书，第 117 页。

⑤ 曹家齐：《唐宋地志所记"四至八到"为道路里程的考证》，《中国典籍与文化》2001 年第 4 期，第 37—42 页。

⑥ 蓝勇：《古代交通生态研究与实地考察》，四川人民出版社 1999 年版，第139 页。

代得到了广泛的实行。具体设置是奇数里程设单堠，复数里程置为双堠。《全唐诗》中有许多反映堠的诗歌。如韩愈《路傍堠》对堠作为道路里程碑做了形象的描写："堆堆路傍堠，一双复一只。迎我出秦关，送我入楚泽。千以高山遮，万以远水隔。"从秦到楚，千山万水，都可见到路边标志里程的堠。陈子昂的《答韩使同在边》有："边城方晏闭，斥堠始昭苏。"殷尧藩《旅行》也有："堠长堠短逢官马，山北山南闻鹧鸪。万里关河成传舍，五更风雨忆呼卢。"白居易《社日关路作》："愁立驿楼上，厌行官堠前。"崔国辅《渭水西别季仑》："陇外长亭堠，山深古塞秋。"杜牧《渡吴江》："堠馆人稀夜更长，姑苏城远树苍苍。"高适《塞上》："亭堠列万里，汉兵犹备胡。"可见当时以"堠"作为道路里程的标志非常普遍，且往往与传舍、亭驿连为一体，使其成为道路附属物。这也形成了中国古代道路的又一景观特征。

宋代的道路没有规模上的扩大，在体制上大体延续了唐代，与唐代不同的是，由唐时以长安—洛阳为轴心向各州府延伸的放射线道路，转为以首都汴京（开封）为中心通达各州、府、县的路网。因北宋与辽和西夏对峙，南宋偏安江南一隅（临安），与金国时战时和，局势动荡，因而整个宋代没有大规模的道路建设。

元代因疆域的扩大，道路也得到大规模的扩充。以大都为中心，城内干道向城外四周辐射。除唐宋的地域外，还在以下地方设立了驿站，如在朝鲜半岛、安南（越南）、吐蕃（西藏），再如在"畏兀儿地、别失八里、彭八里"等地，其地约在今新疆境内，又如在太和岭即今西比利亚之南境①，即在西北方面，"已经由新疆，到达西比利亚底南境了"②，可见当时国家干线道路里程之长。

明清两朝均以北京为都。其道路也以北京为中心，构成了通向东南西北不同方向的道路干线。"清代国土辽阔，东濒大海，西至

---

① 白寿彝：《中国交通史》，岳麓书社 2011 年版，第 118 页。
② 同上书，第 148 页。

葱岭，南至南海，北至外兴安岭和库页岛。全国行政区划有23省和内外蒙古以及青海、西藏地区，统辖府厅、州、县1700余个。"① 清代的国家交通干线被称为"官马大路"，它由北京向四面八方辐射，主要通向各省省城。官马大路属于国家级道路，分为北路、西路、南路和东路等干线，由设立在京城东华门外的皇华驿管辖。北路系统是通往大东北的干线。西路系统包括兰州官路和四川官路两大干线，在大清帝国的创建和巩固过程中，如乾隆中期平定大小和卓叛乱，以及稳定回疆的战争，西路系统的作用十分重要。南路系统包括云南官路、桂林官路和广东官路，是元、明以来来往全国南北的主要官道。东路的唯一干线就是福建官路，是清政府在经济上赖以生存的通路。②

三　乡村道路

所谓乡村道路，是今天的说法。在中国古代，城乡道路都与当时的生产方式相关联。城市的方格状道路网与井田制相关，田畴之间相连的道路也与井田制相关。《周礼·遂人》曰："凡治野，夫间有遂，遂上有径，十夫有沟，沟上有畛，百夫有洫，洫上有涂，千夫有浍，浍上有道，万夫有川，川上有路，以达于畿。"③ 这就是当时乡村道路的一种分类，有径、畛、涂、道、路五种类型。"'径'是只能通行人畜；'畛'是农田间的道路，是划分井田的标志，也只能通人畜；'涂'……可通行小型车辆；'道'是村镇集市间的通道，有3.7米宽，可以通行当时的标准马车；'路'是城镇通往诸侯都城的道路，……其宽度可达5.5米，贵族车骑和战车可畅通无阻。"④ 从《周礼注疏》郑玄注可以知道："遂、沟、洫、

---

① 刘文杰：《路文化》，人民交通出版社2009年版，第17页。
② 同上书，第71—73页。
③ （汉）郑玄注，（唐）贾公彦疏：《周礼注疏》，上海古籍出版社2010年版，第555页。
④ 刘文杰：《路文化》，人民交通出版社2009年版，第30页。

浍，皆所以通水于川也。遂，广深各二尺，沟倍之，洫倍沟。浍，广二寻，深二仞。径、畛、涂、道、路，皆所以通车徒于国都也。径容车马，畛容大车，涂容乘车一轨，道容二轨，路容三轨。都之野涂与环涂同，可也。"① 贾公彦对《周礼》的注疏中则是另一说法："道有三涂，男子由右，女子由左，车从中央。"② 至秦孝公时，商鞅得到重用，他"坏井田，开阡陌"，把周时传下来的乡村五种道路给破坏了，代之而起的是阡陌。所谓阡陌，就是代替"径、畛、涂、道、路"的乡村田间道路，南北为阡，东西为陌，故有阡陌纵横的成语。但今天，所谓阡陌已是乡间田畴道路的一种泛称。

第三节　中国古代道路的功能分类

道路作为交通设施其最根本的功能是实现交通，是供人与物自由流动的带形空间。但自古以来，道路除了实现交通功能外，还有一些特殊的文化意义。因此从功能角度来划分，中国古代道路大约可分为：普通道路、商业街道、御道（街）、神道四类。

一　普通道路

所谓普通道路是针对特殊道路而言的，其包括城市道路和驿道（在不同时代叫法不同：驰道、官道、官马大道等）。总的来说，普通道路主要发挥的是交通功能，但同时也具有文化功能、宣传教育功能、景观功能等诸多功能。这类道路在前面的叙述中已有较详细的解说，此不赘述。

二　商业街道

中国古代的城市建制，按《周礼·考工记》的要求，是"匠

---

① （汉）郑玄注，（唐）贾公彦疏：《周礼注疏》，上海古籍出版社 2010 年版，第 555 页。

② 同上书，第 556 页。

人营国，方九里，旁三门，国中九经九纬，经涂九轨，左祖右社，前朝后市，市朝一夫"。也就是说，商业集市集中在王城宫室之后的地段，其中包含商业街区和道路。但在历史发展过程中，前朝后市发生了变化，如唐代的京城长安，其商业街市就不是在皇宫殿后，而是位于皇城南面的东市西市，"对称于皇城南面各占二坊之地，约 900 米 ×900 米。市内有东西和南北向街道各两条，呈井字形"①。"东市西市里面的街道宽度仅为 16—18 米，路面用石子铺成，路两边有石砌排水沟，宽约 30 厘米，沟外沿店铺还有 1 米宽的人行道。"② 宋代之后，中国城市的商业街道"不再限定在'市内'，而是分布全城，与住宅区混杂，沿街、沿河开设各种店铺，形成熙熙攘攘的商业街"③。其中，以繁华著称的有"皇建院街、赵十万街、潘楼东街、录事巷、甜水巷、横街……"④

三 御道（街）

何为御道？御在词典中有一专义，即对帝王所作所为所用的总称。与御玺、御批、御笔一样，御道即是"专供皇帝走的路"。《辞海》1979 年版和后来的语词分册增版均未列这个词。但在古代中国的京城，御道却是一种十分重要而且引人注目的道路。中国最早的御道开始于什么时候，现在已很难考证。但在《三礼图》所附周王城的道路图形中，我们已发现中国古代城市道路之御道"三股道"的特点，这应是御道（街）的雏形。从历史文献记载来看，中国早在东汉时期的京城就有了御道（街）。如《太平御览》就记载了东汉都城洛阳御街的基本情况："宫门及城中大道皆分三，中央御道，两边筑土墙高四尺余外分之；唯公卿、尚书章服从

---

① 董鉴泓：《中国城市建设史》（第三版），建筑工业出版社 2004 年版，第 54 页。
② 同上书，第 52 页。
③ 同上书，第 79 页。
④ 同上。

道中，凡行人皆行左右。"① 后来的孟元老在《东京梦华录》中，对北宋东京御道（街）有了更为详尽的描述与记录。近些年来，国内在遗址发掘中，南京、杭州等地也发现了古御道遗址。御道（街）的特点不仅在于它是一种道路工程，更在于人们可以从这种道路的分割及景观形态中发现中国独特的文化内涵。

目前已知的古代中国御道（街）有：东汉都城洛阳御街、唐都长安朱雀大街、宋都东京御街等。南京城内连接洪武路与中华路的内桥处，在南唐时期曾是宫城御道的入口处（见图2－5），2009年这里发掘出了一段铺砖道路，有良好的排水设施。图2－6为杭州南宋御道遗迹，该址是在杭州交通建设的一项"重点工程"施工中发现的。

图2－5　南京城内南唐时期宫城御道的入口原址

资料来源：《中华路工地发现宋代青砖路，排水设施齐全》（记者：朱凯），《南京日报》2009年7月30日。

四　神道

神道又称为司马道。《现代汉语词典》解释神道为"墓道"。《后汉书·中山简王焉传》："大为修冢茔，开神道，平夷吏人冢墓以千数，作者万余人。"李贤注："墓前开道，建石柱以为标，

① （宋）李昉撰，夏剑秋校点：《太平御览》（第二册）卷一百九十五，河北教育出版社1994年版，第824页。

图 2-6　杭州南宋御道遗迹

　　资料来源：许群、汪林义（文），叶健摄影：《"重点工程"与"重点文物"碰撞后究竟先保护谁？》，新华网，http：//nws，xinhuanet．com，2004 年 11 月 21 日。

　　谓之神道。"[①] 对神道而言，只有通向帝王陵墓的神道才具备相当规模和长度，形成了相应的带状景观空间，具备了道路景观的意义。神道是中国文化的一种独特体现，在现存的四大文明古国中，与中国神道相对应的只有埃及金字塔由塔前通向塔口的通道可与其相比，但这种通道虽在金字塔陵墓前，但深度不足，且两侧仅为石狮像，其景观相对单一，其长度、宽度、规模、景观形态等与中国帝王陵墓的神道不具可比性。古印度、巴比伦等未发现神道类的人工构筑物；古希腊、古罗马等，也未发现此类建

---

　　① （宋）范晔撰，（唐）李贤等注：《后汉书》（中），中华书局 2005 年版，第979 页。

筑。目前，我国较为著名的神道主要有：唐乾陵神道、明孝陵神道、明十三陵神道、清东陵神道等。

第四节　中国古代道路的地形分类

按道路所在地地形来划分，可分为"栈道""峤道""隘道""大碛道"。[①]

一　栈道

栈道是我国古代特有的交通设施。栈，"按《说文解字》释之为竹木之车。又按《玉篇》《集韵》《一切经章义》等解释为栅、阁板、小桥，再引申为动词便是指用竹木设造，有称木曰栈"[②]。《现代汉语词典》解释"栈道"说："在悬崖绝壁上凿孔支架木桩，铺上木板而成的窄路。"我国何时开始建造并形成有规模的栈道，至今未查到确切的资料。历史上栈道曾发挥了重要的交通作用，主要分布于"四川、陕西、云南、贵州、西藏、甘肃等省，而其中以四川和陕西两省分布最广，规模最大，史称'栈道千里，通于蜀汉'、'栈道千里，无所不通'，就是指川陕两省"[③]。栈道大类有两类：一是木栈；二是石栈。蓝勇在《古代交通生态研究与实地考察》一书中将木栈分为"标准式""悬崖斜柱式""无柱式""汀步式"和"木筏式"五种。[④] 宋代时川陕金牛道，陕西境内的连云栈道、子午栈道，长江三峡栈道，三峡地区大宁河栈道等较为有名（见图2-7）。

---

①　刘文杰：《路文化》，人民交通出版社2009年版，第20—21页。

②　蓝勇：《古代交通生态研究与实地考察》，四川人民出版社1999年版，第140页。

③　同上书，第146页。

④　同上书，第142—146页。

图 2－7　剑阁栈道

资料来源：作者自拍于 2010 年夏。

二　峤道

所谓峤道，就是山路。《后汉书·郑弘传》："弘奏开零陵、桂阳峤道，于是夷通，至今遂为常路。"[①] 在中国古代道路系统中，峤道往往与栈道同在一条线路上。当峤道开行到一定的位置不开栈就不能通行时，就会沿着悬崖绝壁凿槽开栈，将峤道与栈道连接起来。著名的川陕金牛道、连云栈道、子午栈道、长江三峡栈道等，都不是全栈道，而是在某些地段与峤道连成一线的道路，并与后者一起成为重要的交通要道（见图2—8）。

三　隘道

隘的本义是狭窄、狭小，另外，隘还有险要的意思。"隘"这个词，内涵古今都未有大的变化，《说文解字》《辞海》到《现代汉语词典》的解释基本相同。隘与道相连构成隘道，其意即指狭窄而地势险要的山道。所以左思的《蜀都赋》有"一人守隘，万

------

① （宋）范晔撰，（唐）李贤等注：《后汉书》卷三十三，载《朱冯虞郑周列传第二十三》，中华书局 2012 年版，第 914 页。

图 2-8　峤道——翠云廊的峤道

资料来源：作者 2010 年夏自拍。

夫莫向"。在中国古代，常在隘道之地设关：在此地域与彼地域之
间的线形通道上设一个关口，以武力手段把住了关，就切实把握了
两个地域之间的空间联系。所以重要的隘道，往往是兵家必争之
地，更重要的隘道，则是重兵把守、兴土建关的地点。

第三章 中国古代道路景观的文化分析

道路景观，就其具体形态而言，就是人工建造或生产的带（线）形空间。这种空间具有多重性含义：一是它的使用价值——实现其交通功能；二是这种使用价值下体现着的人与人之间的关系——具有政治文化意义；三是这种空间反映出来的空间设计与筑造者的审美取向与心理——从中可以认识到不同民族或不同国家的审美文化与审美心理；四是规范这种空间建造与运行的制度——反映的是制度文化内涵。只有从上述后三重视角对道路景观进行分析对比，才能对道路景观形成深入的文化认识。

为了论述的方便，我们从以下几个方面来分析中国古代道路景观的文化内涵：城市道路、驿道（主干道）、神道、御街（道）、栈道等。

第一节 中国古代城市道路景观特点与文化分析

中国古代城市道路尽管有一个时间变化过程，但如果从城市建设的整体性特点来看，这种变化较之欧洲国家的变化要小。因为城市道路的变化受城市房屋建筑格局的影响，房屋建筑受建筑思想的影响，建筑思想受哲学思想和社会意识形态的影响。中国几千年的古代社会，尽管时间很长，但从思想文化角度而言，这种变化却并不大。以城市道路总体布局而言，多数城市形态呈现棋盘方格网状，从文化的角度而言，这是井田制的影响衍生到城市规划而形成的。尽管宋以后的城市街道与之前的城市道路有了区别，撤去了里坊的墙，但坊的门仍然存在，由此形成的城市道路网格空间布局却没有大的变化，人们仍能从这些街道看到最初城市区域内里坊之中街道的影子。例如，人们能从宋以后的城市街道中，发现周朝时城市中"市"中街道的景观形态。

一　里坊制下的中国古代城市道路

里坊制是中国古代城市和乡村规划的基本单位与居住管理制度的复合体。里坊是由周代闾里制度传承转变形成的。这种制度把城市划分为规则而封闭的"里"作为居住区，商业经营则限制在若干定时启闭的"市"中。城市重要位置（通常在城市中心或北部中间部位）是统治者所占据的宫城与行政机构，而且用宫城城墙保护起来。"里"和"市"都环以高墙，设里门与市门，由吏卒和市令管理。因此，里坊制下的城市道路，其实是井田制下的城市格局中的道路系统。这种城市道路有三类。

（一）城内连接宫城的里坊的道路

城市由城墙围绕，呈方形。宫城与城内各里坊之间由呈"井"字形的道路连接，其中南北走向的称为经涂，东西走向的称为纬涂，围绕城内走向的称为环涂。这种通道空间的基本形态如图3-1所示。

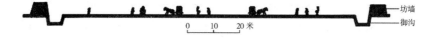

坊墙
御沟

0　　10　　20 米

图3-1　唐代长安城市道路空间形态，沟通里坊与宫城、

里坊与里坊之间的城市通道断面图

资料来源：参考梁江、孙晖《唐长安城市布局与坊里形态的新解》，《城市规划》2003 年第 10 期第 77—82 页而绘。

对比现代的城市道路，经涂和纬涂并不是真正的街道。它的两边是里坊，里坊四周由墙围绕，四面各设一门。"坊门在日出和日落时敲打钟鼓启闭。坊门关闭后，严禁在街上行走，每年只有正月十五上元节前后几天可以夜不闭坊门。"① 因此这种通道算不上真正意义上的城市公共空间，而是一种供里坊与皇宫、里坊与里坊之间通行的通道系统。这种通道便于帝王出行时随从保护，有利于军队的调动通行，便于"捕亡奸伪"。换言之，这是一种交通空间、军事空间，而非城市社会公共空间。因此，不是今天通常意义上的城市街道公共空间。

（二）里坊内的道路

里坊也呈方形，坊内空间划分或是一字形，或是十字形的生活性道路。"十字街分称为东街、南街、西街、北街，由此分出的 4 个区域内再设小十字街（十字巷），形成 16 个区块，也分别有专称，其间还有'巷''曲'相隔（'巷'、'曲'的形态曲折，并不规则）。"② 其中央设社坛。按周制，五家为一比，五比为一间，五间为一族，即一族为一百户人家，每一族的住宅连为一排，排排相向而对，中间即成里坊中的道路。坊中的社坛、道路与井所在地域，才是真正意义上里坊居民交流的公共空间。从目前所掌握的材料来看，还不能通过量化来确定，道路多宽是街道，多窄是巷道。但有一点大约是可以肯定的，就是里坊的道路较巷道更宽。

（三）市里内的道路

在宋以前，城市街道不设商业铺面，只设市，城内主要商业活动皆在市肆街道两边的商铺进行。以唐长安为例，"城内有东、西二市，对称于皇城南面各占二坊之地，约 900 米×900 米。市内有东西和南北向街道各两条，呈井字形。井字街中央部分是市署、平准局"。"市中有肆和行。同样性质的商铺集中在一起称行，记载的有 220 行，如绢行、珠宝行、大衣行、称行、果子铺、鞦辔行、

---

① 董鉴泓：《中国城市建设史》（第三版），建筑工业出版社 2004 年版，第 53 页。
② 刘继、周波、陈岚：《里坊制度下的中国古代城市形态解析——以唐长安为例》，《四川建筑科学研究》2007 年第 6 期，第 171—174 页。

铁行、药行、绢行等。"[1]　"东市、西市里面的街道，宽度为16—18米，路面用石子铺成，路两边有石砌排水沟，宽约30厘米，沟外，沿铺还有1米宽的人行道。"[2]

宋代前，只有作为城市中"市"内的道路，才具有现代意义上城市街道的特征。芦原义信认为："21—24米是可以看清对方面孔的距离，超过这一距离则看不清对面人行道上行人的面孔。因此在10米左右的道路上，可识别人这一社区要素就会大大加强。"[3]唐长安东西市里的街道路面宽度，加上排水沟与人行道，总宽度恰恰20米左右，其中东市较西市道路宽，30米左右，也是大体可以看清人的五官的尺度，理当属于人性化的街道尺度。东西两市的道路都呈井字形，根据考古发掘，唐长安西市南北1031米，东西927米，面积0.96平方公里，可见当时唐长安商业之繁荣。作为当时世界最大的都市，人们普遍认为长安人口上百万，也有人认为是50万—60万人，如郑显文在《人文杂志》1991年第2期就发文认为，唐长安人口只有50万—60万人。长安贸易发达，因此商业街道的宽度也是当时世界最宽的。正如前文所述，同一时代欧洲城市米利都的街道平均5—10米宽，提姆加德约为6—8米，米朗德为5—8米。

二　宋以后的城市街道

北宋中后期，京城汴京的房屋除去了里坊外面的坊墙外，房屋可面向街道开门设铺，城市道路主要由街和巷构成，街宽于巷。总的来说房檐对着街上道路，如果有的房屋是山墙对着街道，那一般总要在山墙下另建一坡式房檐，这可以从张择端的写实画《清明上河图》中看出来。其时的城市街道与现代意义的城市街道已十

---

①　董鉴泓：《中国城市建设史》（第三版），建筑工业出版社2004年版，第54页。
②　董鉴泓：《中国城市建设史》（第三版），建筑工业出版社2004年版，第52页。
③　[日]芦原义信：《街道的美学》，尹培桐译，百花文艺出版社2006年版，第209页。

分接近。这种城市街道对繁荣城市贸易具有十分重要的作用。

尽管宋朝以后城市道路演变成为现代意义的城市街道，但是自周代以来中国城市道路格局的基本形式并未发生根本的改变。坊里四周的墙拆除了，但房屋建筑的格局仍然存在，变里为坊在城市中的结果是，里坊的墙去了，却保留了里坊的门，叫坊门。由此形成了新的城市空间分界标志——此街与彼街的空间划界通常以坊门为标志。这种以牌坊的形态作为街道的标志如今在世界各地的华人集聚区仍然存在，即各地唐人街的界标多以牌坊作为标志。

三　中国古代城市道路景观特点与文化分析

中国古代城市道路景观的特点主要有以下几个方面：一是里坊通道宽阔平直；二是里市街道空间人性化，但缺少市民集聚的公共空间；三是街道界标分明，牌楼或坊门是城市街道划分的标志空间。这些特点反映出了鲜明的文化特点：一是城市管理严格规范；二是城市道路空间文化既具人性特点又有内敛性；三是城市道路空间方位的识别性高。

（一）里坊通道景观：宽阔平直

由于受井田制的影响，中国古代除受地理限制外，多数城市布局都呈方形网格状。都城内中部或中北部是皇城宫城，皇城周边是里坊。连接里坊与里坊、里坊与皇城的是经涂纬涂，周边是环涂——这就是里坊通道。无论是按《周礼·冬官·考工记》所说的"九经九纬，经涂九轨"，还是按唐长安的"东西大街 11 条，南北大街 14 条"，这种城市的骨架道路都是平直相交的。尽管经涂九轨"相当于 18 米"，但它较之间里之中的道路也更宽，较之世界其他同时代城市的道路，也是平直宽阔的。汉长安城里的经纬涂是 45 米，唐长安城中的经纬涂——连接里坊的道路更是宽阔、平直、壮观。据考古发掘与文献记载，它们分别为：宫前横街宽300 步（约 440 米），丹凤门大街宽 120 步（约 176 米），朱雀大街宽 100 步（约 147 米），其他南北向的道路分别为 134 米、108 米、

68 米、20 米等；东西向街道北起第 1、2、4 衔宽 60 步（约 88.2 米），第 3 街为 75 米，东西向街道第 6—13 街分别为 44 米、40 米、45 米、55 米、45 米、59 米、39 米。[①] 这些道路边侧有水沟，朱雀大街两侧的水沟宽约 3 米，沟深 1.7—2.1 米，壁坡度为 76 度，"这些沟叫御沟、杨沟或羊沟"[②]。御沟之说起于沟内之水引终南山之水从宫内过而流入沟，故为御沟；杨沟之谓是因沟侧植杨树；羊沟之说则是说为防止羊抵坊墙，故挖一沟预防之，故为羊沟。

结合到里坊的布局与沟通皇城、宫城、里坊道路交通系统看，从文化的角度来分析，这种道路景观形态至少反映了三种历史文化特点。

第一，它是古代城市管理制度的体现。闾里制下的空间形态，受井田制影响，由经涂、纬涂划分，四周筑墙，每面仅开一门，朝启晚闭，十分便于管理。这类城市道路两侧的景观，除行道树外，即是坊墙。由于"街衢绳直"而缺少变化，无巷口道门遁人遁形，对于捕亡奸伪、维护治安十分有利。唐长安更显特别：连接里坊之间的通道已超出了道路交通本身的需要，但它为什么还要修这么宽呢？有人在比较分析了唐长安城与欧洲古代城市米利都（古希腊）、提姆加德（古罗马）、米朗德（中世纪法国）的布局与道路系统后得出的结论是："一个西方网格城市的街廓和街道在长宽各放大 10 倍后，才达到了与唐长安坊里相当的尺度。"[③] 并认为，之所以如此，是因为唐长安的坊里"不是街廓，而是一个个强制移民的小城镇；唐坊里之间的大街不是现代意义上的街道，而是小城镇周边实行半军事化管制的隔离带；唐长安不是一个现代意义上的城市，而是近百个以农业经济为基础的、布局严整的、高度组织化的小城镇群"[④]。尽管这个说法并未得到学界一致认可，但这宽阔

---

① 董鉴泓：《中国城市建设史》（第三版），建筑工业出版社 2004 年版，第 52 页。
② 同上。
③ 梁江、孙晖：《唐长安城市布局与坊里形态新解》，《城市规划》2003 年第 1 期，第 77—82 页。
④ 同上。

的隔离带——连接里坊的道路系统对调动军队、捕亡奸伪、使骑兵快速到达全城每一个角落是非常有效的，却是研究者的共识。而坊里四门的晨启夜闭，又为城市治安管理提供了有效的硬件条件。

　　第二，它是中国封建等级制度文化的体现。所谓"匠人营国，方九里，旁三门，国中九经九纬，经涂九轨，左祖右社，前朝后市，市朝一夫"体现的是一种规制，这种规制内包含宗法礼制，也内含相应的等级制。所谓经涂、纬涂、环涂等，如前所叙宽窄度各有等级，同时与闾里中道路的宽窄也有区别。总体而言，皇城宫城居于城市中心区或北部中位，闾里（从隋改称坊里）则紧靠宫城四周者往往是贵为皇亲国戚、高官、大夫的家族。在中国人的空间意识里，中为尊，侧为卑，北为尊，南为卑，高为尊，低为卑。将宫城皇城、闾里之间隔开的经纬涂网格通道，既连通城市内的各个基本单元坊里（闾里），又划分开了各自空间，呈现出了尊卑有序的城市格局。汉长安城、唐长安城都有统一安排闾里的，例如，西汉长安"一般居民只能住在城的北半部或城门的附近，只有少数权贵才能在未央宫北阙附近居住，故有'北阙甲第'的称谓"①。"宣平门附近居住有不少权贵，被称为'宣平之贵里'。"② 如果汉长安城还存在"宫殿与民居相参"的混杂情况的话，那么到了北魏邺城和隋唐长安城，就已将统治阶级和普通民众的居住区里间，以经纬涂的城市网格将其分开，实现了权贵与贫贱"不杂处"的城市空间格局。在古代中国还以坊里的形式，或按商业贸易的货品类，或按居住人的职业类别将其进行分类。《洛阳伽蓝记》记载："市东有通商、达货二里。里内之人，尽皆工巧屠贩为生……市南有调音、东律二里。里内之人，丝竹讴歌，天下妙伎出焉……"③ 这种通过闾里和里坊，以道路分割城市不同空间的建制，不仅使我

---

①　马正林：《中国城市历史地理》，山东教育出版社1998年版，第175页。
②　同上。
③　转引自刘继、周波、陈岚《里坊制度下的中国古代城市形态解析》，《四川建筑科学研究》2007年第6期，第171—174页。

们看到现代以功能规划城市区域——商业区、生产区、居住区之源流，更重要的是，它以城市空间的形式向我们传达了封建等级制下的城市空间划分，它是思想文化与制度文化的物化——城市空间的政治文化表达。

第三，它是中国古代思想文化的体现。古代中国城市建设受《周礼·冬官·考工记》影响。此文典现叫《周礼》，原名为《周官》，是讲设官分职的书，汉刘歆在编《周官经》六篇为《周礼》时，因《尚书》中亦有一篇《周官》，担心两者混淆，故将其改名《周礼》。它深刻地体现了中国传统的思想文化。其中对建筑、道路、城门都有数字要求，特别强化"三"在城市建设中的数字特色。一般而言，经涂、纬涂各分三道，城市呈方形四面，每侧三门，道路与三门相对。如周王城中的道路景观即是如此（见图3-2）。中国传统文化中，数字一、三、五、七、九为阳数，其中三、五、九在建筑中得到广泛运用，其中三的运用最为普遍，在城市建筑、道路景观中最为常见，形成中国最有特色的建筑景观。例如，《周礼·冬官·考工记》中所有数字均为

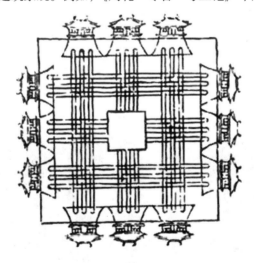

图3-2　周代理想王城图

资料来源：（宋）聂崇义：《新定三礼图》，丁鼎点校解说，清华大学出版社2006年版，第115页。

阳数（现代叫奇数）。三、五、九等对中国古建筑的影响广且深，并形成了中国文化下的建筑审美。如，秦、汉、唐等宫殿，均为三立面形态建筑，主建筑执左右而中，形成了一种左、中、右三立，两侧对称，中为聚焦的建筑景观形态美。图3-3与图3-4均有执左右而中的景观特点。所谓正道，中正之道——不偏不倚之道；所谓歪道，偏邪之道——不中不正之道！

图3-3　唐大明宫效果图

资料来源：《陕西申遗景点　唐长安城大明宫遗址》，新浪陕西旅游网，ht-tp：//sx. sina. com. cn/travel/freshtravel/2013 -03 -15/082054668_ 3. html。

图3-4　阿房宫

资料来源：http：//tupian. baike. com/a0 -57 -74。

从哲学的角度而言，"执左右而中"的景观特点是中国哲学思想在建筑文化上的反映。老子有"道生一，一生二，二生三，三生万物"之说；儒家哲学思想中强调"执两用中"①的中庸思想。所以，"三"这个数在中国传统思想文化中具有十分重要的意义。"中国古有'数始于一，终于十，成于三'（《史记·律书》）之说。……所谓数成于三，是说无论客观世界的事物本身还是主观世界对事物的认识，起先都是从一开始，或者叫从混沌开始。然后显露出对立两端，或者是认识上首先注意到两端，斯为二。进而因两端而有中间而知中间，事物演化完成或被完全认同，此之谓成于三。抽象为数，便是由一而二而三，到了三，告一段落。"② 三是数之成，这思想很深刻。因此，中国古代建筑的景观形态的"三"和道路建设的"三股道"，虽然说有实际的功能要求，但背后也蕴含着思想文化的"三"，道德伦理需要的"三"，并由此形成了一种审美心理与审美倾向。

（二）城市街道空间人性化，但缺少市民集聚的公共空间

闾里制度下的城市道路，因每一闾里（或坊里）四面只能开四个门，日启夜闭，因此，闾里之间、闾里与皇宫之间的道路，不是现代意义上的街道。汉长安的经纬之涂宽度达45米，唐长安的经纬之涂宽度更是达到150米左右，因此它们不是城市交通需要的宽度，而是城市管理、治安、军事需要的宽度。闾里内的道路又是另外一种情况。它们有一字形、十字形、井字形等形态。不仅在宽窄度上具有人性化的尺度，一般在10余米至20米左右，同时更有人性化的街道空间形态安排。至于宋以后的城市道路，因废除了里坊制，城市房屋可以面街而开门窗，设商肆，因而城市道路的商业功能与街道景观文化功能两者均已得到实现。

如果从建筑结构的文化视角度来看，宋以后的中国城市道路之

---

①　庞朴：《从一分为三谈中国人的智慧》，《解放日报》2005年8月17日。

②　庞朴：《中庸与三分》，《文史哲》2000年第4期，第21—27页。

所以充满人性化的空间，是因为它其实是中国北方四合院和南方三合院的变异。四合院是四面合围，形成一个家庭的内在隐私空间；三合院是三面合围，形成具有散湿功能的（这针对南方暖湿气候）相对内生性的空间。而古代中国的城市道路就是将这种四维空间打通两维，三维空间打通一维而形成一条线形空间。如图 3－5 所示，打通四合院与四合院之间前面的门墙和后房，就成了城市的街道，四合院之间就成了城市的巷。

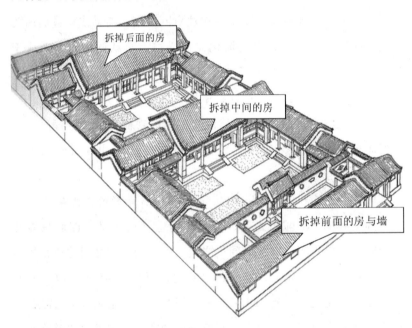

拆掉后面的房

拆掉中间的房

拆掉前面的房与墙

图 3－5　把四合院的两头打通就形成了古代中国（宋以后）的城市道路

资料来源：http：//image. baidu. com/search/detail。

中国古代建筑几千年并未有大的变化，"建筑设计的基本原则在三千五百年至四千年前便已经大体上确立起来，它的发展真的如梁思成那么说的'四千年来一气呵成'"①。"两面坡的人字屋顶一般都是主体房屋。主体房屋之外，在前后或者左右，通常都连带有

---

① 李允鉌：《华夏意匠——中国古典建筑设计原理分析》，天津大学出版社 2005 年版，第 48 页。

一些单坡面坡屋顶的房屋。"[1] 因此，几千年来由房屋建筑构成的城市街道的空间形态也就几乎没有什么大的变化。而中国房屋建筑在材料上的最大特点是土和木，这与西方国家以石头为建筑材料是不一样的。由于以土木为原材料，带来的另一个特点便是斗拱结构的盛行（见图 3-6、图 3-7）。斗拱的实用功能是可以避免风雨阳光对房屋立柱的侵蚀，并使房屋的空间形态形成了一个可以遮风避雨的屋檐。相对道路而建筑的连排的房屋，形成了连续的屋檐空间。同时排排相对的房屋，门当户对，窗口相向，都对着屋檐下的走廊与朝天的道路，这就形成了屋内与屋外的一种可视的互动空间。这种城市道路景观形态具有三大特点。

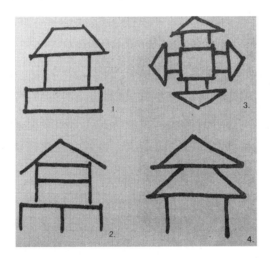

图 3-6　1—3 是甲骨文和金文的"室""宅""宫"字，4 是"重檐"

资料来源：李允鉌：《华夏意匠——中国古典建筑设计原理分析》，天津大学出版社 2005 年版，第 48 页。

第一，从人与自然的关系讲，古代中国式城市街道均有宽大的屋檐相对，城市道路由两边的街檐行道与中间的人车道构成，体现了人与自然关系的和谐。一方面，在风和日丽之时，街旁商肆内的经商者与行人，可以近距离地实现有效的视线交流与语言交流，在

———————

[1]　同上书，第 49 页。

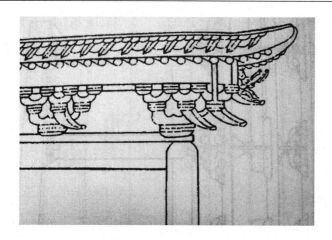

图 3 - 7　作为中国建筑殿阁亭榭等转角正样四铺作壁内的重拱插下昂

资料来源：（宋）李诫：《营造法式》，邹其昌点校，人民出版社 2006 年版，第 246 页。

街道上享受春风、日光的沐浴；另一方面，在刮风下雨之时，人们可借助街道屋檐遮风避雨。这种功能由道路两边的中国式建筑——屋檐决定，无论南北，无论建筑样式之差别，都有遮风避雨的作用。因此，这种城市带形空间是人、建筑、自然环境三者的和谐统一。

第二，从心理和社会的角度言，古代中国式城市街道为人与人之间的有效交流提供了可视的空间形态（唐代及以前的城市道路主要指的是城中里坊内的道路）。古代中国所有城市街道都由三大空间构成，即外部空间（处于中间的道路），可以直接受到阳光与风雨的"光顾"；中部空间（处于道路两边建筑物室内与室外之间的廊道或街檐），是自然空间与室内空间的缓冲带（由门和窗将街檐"走廊"与室内分开）；内部空间，即街道两侧房屋室内的空间。三者为行人与行人之间的交流、行人与屋内人的交流提供了可视、可听的交流空间，让使用道路的人与居住道路两旁房间的人可通过表情、语言、手势等进行人性化交流。这与中欧与北欧的城市道路空间形成了鲜明的对比。

相比之下倒是南欧的拉丁民族以及部分中欧国家在街道景观上

与中国有异曲同工之妙。他们的城市街道多有柱廊,去街道廊道遛弯是他们生活的一部分。日本建筑设计家芦原义信在《街道的美学》一书中引用美国评论家 B. 鲁道夫斯基(Bernad Rudofsky)《人的街道》一书中的话说:"博洛尼亚市民整天来往于柱廊之中,尽管如此,仍有一天去两次的习惯,他们绝不想取消柱廊下的仪式性散步。"并认为:"在城市形成时能看到街道的意义并富有强烈感情的,主要是拉丁民族,盎格鲁—撒克逊人次之,⋯⋯特别是意大利人,街道就是他们生活的一部分,不仅是为了交通,还是作为社区而存在的。"① 当然,由于建筑立面的迥异,在景观形态上,古代中国与意大利城市道路的景观形态还是有很大区别的。古代欧洲国家中,街道保持着廊道,且有人情味的,主要分布在意大利、法国、西班牙、葡萄牙以及讲拉丁语的国家;也包括受天主教影响的中欧国家,如波兰的部分街道(波兰人自认为自己是中欧国家,信仰为天主教,中世纪时其城市建设多请罗马建筑师设计,因此受罗马天主教影响更重)。此中相似处可在图 3-8、图 3-9 中看出。图 3-8 为古城阆中的街道,房屋较低,檐外伸,可为行人遮蔽风雨;图 3-9 为克拉科夫古老的街道,建筑较高,屋檐很窄,难避风雨。阆中为中国四大古城之一,克拉科夫为中世纪波兰首都,联合国世界文化遗产城市。

第三,城市缺少真正意义上的市民集聚的公共空间。中国的城市格局与道路大都呈现正方井字形,城市管理总是自上而下,缺乏公共聚会解决问题的思想与机制,因而也就缺乏公共聚会的场地。换句话说,中国古代的城市没有西方城市中供人聚会的大广场,没有真正意义上的、大型的市民聚集与交流的公共空间。与此相对应的是中国有发达的家族机制,一些有关家族的重大事项往往通过家族聚会来解决,家族聚会的空间即祠堂。从文化的角度讲,古希

① [日]芦原义信:《街道的美学》,尹培桐译,百花文艺出版社 2006 年版,第29 页。

图3-8　古城阆中的街道

资料来源：作者自拍于2014年5月。

图3-9　克拉科夫古老的街道

资料来源：作者自拍于2013年9月。

腊、罗马之所以都存在城市广场，是因为他们的政治需要通过集聚市民或公众来听取政治家的演讲，通过民主程序，如投票来决定重大事情。同时，广场的聚集功能，也要求它必须有良好的疏散功能，这就要求通往广场的道路都是宽阔而顺畅的。

但是，古代中国城市也有其公共空间，主要有三类：一是"市"，即实行闾里制时的"集市"里的街道（包括酒肆茶楼之类）或者署衙周边。这些地方满足市民买卖东西、消费娱乐的需要，聚集了三教九流，各色各样的人都有。二是水井周边区域。日常生活需要做汲水、洗衣、淘米、洗菜之类的事，水井周边就成了人们交流信息、彼此相互认识的场所。三是从宋代以后，京城出现的娱乐场所"瓦子"（又叫"勾栏""瓦肆""瓦舍""瓦市"）。瓦内经营杂货、酒食、相扑、影戏、杂剧、傀儡、唱赚、踢弄、背商谜、学乡谈表演等，但瓦子主要是娱乐场所，而非公众集会场所。用大类来划分，瓦子应属于"市"。从城市规划角度言，市和井是城镇"必需"的基础设施，市是城镇商业的集散地，井是市民的饮水设施，是生存之必需。故有"改邑不改井，无丧无得，往来井井"①　之说。我国自古有"市井"一词，以它代表通俗的、大众的这个意思，与"下里巴"近义，但与"下里巴"有所不同，它是专指城市的而非一般的下里巴。如市井文学即是通俗文学，反映城市生活之文学等。我国古代文献中提到"市井"一词的文献很多。如《诗经·陈风·东门之枌序》《管子·小匡》《史记·平准书》等。若从本书所论及的城市道路景观文化角度来看，《汉书》注释最为贴切，即"士相与言仁谊于闲宴，工相兴议技巧于官府，商相与语财利于市井，农相兴谋稼穑于田壄，朝夕从事，不见异物而迁焉"。对此，颜师古的注释："凡言市井者，市，交易之处；井，共汲之所，故总而言之也。说者云因井而为市，其义非也。"②　以颜师古的注释，市即今天的市场，井则取水之处。由于这些地方总是聚集着各色各类的人，所以市井即是古代中国城市的公共空间。

（三）城市街道具备良好的辨识空间

由于大多数城市均呈方形，路网系统呈井田状，形如棋盘，以皇宫为中心，皇宫坐北面南，因此城市也就随皇宫而坐北面南；以报时的钟鼓楼为东西——钟楼在东，鼓楼在西，个别城市也有钟鼓楼合一的。因此，道路方向明确，易丁辨识。从北宋中期以后，废除了里坊的墙，但是，坊的门却保留了下来。此街与彼街常以坊

----

① （宋）朱熹：《周易本义》卷二，廖名春点校，中华书局 2009 年版，第 174 页。
② （汉）班固撰，（唐）颜师古注：《汉书》卷十九下《百官公卿表第七下》，中华书局 1962 年版，第 743 页。

门、牌坊、牌楼等作为界标，形成了鲜明的城市道路界域标志景观。一般而言，坊门与牌坊，架构上方中间有坊眼，坊眼中标有坊名。因此，城市道路的方向十分易于辨识。由于城市重要建筑的方位决定了城市道路的空间走向，所以，中国城市道路的空间特征也十分明显。一般情况下，欧洲国家的建筑"神庙和坐在正殿里的神像都要朝着西天的方向。这样，可以使接近祭坛献纳供物进上牺牲的人们向着东方天空方向参拜庙里的神像"①。例如，根据笔者实地考察，雅典娜神庙、巴黎圣母院、科隆大教堂、斯特凡大教堂等都是坐东面西的。而中国的城市，总体而言——从都城皇宫到地方城市官衙，一般处于城市中心或北部方向的中部，这种重要建筑对城市道路的分割决定了中国城市道路中轴线与西方城市道路中轴线方向的区别，也就是说，中国大多城市的中轴线是北南走向的。

第二节　作为区域交通线的中国古代道路景观文化分析

分析一个国家的道路景观特点，没有比较是不能说明问题的，只有通过对比，才能发现两个或更多比较者之间的不同。中国古代道路景观也一样，如果不进行比较，就很难说清为什么这是中国的特点，那是欧洲的特点。

一　由交通功能要求所决定的中国古代道路与古罗马道路的相似性

以历史文化的视角来比较东西古代道路，真正具有可比性的，大约只有代表西方道路文化的古罗马军用大道及在此基础上发展起来的古代西方国家道路体系，和代表东方道路文化的中国秦驰道以

---

① ［古罗马］维特鲁威：《建筑十书》，高履泰译，知识产权出版社 2001 年版，第 114 页。

及在此基础上发展起来的中国古代驿道系统。从修建的时期来看，古罗马军用大道前后修建了约五个世纪，即共和国时期修建的第一条罗马大道——阿庇乌斯大道起（公元前 312 年）至罗马帝国前期（公元前 27—192 年）这段时期[①]；秦驰道的修建时间虽然短得多，但汉承秦制，为了军事和交通需要，汉代又在驰道基础上对其进行了修建，其时间延续也长达 400 多年。从道路的规模和长度来看，古罗马大道主干道总里程 8 万多公里，规模宏大；秦代道路里程也"达到 29670 里（约合今 12387 公里），其中驰道 17920 里（不包括直道 1800 里），占总里程的 54% 以上"[②]。汉代更加完善了秦代的邮驿与管理制度，到西汉时，根据《汉书·百官公卿表》的记载，全国共有亭 29635 个[③]，按此测算，其时应有干道近 15 万公里（西汉五里设邮，十里设亭，三十里设驿或传）。两者规模与长度具有可比性。

　　从比较文化的角度来看中国古代道路景观，我们不难发现，中国的道路从物理形态上几乎与其他古代文明体没有什么大的区别——这是由道路必须发挥它的交通功能所决定的；但在分立道路两边的建筑立面、纪念式建筑以及附属设施上，其景观特点就有了很大的区别——这是由中西文化的区别所决定的。

　　对古罗马大道与以秦驰道为基础而发展起来的中国古代驿道进行比较，可以从工程技术和道路景观文化两方面发现其中的异同及特点。从工程物理角度来比较分析，古罗马大道与中国驿道有许多相似之处。正规的、标准的古罗马军用大道的路基、路面标准是：3—4 层，宽度为 4.75 米到 5.48 米之间，每一罗马里设置一个里程碑。更具体地说，古罗马大道路基的最下一层是基础层，铺以泥

---

　　① 冯定雄：《罗马共和国时期的道路建设》，《古代文明》2009 年第 3 期，第 38—46 页。

　　② 刘文杰：《路文化》，人民交通出版社 2009 年版，第 14 页。

　　③ （汉）班固撰，（唐）颜师古注：《汉书》卷十九上，中华书局 1962 年版，第743 页。

灰或沙，并夯实，作为路基；第二层是石块与灰土混合铺筑，石块大约有拳头大小，用以充实路面，保证一定的高度；第三层是混凝土（或石灰），与下面一层粘牢，为路面提供牢实的基底。有时候工人铺设碎石或粗沙掺以泥灰，再用滚压机压平。最后一层，也就是军骑直接接触的路表面，用平整的石块铺成，接缝处十分严密，石块整齐划一，每块约一公尺至一点五公尺长。路面中间稍稍隆起，形成小弧形（龟背形），路边有石砌保护，有排水沟，有利于雨水的排泄，避免水力侵蚀影响甚至破坏道路功能的发挥（见图 3－10）。

图 3－10　古罗马军用大道遗址

资料来源：http：//www. google. com. hk ancienthistory. about. com。

中国古代的驿道虽然没有古罗马军用大道那样多的层级，但许多驿道路面石板的铺设也与古罗马的军用大道相似，即它也呈现一定幅度的龟背形（见图 3－11）。这是因为道路要发挥它的交通功能就必须保持不受水力侵蚀，而将道路路面做成呈龟背式的弧形路面，则可以实现这一点。又如，基于同样的道理，中西古代道路都设有边沟（或明沟，或暗沟），但边沟并不是为了美观，而是为了保护道路保持基本物理形态，以利人、车通行，确保交通功能的发挥。

如果说"条条大道通罗马"是西方耳熟能详的谚语，那么中国古代"条条大路通咸阳"也是实实在在的交通体系。《汉书·贾山传》记载：驰道"道广 50 步，三丈而树，厚筑其外，隐以金椎，树以青松"①。汉唐以后，在驰道基础上扩建延伸的驿道虽仍然多为泥土筑就，但重要的道路路面则为磨平的石材铺就，路基为实土、砂石，路面为石板，呈"龟背形"，以便于排水。以属于驰道的秦直道为例，它是当时规格最高的"国道"，一般"宽度为 30米"，"多依山势堑山成路，劈峁为道，垭口宽畅，逢沟渠多夯筑，道路宽直。沿途两侧五里一墩，十里一台"②，与古罗马大道路的里程碑功能相类。

图 3 - 11　河北井径，秦驰道遗迹

资料来源：人教论坛，http：//bbs. pep. com. cn/thread—419585—1—1. html。

从现存的古罗马大道遗迹来看，它的线形十分平坦顺直。铺设古罗马大道要从异常精确的勘察开始，在开阔地带，道路是直的；在凹凸不平的乡间，穿过地势较高的地区时，则辟坡填洼，开凿隧道通过山岩，遇到沼泽地带时，则筑堤道把地势抬高，以保持道路的平直。③

① （汉）班固撰，（唐）颜师古注：《汉书》卷五十一，中华书局 1962 年版，第2328 页。

② 《秦直道》，中国国家地理网，http：//www. qinzd. com/n/h/engineering/QinZD. htm。

③ Romolo Augusto Staccioli，*The Roads of the Romans*，The J. Paul Getty Museum Los Angeles 2003，pp. 108 - 109.

中国古代的驿道也是十分平坦顺直的。"王道荡荡,不偏不党;王道平平,不党不偏。其直如矢,其易若底。"(《墨子·兼爱》)周诗中虽是形容"周道"(镐京至洛邑的大道)的平坦,同样也可以用来表现古代中国人在其基础上修建驰道(驿道)的线形。为了达到使道路平直的效果,中国古代道路在施工上十分注重工程技术的运用,"厚筑其外,隐以金椎"。

在道路的绿化上也有相同点。古罗马大道的植树绿化缘于军事需要:古罗马统治者为了调兵遣将的方便,下令在大道的两旁种上大树(罗马松),以便为行军的士兵遮挡炎热的阳光。①

中国古代道路绿化的主要作用在于测量道路距离、调节路域气候,同时也有利于道路路基的保护。所谓"三丈而树"是说"约隔三丈(合今约 7 米)栽一棵树,用来计算道路的里程。驰道两边根据当地情况,种植杨,柳,槐,榆等树"②。中国古代道旁植树起于周代。《国语·周语》说:"列树以表道。"在秦汉时期,这种制度因国土面积的扩大,而在更广阔的地域内执行。

综上所述,在秦驰道基础上发展起来的中国古代驿道与在古罗马军用大道基础上发展起来的古代欧洲道路在工程技术方面有以下三方面的共同点。

一是道路平直。所谓"周道如砥,其直如矢"既可用来形容古代中国的周道、驰道、驿道,也可用来形容古罗马军用大道。

二是宽阔。无论是标准的秦驰道还是古罗马军用大道,均可并行两辆或两辆以上的战车。但地处中原的中国的驰道,因地势宽阔

---

① [古罗马]苏维托尼乌斯:《罗马十二帝王传·神圣的朱里乌斯传》,张竹明等译,商务印书馆 2000 年版,第 56 页。

② 刘文杰:《路文化》,人民交通出版社 2009 年版,第 48 页。

平整，比地处多山的亚平宁半岛的古罗马大道在路幅上更为宽阔，如，在周道基础上修建的驰道一般都达 30 米以上，但驰道进入山地丘陵后，路幅更相应变窄，与古罗马大道就大体相当了。

三是种植行道树。中国古代在道路两旁植树始于三千多年前的周代，时间很早。古罗马大道最初是不植树的，相反，为了视线的开阔，道路所到之处树木一律伐掉，但后来为了行军中军队减少日晒雨淋，就在道路两边植了树木。至今，人们来到古罗马大道遗址，会看到高高耸起的、如绿云覆盖一般的罗马松，其与道路本身一样成为道路景观的重要构成要素。

这些共同点最大程度上实现了农牧时代的人流物流，满足了那个时代的交通功能。道路的平直、宽阔有利于马车的行驶；道路的绿化有利于道路的利用：树冠有利于遮阴蔽日、调节气候，树根有利于巩固路基，保护道路工程持久运行。

二　中国古代交通主干线道路景观的文化分析

正如沈福煦教授所说："建筑不仅仅是满足人的物质活动的需要，也须满足人的种种精神活动的需要，如心理的、伦理的、宗教的、审美的等等。"[1] 道路工程也同样如此。与西方古代道路相比，中国古代文化制约影响下的道路景观特点主要表现在道路建筑立面的空间形态上。这种独特的道路空间景观形态主要体现在三方面，即亭（堠）、牌坊、关。

（一）亭——古代中国人情表达的空间载体

亭，通常被现代人认为是中国古代的一种行政管理制度或单体园林建筑。据史载与考证，中国从秦汉时期就建立发展起了亭驿制度。按典籍的解释，所谓亭，即"行人停留宿食的处所。秦汉制度，十里一亭，十亭为乡。《汉书·百官公卿表上》：'大率十里一亭，亭有长。十亭一乡，乡有三老：有秩、啬夫、游徼。'又指边地岗亭。

---

① 沈福煦：《中国古代建筑文化史》，上海古籍出版社 2007 年版，第 1 页。

《汉书·九六西域传》：'稍筑列亭，连城而西'"①。可见，亭的确是
一种管理制度，同时也是一种官职，主要负责治安方面的工作，汉
高祖刘邦举事之前，就曾任职亭长。另外，从字体的构成来说，亭
是象形字，属战国文字字形，其中"T"像矗立的亭柱。小篆以为从
高省，丁声。本义：古代设在路旁的公房，供旅客停宿。《说文解
字》说："亭，人所安定也。亭有楼。"②《释名》对亭的解读亦是：
"亭，停也，亦人所停集也。"③ 可见，"亭"不仅是中国古代政府的
地方管理制度和交通管理制度，更是一种实在的建筑物——立于道
路两侧的"边地岗亭"，是道路边侧的建筑立面景观。

　　"亭"作为道路附属设施和道路的立面景观不仅可在工具书中
得到确证，同时还在文艺作品中得到广泛的体现。中国古代文艺作
品中，亭常常作为道路景观的一道重要风景线而出现。

　　在诗词方面，李白的《菩萨蛮·平林漠漠烟如织》有：
"玉阶空伫立，宿鸟归飞急。何处是归程？长亭更短亭"；欧阳
修的《浪淘沙》有："长亭回首短亭遥。过尽长亭人更远，特
地魂销"；李齐贤的《太常引·暮行》有："今夜候明星。又何
处、长亭短亭"；晁端礼的《朝中措》有："短亭杨柳接长亭。
攀折赠君行。莫怪尊前无语，大多分外多情"；康与之的《卜
算子》有："潮本无心落又生，人自来还去。今古短长亭，送
往迎来处"；戴复古《醉太平》有："长亭短亭。春风酒醒。无
端惹起离情"；许浑的《夜行次东关（一作行次潼关驿）逢魏
扶东归》有："南北断蓬飘，长亭酒一瓢。残云归太华，疏雨
过中条。"

　　在戏曲方面，王实甫的《西厢记·长亭送别》中有女主人公
崔莺莺的一番深情感喟，形象地再现了古代驿道上的情人相别于长

① 《辞源》，商务印书馆 1979 年版，第 156 页。
② （东汉）许慎：《说文解字》，中华书局 1963 年版，第 110 页。
③ （东汉）刘熙撰，（清）毕沅疏证，王先谦补：《释名疏证补》，中华书局 2008 年
版，第 183 页。

亭的景观:"听得道一声去也,松了金钏,遥望见十里长亭,减了玉肌:此恨谁知?"在赋方面,庾信的《哀江南赋》有:"水毒秦泾,山高赵陉;十里五里,长亭短亭。"……几千年来数不胜数的、丰富众多的文艺作品,把中国古代社会中友人、情人、思乡人的分别、辞行、归乡等一系列人生经历与作为道路景观建筑的"亭"有机地融合在一起了,使得亭成了那个时代特定的道路路域景观。这种景观往往与离别之情、归乡之意凝结在一起,创造了一种悲凉的亲情、爱情、友情的艺术之美,从而给亭这种附着于道路边侧的建筑融入了丰富的人文感情。

在歌词方面,民国时期的李叔同的《送别》也有:"长亭外,古道边,芳草碧连天……"

"送君千里,终有一别。"这是中国古代社会人们生活中的真实写照。但这个送别在什么地方停下来呢?当然就是在亭。亭建在路侧,十里一长亭,五里一短亭。情深者,十里长亭挥泪惜别;情浅者,五里短亭依依告别。

所以,作为中国古代道路建筑设施的亭,是一种标志性的建筑,它与邮驿相连,但多于驿邮。许多亭单独建在路边,供旅客游人停留、休憩、告别。因此,与古代国人的人生之路——出发、回归、送别、迎接等联系在一起。从建筑形态到功能作用,亭都与古代的驿是完全不同的。亭可与驿连在一起,成为旅舍客站的一部分,也可以单独列于路边。亭四周无墙,不能让旅客住宿,只有与驿相连的、亭邮一体的驿亭,才具有旅舍的作用。它有些类似今天的车站,但又与今天的车站功能有所不同,它的主要功能是让人休憩道别,而今天的车站虽然也可以道别,但主要功能却是让人在这个建筑空间候车出行。从这个意义上讲,古代中国道路附属设施中与今天车站更相似的应是"驿"。

比较而言,古罗马大道就没有亭这类道路建筑景观,古罗马大道的里程碑景观仅有里程标志意义与景观意义而没有与亭的功能一致的附属于道路的建筑(见图3-12、图3-13、图3-14)。

图 3 - 12　古罗马军用大道里程碑

资料来源：谷歌图片网，ht-tp：//www. google. com. hk。

图 3 - 13　古罗马军用大道里程碑

资料来源：谷歌图片网，ht-tp：//www. google. com. hk。

图 3 - 14　古罗马军用大道里程碑

资料来源：谷歌图片网，http：//www. google. com. hk。

这里要说的是，作为里程标记的建筑，中国古代还有"堠"，这在第二章里已有交代。但作为道路里程的记录标志，"堠"没有在中国道路交通的历史中延续下来。而作为道路附属物的亭这种建筑却留存延续至清末。尽管其中原因不得而知，但历史事实就是如此。与西方古罗马的里程碑相比，中国的"堠"是土质的，西方的里程碑是石材的。因此，他们的里程碑至今仍有留存，而古代中国的"堠"却早已销声匿迹。从哲学和建筑文化的视域来看，这正好印证了西方建筑追求的是永恒，中国建筑的指导思想是"易"——变易的精神。"西方的建筑，如金字塔、太阳神庙、雅典卫城以及古罗马的许多建筑，都用石材，坚固无比。他们的意图是永久性，希望千万年如故。中国则不同，其永久性是建立在'易'的基础上的。""'易'的思想更是在建筑本身的材料上表现出来。"① 中国的建筑材料最主要的就是土木，作为单纯里程记录的"堠"恰恰是土质的。供人休息、话别作用的亭，同时也具有道路里程的作用，其材料主要是木。当然"亭"还兼有许多其他的社会文化功能，如作为古代驿亭制度的物质空间载体。

为什么独独只有中国古代的道路建设中，才有为人们提供休憩告别的建筑景观——"亭"呢？笔者认为，可能的解读应该是，古代中国社会是一个非常讲人情的社会，而人情生、离、死、别中的离与别，恰恰要发生在道路上，于是，建一座亭，就正好满足古代中国社会人们的情感在道路上的表达，所以，亭是中国古人的情感在道路设施上的物质载体。

在以往的研究中，人们或是将亭视作一种古代中国的园林建筑——这是物质的空间研究，或是将亭视为一种政府管理制度与官职——这是制度文化的研究，而未将其看作道路附属设施、景观形态来研究——这是将物质与精神文化合一的研究。这不能不说是一

① 沈福煦：《中国古代建筑文化史》，上海古籍出版社 2007 年版，第 8 页。

种研究视角上的缺失。

（二）牌坊——古代中国精神文化在道路景观上的物化展示

牌坊又被叫作牌楼，又被叫作绰楔。"'绰楔'系古时立于正门两旁用以表彰孝义的木柱。"① 它是中国特有的一种门洞式建筑。牌坊在我国有十分久远的历史源流。金其桢、崔素英在《牌坊中国——中华牌坊文化》一书中认为："关于牌坊的起源，必须从外形和内涵两个方面来加以考察，也就是说，一个要弄清楚牌坊的形制起源，一个是要弄清楚牌坊的功能起源，以及两者如何相辅相成最后正式形成牌坊的。"② 从形制起源而言，他们认为牌坊起源于衡门，"牌坊的原始雏形为'衡门'，是一种由两根柱子架一根横梁构成的最简单最原始的门"③。而"衡门"早在春秋时就有，他们引《诗经·陈风·衡门》"衡门之下，可以栖迟"为证。就牌坊的功能起源，他们认为："'表闾'旌门之制系由周武王始。"所谓"表闾"即指从周代至汉、唐，城中民居聚在四方形的"里"中，"里"的四边各开一门，这个门叫"闾"，住在其中的士人，如果"嘉德懿行，特旨旌表"，表彰榜在门上，就叫"表闾"④。随着城市的发展，宋以后，封闭式的里坊被打破，里坊之墙拆除，自成一体、独立成型的牌坊产生，这种原先挂在闾里之门上刻上表彰文字作旌表用的匾额牌，就被挂到了牌坊匾额的位置上，于是，牌坊就具备了旌表功能。而《中国大百科全书》则认为："牌坊起源于汉代坊墙上的坊门，门上榜书坊名以为标记。"⑤

将牌坊作为道路景观文化来研究有三个方面的理由：

一是作为道路景观的牌坊产生的影响很大，如安徽歙县棠樾村

---

① 金其桢、崔素英：《牌坊中国——中华牌坊文化》，上海大学出版社 2010 年版，第 1 页。

② 同上书，第 6 页。

③ 同上书，第 7 页。

④ 同上书，第 9 页。

⑤ 《中国大百科全书》美术卷 I，中国大百科全书出版社 1991 年版，第 215 页。

的牌坊群、浙江乐清县仙溪南阁的牌坊群、四川隆昌牌坊群等，都被列为国家级重点文物保护单位。由这些牌坊群排列起来的道路，成了闻名遐迩的道路景观。而且牌坊从来就不甘居于陋巷偏僻之处，总是矗于"通途广陌中为往来之观"。

二是作为建筑物前的牌坊和园林门前或园内的牌坊，均有道路从下穿行而过。人们要进入这个建筑物或者园林，就须从牌坊下走过，也就是说，它不仅是重要建筑或园林的构成部分，同时，从道路景观系统的角度来看，牌坊也是通向建筑与园林的道路景观的一部分。

三是作为街道空间划界标志的牌坊，从宏观方面来说，它是划分城市带形空间——城市道路标志的建筑，是城市道路之间相互连接的重要衔接部分；从微观方面来说，它是建在城市道路中间的一种"具有纪念意义的、特殊的门"，无论从哪方面说，它都是城市道路的构成部分。

从建筑空间位置来看，牌坊具有两大特点：一是它始终处于建筑空间的中央地位；二是它都建得高大，巍峨。这充分体现了牌坊在中国古建筑中十分重要的地位——中国建筑文化在空间上有"高为尊、低为卑，中为尊、侧为卑"的观念。作为门与路的建筑实体，牌坊是要让人从下而过的，它要给人提供一个特别的穿行空间，对人的视觉具有"强制观瞻性"，是一种"非看不可的建筑"，使人强烈地感受这一建筑空间的尊贵的位置和它要渲染的浓烈的价值文化氛围。

所以，从道路景观文化的角度来认识牌坊，它至少包括了三个方面的意义：一是道路景观意义；二是道路景观文化意义；三是道路景观所表达的意识形态价值意义。

从道路景观角度来认识，牌坊是古代中国道路所独有的景观特征，是中国传统文化在道路建筑景观上的体现。无论是古罗马军用大道，还是在此基础上发展起来的古代欧洲道路，均没有与牌坊这类道路立面相同的景观，与之相类似的只有另一种门洞式建筑——

凯旋门。但无论从建筑所处的地理位置来看，还是从建筑景观的外在形态来看，凯旋门均与牌坊差异很大：从建筑立地空间位置来看，凯旋门往往是建立在城市广场或多条道路的交会处，而牌坊多是立于单条道路或重要建筑或园林的中央，在道路空间位置中间；从建筑的空间形态看，欧洲和环地中海地区（古罗马帝国势力范围）现存的百余座凯旋门，均有罗马式卷拱门或希腊廊柱式门（如德国勃兰登堡凯旋门），而牌坊无论是冲天式或牌楼式，其门洞形态均为方形，穹隆顶形牌坊虽然也有，但是很少，如山东桓台的四世宫保牌坊，即穹隆顶砖牌坊。

从道路景观文化角度来认识，牌坊是中国古代主流文化在道路景观上的一种彰显。儒、道均为中国本土文化，它们对国人日常生活的各个方面都产生着深刻的影响。以建筑为例，中国的建筑（城、镇、村、宅）的选址——地理位置、布局方位等，主要依"道"的风水学说进行规划指导，而在具体建筑设计时，各类建筑（祠堂、住宅、城隍庙等）、城市基础设施等，则更多的是在儒家文化思想或民间世俗意愿下来设计建设的。作为道路景观文化的牌坊，不仅建筑结构自成一格，别具风采，而且"牌坊还荟萃建筑、设计、雕刻、绘画、匾额、楹联、修辞及书法等多种艺术于一身，集历史、文学、建筑、艺术、哲学、美学、伦理学、民俗学等多种文化元素于一体，熔形体美、造型美、力学美、色彩美、文辞美、翰墨美、金石美、艺术美和风俗美于一炉，具有很高的审美观赏价值、重要的历史文化价值和科学艺术价值，给人以很大的艺术享受，使人从中获得高雅的文化陶冶"①。它要传达的是一种儒家文化指导下的、符合中华民族审美意趣的特有的纪念碑似的道路建筑景观美——在形态上中庸、方正，在艺术上或通过楹联书法言述，或通过雕刻、绘画喻义（以龙示皇权，以蝠喻福，以鹿通禄，以

---

① 金其桢、崔素英：《牌坊中国——中华牌坊文化》，上海大学出版社 2010 年版，第 48 页。

鱼谐余，以松、鹤、龟、麒麟、荷花、荷叶、牡丹、如意等具有象征意义的动物、花卉和器物等，表达长寿、幸福、健康、吉祥如意等丰富内涵）。而凯旋门宣扬的却是一种武力或军功，体现的则是一种显示肌肉的阳刚之美，充满了与其弘扬的精神相一致的力度美。

从道路景观所表达的意识形态角度来看，牌坊宣扬的主要是中国古代社会的核心价值体系。尽管古代中国的牌坊所宣扬的价值内容丰富多彩，但最主要的内容无疑是儒家文化的核心价值，即忠、孝、仁、爱、节、义、礼、智、信、廉等思想文化及价值取向。与同样作为纪念碑式的建筑——崇尚武力征服、张扬军事力量的西方古代道路景观的凯旋门相比，它强调的思想价值是以"仁"为核心的"和"的价值体系，而非追求武功、崇尚武力征服（牌坊也有纪念武功的，如戚继光牌坊，但往往与"忠""孝"等价值观联系在一起）。因此，牌坊是古代中国思想价值体系在道路景观上的物化体现。

中国著名牌坊中，强调儒家思想文化等官方倡导的主流意识形态和伦理道德的占绝对优势。如，牌坊楹联方面有："德侔天地，道贯古今"（曲阜孔庙木坊）；"义制事礼制心检身若不及，德懋官功懋赏立政惟其人"（江苏同里镇陈家牌楼）。题名方面有北京东、西四大街的牌坊："东大市街有坊四：东曰履仁，西曰行义，南北曰大市街，俗称东四牌楼大街"，"西大市街有坊四：东曰行仁，西曰履义，南北曰大市街，俗称西四牌楼大街"[1]。雕刻方面有："牌坊东南西北四个方向的内外侧都有精美的图饰，南面雕的是'巨龙腾飞'，象征皇帝南面而王，表示许国对朝廷的忠诚；内侧雕'英（鹰）姿（雄）焕（獾）发'，颂扬皇上年轻有为。东面雕'鱼跃龙门'表示许国是科班出身；

---

① 陶德坚：《牌坊——中华文化的一种载体》，载《中华文化纵横谈》（第二集），华中理工大学出版社1993年版，第86页。

内侧雕'三豹（报）喜（喜鹊）'，喻许国在万历年间的三次升迁。两面雕'威凤祥麟'，'凤'和'麟'乃文风鼎盛，德政昌隆的太平盛世才会有的，这些雕刻称颂了当时的社会；内侧雕'龙庭舞鹰'，'舞鹰'谐音'武英'，暗示许国身居武英殿大学士的地位。北面为'瑞鹤翔云'，寓意天下太平，又象征许国的品格高尚脱俗；内侧为'鹿鸣图'借《诗经·鹿鸣》篇意，表示许国身为礼部尚书，常会嘉宾学子，鼓瑟吹笙，生活儒雅。"①（安徽歙县许国石坊）

相比之下，凯旋门则是对武力征服的颂扬。如现存世界最早的凯旋门——罗马提图斯凯旋门，是为了纪念罗马皇帝提图斯在公元70年打败犹太人而建的；君士坦丁堡凯旋门，是为了纪念君士坦丁一世于公元312年10月28日的米里维桥战役（Battle of the Milvian Bridge）中大获全胜而建立的；塞维鲁凯旋门是为庆祝塞普蒂米乌斯·塞维鲁皇帝和他的两个儿子卡拉卡拉和塞普提米乌斯·盖塔在公元194—195年和公元197—199年两次战胜波斯军队，而于公元203年建的；巴黎星形广场（又名戴高乐广场）上的凯旋门是为纪念拿破仑皇帝指挥法军于1805年12月在奥斯特利茨战争中打败俄奥联军而建的；柏林菩提树大街的勃兰登堡凯旋门是为了纪念普鲁士与英国联军战胜法国—奥地利—俄国同盟之间为争夺殖民地和霸权而进行的七年战争取得胜利而扩建的……总而言之，所有的凯旋门均因战争而建，且是为取得战争胜利而建，其建筑的价值取向，当然不言而喻。

如果要说相同点，古代作为旌表的牌坊在材质上与凯旋门是同质的，即都采用石材。就牌坊群而言，无论安徽歙县棠樾村牌坊群，还是四川隆昌城南关、北关牌坊群，乃至浙江乐清仙溪南阁、福建诏安南诏牌坊群，均用石材建造，而这些牌坊所颂扬的内容，

---

① 陶德坚：《牌坊——中华文化的一种载体》，载《中华文化纵横谈》（第二集），华中理工大学出版社1993年版，第96页。

都与"孝、悌、忠、信、礼、义、廉、耻","忠、孝、节、义","仁、义、礼、智、信、寿"等中国传统文化中所推崇的价值相关。不难发现,中国追求的永恒是一种道德传统的永恒,"天不变,道亦不变",而中国人心中的道,就是传统文化中的五德、八德等人伦价值。在传统中国文化中,只有人们的美德以及美德基础上获得的功名,才是光耀日月与天地同辉的;而西方的凯旋门,纪念的唯一目的是战争的胜利,强化的是武力、军事,在西方文化的世界中,力量的强大才是永恒的,才是值得纪念的。

蠹于道路中央、叫人"强制观瞻""不得不看"的牌坊,其景观的视觉冲击性,给人带来的是强烈的心理冲击,由此带来的必然是它的景观形态所蕴含的意识形态、价值取向使观景者内心产生的认识内化与观念认同,从而强化了这种建筑艺术形式美与它所包含的意识形态价值的宣传效果。而官民一体的共同价值文化,又反过来增强了人们对这种景观形态的思想认同、审美认同、景观认同。古代中国,牌坊是崇高荣誉的象征。树牌坊是彰德行、沐皇恩、流芳百世之举,是人们一生的最高追求。人们为了获立一个牌坊,往往要付出毕生的心血与精力——无论是贞节牌坊、孝行牌坊还是忠勇、功德、仁义牌坊,每一个牌坊后面都浓缩着一串令人动容、感人至深的故事。牌坊无言,巍然而立,但从其下通行而过之人,却因牌坊强烈的视觉冲击力而难以忘怀它所宣扬的故事及这个故事所要传达的价值文化。

最能给人以视觉震撼与心灵震动效果的是遍布大江南北的牌坊廊道(通常被称作牌坊群,但笔者认为,从道路景观文化角度言,称之为牌坊廊道更为贴切),无论是安徽歙县棠樾村,还是浙江乐清仙溪南阁,无论是四川隆昌城南关的牌坊群,还是福建诏安南诏的牌坊群,那些气势恢宏的牌坊廊道或顺路曲行蜿蜒延伸,或沿道纵向赫赫列队,或立城关南北威严成列,或横据大街森严齐整成行,其恢宏的场、气、势所形成的强烈的感染力,使人不能不油然产生出历史感、沧桑感,由此而带来的心理悸动与灵魂触动难以言表。由此可见,中国古人推崇的"读万卷书,行万里路"是有真情实景所指的,而非虚言。不难想象，古老中华大地阳关大道上无处不见的牌坊，是如何以道路景观形态特有的形象影响着人们的思想、情感、行为的。如果对此做一个粗略的考证，人们不难发现，无论东西南北，牌坊之乡、牌坊之城，往往都是古代中国思想文化发达的地方，也是人才辈出之地，北京、南京、苏州都是中国的牌坊城。以苏州为例，宋以后，苏州就成了中国经济文化最发达的地区之一，它也在中国牌坊最多的城市之列，据《吴县志》记载，宋时苏州有牌坊 65 座；明时有 123 座，清时有 113 座。《吴县志·坊巷卷》中说："观坊之多而知风化之美，观巷之多而知民居之密，坊与巷俱以多为贵，而巷多又不如坊多之可贵，所以然者，民欲其庶欲其富又欲其善，国有旌典所以劝善也，建坊以资观感，庶巷处者悉兴于仁者也，斯二者亦以资观感岂仅备稽考乎。"① 从图 3－15、图 3－16 我们可以直观这种场景产生的景观震撼力。从中发现我们的先人是很善于从营造环境的角度来影响人的。这种道路景观的环境营造，是中国古代主流思想文化得到普及的重要手段之一，是实现其主流意识形态——儒家思想——大众化的一种有效方式。

图 3－15　令人产生视觉震撼与心理震动的贵阳大南门牌坊群

资料来源：http：//blog. sina. com. cn/s。

---

① 陶德坚：《牌坊——中华文化的一种载体》，《中华文化纵横谈》（第二集），华中理工大学出版社 1993 年版，第 6 页。

图 3 - 16　隆昌南关石牌坊群

资料来源：作者 2014 年春自拍。

（三）"关"——反映古代中国人空间意识的道路景观

"关"在古代汉语中的本义是门闩。许慎《说文》中有："关，以木横持门户也。"[①] 而"门"是出入两个不同空间的必经之道。门常与路或道相连，构成词语，如"门路""门道"。所以当"关"作为地域交通的关节点建在道路隘口的时候，这种建筑不仅具有军事防御的意义，而且具有道路重要节点的景观意义。《辞海》对关的标志性的表达是："要塞；出入的要道。"[②] 所以古人常把关与道合在一起来说，形成关道一体的成语，叫"雄关漫道"。因此，"关"同时具有两个义项：一是设有防御工事的军事要塞；二是重要的道路交通设施。仅有险要的地势没有防御设施的地方不能称之为关，只能称之为"天险"或"险隘之地"；同样，只有防御工事而无道路通过的，也不能叫"关"，只能叫城墙、垛墙、烽火台、要塞、堡垒之类。因此，将关作为道路景观文化来研究是有充分根据的。

古代中国，"关"既是军事设施，要发挥军事功能，又是一种道路设施，同样发挥着交通功能。这样，关在建筑空间上就得到了高度的统一，即关是建在道路之上的、有道路在关之下穿行而过建

---

① （东汉）许慎：《说文解字》，中华书局 1963 年版，第 110 页。
② 《辞海·语词分册》，上海辞书出版社 1979 年版，第 268 页。

筑空间，同时关又是有险可守、有设可防的建筑空间（见图3－17）。因此，"关"是军事设施与道路交通设施的结合体。这与古代欧洲、日本具有军事防卫作用的古堡（城堡、要塞）大相径庭，它们的城堡建在山上，道路从山下而过，道路与城堡是分离的。因此，古代欧洲的道路景观没有关，只有要塞和城堡，在景观学上，他们的城堡要塞只能叫借景，中国的关则是道路实景（见图3－18）。所以，关是中国特有的道路景观。

图3－17　剑门关——道路从关下穿过，蜀与秦的界标

资料来源：作者自拍于2010年夏。

图3－18　海德堡

资料来源：作者自拍于2012年7月。

从景观文化的角度来讲，"关"既是交通景观文化，又属军事景观文化。就军事景观文化来看，人们只要站到了古代中国"关"上，就可以轻易地体会、感受到冷兵器时代，攻防两方是如何"攻关"和守关的。所谓"一夫当关，万夫莫开"的战场场景，也只有亲临了"关"这种军事建筑设施，才会有更为深刻的体验。从交通景观文化的角度来看，"关"作为古代道路上的一个个重要的交通节点，只有身临其境，人们才会更深刻地体会到那种"西出阳关无故人""春风不度玉门关"以及关里关外两重天的人生感喟。数千年的文明史，给中国数十万里的道路上留下了难以计数的"关"。其中较为著名的"关"有数百座（百度文库的统计数是216座）。但长期以来，人们对"关"的认识，似乎总是停留在军事要塞的角度上，关作为基础交通设施的景观意义，总是处于被忽略的境地。而"关"作为文化空间、生态空间界域标志的研究，更是鲜有所见。

从文化空间角度来看，古代中国的"关"往往是两种不同地域文化空间的界标或分水岭。关两侧的区域，往往呈现出不同的文化和习俗。《礼记·王制第五》说："广谷大川异制，民生其间者异俗。"① 其中，所谓的"异制"，即指地理环境、形制的差异，而"异俗"则既指不同的风俗习惯、服饰特点，也指不同的语言语音、思维模式等。所以不同环境导致"刚柔轻重迟速异齐，五味异和，器械异制，衣服异宜。修其教，不易其俗；齐其政，不易其宜"② （《礼记·王制第五》）。而两地之间分界总是以关为界标，道路则是连接两个不同空间地域的通道走廊——建筑学语言叫"带形空间"，关则是道路关键地的节点。

就宏观角度来分析，作为世界文化遗产的万里长城第一关——山海关，既是古代中国的军事要塞和交通要道，同时也是一种文化

---

① 陈戌国：《礼记校注》，岳麓书社 2004 年版，第 97 页。
② 同上。

空间的界标：越过它向东北，是东北女真文化地域；而向西南面，则是中原文化。嘉峪关则是西边的重要关口，往西北，是西域文化；向东，则是属于汉文化圈的河西走廊地域文化。镇南关（今友谊关）是中国南疆重要门户，以它为界，其南面，属于安南文化地域（今天的越南）；北面，则属于大中华文化圈内的西南少数民族文化地域。

就中观角度来分析，中国古代各地域文化也是可以用关来作为分界标志的。如，娘子关、平型关是晋冀两地的分界标志，它们的东部为冀文化，西部为晋文化；剑门关是川陕文化的分界口，北为三秦文化，南为巴蜀文化；潼关是陕豫两地的分界点，西归西秦文化，东为燕赵文化。

从地理生态角度来看，古代中国有些重要的关，常常也是不同地域生态的界标。如，"羌笛"之所以不应该去"怨杨柳"是因为"春风不度玉门关"，春风之所以不度玉门关，是因为玉门关这一空间地域处于温带大陆性干旱半干旱气候生态区域，由于干旱少雨，亲水的杨柳树无法自然生长；而在山海关以东以北地区，在古代中国是草原森林生态区域（今天就粮食农产品来说，主要种植水稻），它的西南面，则是华北平原的小麦产区；剑门关之南，其农业生态区域属于巴蜀地区的水稻产区，以北，则是古代秦国的小麦产区；如此等等，不一而足。

综而述之，笔者得出下述认识：作为道路景观的"关"，既是中国古代道路景观和军事景观构成部分，同时也是古人文化空间意识和地理生态空间意识在道路建筑景观上的表征。与欧洲、日本古代城堡的道路与城堡（要塞）分离不同，古代中国的关在建筑形态上，是军事设施与交通基础设施的合一。因此，从道路整体的系统来看，这个关就如同其词根意义那样，是此空间地域通向彼空间地域的"门闩"，把住了门闩——"关"，就扼住了两个空间区域的通道。因此，关是古代中国道路特有的景观文化。

如果用东西对比的视域来看道路景观，中国古驿道沿途与古罗马大道沿途的人工构筑物是大不一样的。中国古驿道沿途人工构筑物（除房屋建筑以外）的景观主要是亭、牌坊、关；古代欧洲在罗马军用大道基础上建起来的道路沿途景观（除房屋建筑以外）主要是里程碑、凯旋门、十字架墓碑。其最终根源是中西文化的不同。

第三节　御街（道）、神道：政治文化视域下的中国道路景观分析

从世界道路交通史的视域来看，御街（道）与神道都是中国特有的现象。如果认真分析这种道路景观，不难发现，这种道路产生于中国特有的文化——中国的政治文化是规划建造御街（道）与神道的思想文化缘由。用建筑文化的话语体系来说，就是建筑不是建筑材料的堆砌，而是建筑思想的物化，建筑思想决定建筑的空间形态。道路交通史告诉我们，在某些情况下道路景观其实是一种思想文化和伦理道德教化的载体。

一　御街（道）——君本政治文化与中国道路的空间安排

（一）御街（道）历史

御街是中国古代道路交通历史上最具特色的一种城市道路。所谓御街的御，在《辞海》《现代汉语词典》中都有多项意义，其本义应是指驾驭。在古代因皇帝拥有最高权力，有御使一切的权能，故，御还有一个义项，即对帝王所作所为及所用物的指称。所以，在这里"御"即指皇帝之意，与御宝、御前、御笔、御玺、御用、御宇、御驾、御览等词中的御是同一个意思。

百度百科对御街的解释是："京城中皇帝出行的街道。"① 这种解释似乎说得过去，但也不尽然。从已有的文献和相关考古材料来看，或许增加几个字更贴切，即京城中设有专供皇帝出行的通

---

① 资料来源：http://tupian.baike.com。

道——御道的街道，也就是说御街一定会有专供皇帝通行的御道。因为皇帝在京城中出行，并非一定都行于御道，有时也出行于一般的街道，而这些街道当然不能称之为御街，所以只有那些设有御道的街道才是御街。过去的文献中，人们对御街更多的是从城市规划与建设来研究的，也有从城市历史的角度来研究的，在笔者进行的考察中，至今未发现以景观文化的视角来对其进行研究的。因此，能够借鉴的研究成果有限。

从笔者所涉及的现存资料来看，文本上谈到御街的古籍众多，最早记录御街的是李昉的《太平御览》。后来孟元老的《东京梦华录》、范成大的《揽辔录》、吴自牧的《梦粱录》等古籍中都有关于御街的更详细的记述。从城市街道流传的地名看，南京、开封等地均有以御街命名城市道路者。从考古发掘出来的遗址来看，南京在 2006 年城市建设中，发现了六朝时御街遗址；杭州在 2003 年 12 月至 2004 年 8 月，对严官巷的南北两侧进行抢救性考古发掘，发掘面积共计 1200 余平方米，发现了南宋时期的御街、御街桥塊和桥墩基础、道路、殿址、围墙、河道、石砌水闸设施以及元代石板道路等重要遗迹。

笔者未发现有关秦代御街的文献资料，唐建都于长安城到元、明、清定都北京（明从明成祖后迁都北京），也未见专门的御街介绍，但御道却自秦至清，一直有材料记录。所以，从秦统一中国至最后一个王朝清，绝大多数都城都有明确的御道。根据马正林在《中国城市历史地理》及其他相关文本材料中记载，各朝御道情况大体如下。

（1）秦代御道设在驰道中央。班固在《汉书》中对驰道的描述是："为驰道于天下，东穷燕齐，南极吴楚，江湖之上，濒海之观毕至。道广五十步，三丈而树，厚筑其外，隐以金椎，树以青松。"[①]

① （汉）班固撰，（唐）颜师古注：《汉书》卷五十一《贾山》，中华书局 1962 年版，第 2328 页。

服虔对"厚筑其外，隐以金椎"的注释是："作壁如甬道。隐筑也，以铁椎筑之。"[1] 颜师古的注释是："筑令坚实而使隆高耳，不为甬壁也。隐音于靳反。"[2] 综合分析这段记述，究竟以服虔的注释为准还是颜师古的为准呢？服虔与颜师古皆为经学大家，言辞均有所据。但综合分析起来看，我们认为服虔的作壁如甬之说更符合历史事实。

第一，始皇驰道，为天子专有，其设有密人耳目和快捷之征，所言甬道确为始皇所过。《史记》载：始皇曰："吾慕真人，自谓'真人'，不称'朕'。"[3] 乃令咸阳之旁二百里内宫观二百七十复道甬道相连，帷帐钟鼓美人充之，各案署不移徙。此与服虔甬道之说刚好相印证。

第二，秦始皇曾被燕太子丹派荆轲刺杀，因此，对个人安全非常重视。仅以道路两边的三丈而树，难以挡住刺客，反倒给刺客以掩藏之处。

第三，甬道并非如墓室内之甬道，而是两边筑有一定高度的墙。如，汉承秦制，东汉都城洛阳内的御道，一般两边筑土墙四尺。按丘光明的《中国古代度量衡》数据，汉时一尺约24厘米[4]（实测汉代文物与文献对照，有三个数据：22.9厘米、23.5厘米、24厘米，取最大数）。也就是说驰道中间御道两侧的挡墙约高一米，起的作用应有二：一是挡御驾之马（类似挡马墙）顺道奔驰；二是遮挡刺客进攻，为御道两侧的禁卫士兵抵挡刺客备留空间和时间。

第四，服虔为汉人，距秦近，当时习俗文化的变化不大，度量衡基本与秦相同，故所注更有说服力。而颜师古是唐代人，唐代的

①　（汉）班固撰，（唐）颜师古注：《汉书》卷五十一《贾山》，中华书局1962年版，第2329页。

②　同上。

③　（汉）司马迁：《史记》，中华书局2011年版，第219页。

④　丘光明：《中国古代度量衡》，中国国际广播出版社2011年版，第81页。

度量与汉有异，"一尺约 30 厘米"①，即使以御道两侧筑墙高四尺，唐时的这个高度就是 1.2 米，必然就会出现颜师古所说的"靳反"——筑挡墙会影响御驾车辆的行动（靳是古代车上夹辕两马当胸的皮革，代指两马拉的车辕）。

第五，如果以颜师古注释隐以金椎是"筑令坚实而使隆高耳"，那么，秦驰道路基一定会埋有金属条之类的东西，但迄今为止，我们并未在考古中发现秦驰道下有金属。反过来说，如果金属是埋在挡墙里，随着时间推移，挡墙风化、垮塌，那么金属就会露出来，就会被后来的人捡拾、利用，就如今天人们捡拾有用的垃圾一样，就会荡然无存，后人未发现"金椎"就很正常。

第六，刘文杰在《路文化》中也持服虔的观点，认为驰道的物态外观是："驰道总宽约 30 米，分 3 个车道，中间车道宽约 7 米，也称为'甬道'，即两边筑有挡墙的道路，这是嬴政出巡的专用通道，一般车马走两边的道路。"②

由上所述，我们认为服虔的注释更为可信。故秦驰道景观大致如此：宽五十步，中间三丈路幅植树与外隔开，并在路两侧筑挡墙，墙内埋铁椎以保其稳固，形成通道——专为秦始皇通行的御道。御道两侧种植青松，左右道路供军队与来往行人通行。

（2）汉长安的御道设在城内九条经涂、纬涂的中央，其"街道的宽度一般为 45 米左右，中间的一条宽约 20 米，两侧各宽约 12 米，以两条平行的排水沟为分界线。像这样宽畅的街道实际上只有八条，均为南北、东西向，十分端直，显然同地形平坦有密切关系。由于霸城门、覆盎门、西安门、章城门距离宫廷太近，通向城内的街道不被列入大街之数。中间一条宽约 20 米的大道被称为

---

① 丘光明：《中国古代度量衡》，中国国际广播出版社 2011 年版，第 129 页。

② 刘文杰：《路文化》，人民交通出版社 2009 年版，第 31 页。

'御道'或'驰道',是专供皇帝使用的,连皇太子也不敢横绝"①。

(3)东汉首都洛阳御道。洛阳城有12个城门,南墙4门,北墙2门,东西墙均为3门。通向各个城门的街道,均为南北、东西向。由于城门不对称,形成许多"丁"字形和"十"字形街道,最长的街道达3公里,但两个路口之间一般长500米,最长的也不超过1.5公里。街道一般宽40米,分为三条平行的道路,用土墙隔开,中间一条称为"御道",是供皇帝和高级官员使用的。②

(4)东晋首都建康御道。东晋南朝的皇宫,位于建康城中部偏北地区。位于今南京市区。六朝的建康城位于今玄武湖以南地区,为孙吴所建。东晋南朝的皇宫,位于建康城中部偏北地区。宫有五门,南面正中为大司马门,正对大城宣阳门,两门之间为御道,即全城的中轴线。③

(5)隋唐长安城御道。隋唐长安城御道建在大明宫内。含元殿是大明宫的正殿,其遗址就在今含元殿村之南,今实测东西11间,进深4间,每间广5米。它耸立在龙首原顶上,殿下即龙首原的南坡,被布设为长达70余米的龙尾道。龙尾道是三条平行的斜坡台阶道,中间的一条宽25.5米——御道,两侧的两条各宽4.5米,距中间道的间隔8米许。殿的东西两侧有对称的回廊和翔鸾、栖凤二阁,与大殿共同构成一组严格对称、布局协调、气势雄伟的庞大建筑物,站在龙尾道之下仰视含元殿,犹如天宫降临云端,十分壮观。④

(6)北宋都城东京御道。东京的御道设在御街中心部分。孟元老的《东京梦华录》如此描述御街:"自宣德楼一直南去,约阔二百步,两边乃廊。旧许市人买卖于其间,自政和间官司禁止,各安立黑漆杈子,路心又安朱漆杈子两行。中间御道,不得人马行

① 马正林:《中国城市历史地理》,山东教育出版社1998年版,第174页。

② 同上书,第181页。

③ 同上书,第195页。

④ 同上书,第208页。

往，行人皆在廊下朱杈子之外。杈子里有砖石甃砌御沟水两道，宣和间尽植莲荷，近岸植桃、李、梨、杏，杂花相间，春夏之间，望之如绣。"①（见图 3 – 19）

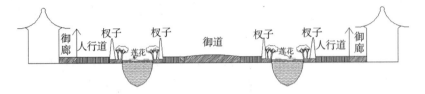

图 3 – 19　北宋东京御街横剖面示意

资料来源：作者据孟元老《东京梦华录》而绘。

（7）南宋都城临安御道。南宋杭州城"旱门仅十有三，水门者五"。"城南门者一，曰嘉会……城东南门者七……城东门者三……城北门者三……城西门者四……"在这 18 个水旱门中，南门嘉会门为"诸门冠，盖此门为御道，遇南郊，五辂从此幸郊台路"②。也就是说，南宋的御道是从南门嘉会门开始，通向宫城，最终通向余航门（北门）的。董鉴泓《中国城市建设史》中的"南宋临安城复原想象图"中，南宋御街则是从宫城通向余航门（北门），而作为诸城门之冠的嘉会门则并没有御街将宫城连接起来，直到北门。御街南段为衙署区，中段为中心综合商业区，同时还有若干行业市街及文娱活动集中的"瓦子"，官府商业区则在御街南段东侧。遍布全城的商业、手工业在城中占有较大比重。居住区在城市中部，许多达官贵戚的府第就设在御街旁商业街市的背后，官营手工业区及仓库区在城市北部。临安以御街为主干道，御街从宫殿北门和宁门起至城北景灵宫止，全长约 4500 米。

（8）元大都御道。元大都御道也是城市的中轴线。"以宫城南门崇天门、红门阑马墙南门灵星门和大城正南门丽正门之间的南北

①　（宋）孟元老著，王就宽注译：《东京梦华录》，中州古籍出版社 2010 年版，第 37 页。

②　马正林：《中国城市历史地理》，山东教育出版社 1998 年版，第 217 页。

向御道为中轴线，左右对称布局，十分整齐。"①

（9）明南京御道。明南京的御道在城市的东部。城东部的钟山之阳就是皇城、皇宫所在地，皇城之南御道东侧为五部（礼、吏、兵、工、户），西侧为五府，即五军都督府（左、右、前、中、后），只有刑部、都察院在京城北门太平门外以西地区，不在城内。②

（10）清代北京城御道。明清时期的北京城，从永定门→正阳门→大清门→天安门→端门→午门→太和门→乾清门→坤宁门→天一门→承光门→顺贞门→神武门→北上门→万岁门→寿皇门→地安门总共 17 个门贯穿起来的中轴线长达 7.8 公里。其中从大清门到天安门，再到太和殿的一条通道，是最典型的御道。其中，大清门至天安门御道的两旁为千步廊。

（二）御街（道）的景观特点与文化分析

我国古代的御街（道）景观具有非常独特的景观特点，反映了中国特有的精神文化。但如果要说得更详细，就需将御街与御道分而述说。

1. 御街——景观层次最为丰富的古代城市道路

所谓御街，正如前面说，御街是京城中设有专供皇帝出行通道——设有御道的街道。也就是说，御街包括三方面的设施：一是有供皇帝出行的御道；二是普通人马通行的人行道；三是御廊，即供商业贸易的街道。因此，在景观上，御街景观层次较一般的城市道路更为丰富。从现在所了解的世界各国古代的道路景观来看，我国古代御街的道路景观是最为丰富的。以北宋京城东京的御街来看，它的景观层次是非常丰富的。除了本身具有的交通功能及景观外，还反映着至少三个方面的景观。

第一是道路的政治文化景观。首先是设在街道中央供皇帝通行

---

① 马正林：《中国城市历史地理》，山东教育出版社 1998 年版，第 231 页。

② 同上书，第 229 页。

的御道，二是设在两边供常人通行的普通道路。两类通道由两红两黑四列杈子分隔，如果皇帝出行，不仅华盖云集，宝马雕车，而且必定御林军夹道，刀光剑影，蔚为壮观。根据《东京梦华录》的记载，北宋东京御街分为北、中、南三段。其中，北段的御街两侧建筑立面景观为御廊，中段的御街两侧建筑立面为店铺与民居，南段为皇帝建了看街亭，位于通往五岳观后门大街口向南半里处。①

第二是商业贸易景观。在御街两侧御廊、商贸肆市开展的繁荣的商业营运，这可以从巨幅历史画——《清明上河图》中看到某些细部……北段的御街两侧的建筑立面为御廊，长约 1000 米，"旧许市人买卖于其间，自政和间官司禁止"②。中段御街在汴河州桥和龙津桥之间，"御街一直南去，过州桥，两边皆居民。街东车家炭、张家酒店，次则王楼山洞花包子、李家香铺、曹婆婆肉饼、李四分茶，至朱雀门。街西过桥即投西大街，谓之曲院街。街南遇仙正店……街北薛家分茶、羊饭、熟羊肉铺。向西去皆妓馆舍，都谓之院街。御廊西即鹿家包子，余皆羹店、分茶、酒店、香药铺、居民"③。中段御街商业夜市繁华，"自州桥南去，当街水饭、熬肉、干脯。王楼前，獾儿、野狐、肉脯、鸡，梅家鹿家鹅鸭兔、肚肺鳝鱼、包子鸡皮、腰肾杂碎，……旋煎羊白肠、鲊脯、炸冻鱼头、姜豉、子䣛、抹脏、红丝、批切羊头、辣脚子姜、辣萝卜"④。从该书所举的吃食品种来看，达到了五六十种，且夏天夜市时间直至三更，可见其商业景观之繁华。

第三是道路的绿化景观。御街的道路绿化景观可谓色彩丰富，繁花似锦。按《东京梦华录》的描述来看，御街两侧的设施有两排杈子（在本质上这个杈子可能是保证皇帝安全的设施，但在景

---

①　（宋）孟元老著，王永宽注译：《东京梦华录》卷二《御街》，中州古籍出版社2010 年版，第 37 页。

②　同上。

③　同上书，第 38 页。

④　同上书，第 42 页。

观上它类似今天城市道路两边绿化的小品，确实丰富了道路景观），靠御道一侧的权子是红权子，靠御廊一侧权子是黑权子，这样御街的道路景观色彩上就显得丰富了，因为御街两旁的房屋为青瓦粉墙，这就形成了青、白、黑、红四种色彩，然后绿化又使其产生了绿色（桃、李、梨、荷等绿化植物）、粉色（杏花初放时）、粉红（桃花）、褐色（桃、杏树枝条）、黄色（杏果实）、红白（荷花）等。因而御街作为城市道路，景观色彩是十分丰富的。

2. 御街景观——政治、经济、文化内涵合一的带形城市空间

第一，从政治文化来看，御街的切面空间为中、左、右、双侧。中为御道，左右各为人行道，双侧为左右御廊或商铺、民居。按中国人的空间的政治伦理来说：中为尊，侧为卑。因此这种道路景观喻示的是一种古代中国政治文化：君本政治文化。在古代西方文明中，对某人的尊重，也会在道路景观上体现出来，但这种体现往往是临时性的景观，如在重要人物（如教皇、来访的国王等）经过的道路上铺上红地毯。神权的至高权威反映在建筑上，主要通过教堂的高耸屹立体现出来。而在中国，皇权的至高、神圣体现为"天人合一"——皇帝既是神（天意）在人间的代表，又是世俗权力的最高代表。因此，皇帝在中国具有不一般的意义。在这种政治文化下，皇权不仅要以建筑空间在皇宫上体现出来，还要在所有其他方面表现出来。皇帝是真龙天子，皇帝的座椅为龙椅，皇帝的卧床为龙榻，皇帝的衣服为龙袍，皇帝的身体为龙体……同样，皇帝所使用的其他物品也使用特殊的名字，区别于一般的用品。如：皇帝的医生叫御医，皇帝的笔叫御笔，皇帝的坐车为御驾，皇帝的智囊叫御用文人，保卫皇帝的卫军叫御林军，当然，专供皇帝通过的街就叫御街。以北宋东京的御街为例，这种中间设御道的街，有三道安全保卫设施，即紧靠御道两侧的红色权子，紧靠红色权子两侧的御沟，御沟两侧的黑色权子。北宋东京御街共有四条，均为城市主干道，分别为：一是"自宫城宣德门经朱雀门到南薰门"；二是"自州桥向西，经旧郑门到新郑门"；三是

"自州桥向东，经旧宋让到新宋门"；四是"自宫城东土市子向北，经旧封丘门到新封丘门"①。可见御街在北宋东京城的规模与重要地位。

从景观学的角度来看，御街的景观具有形态多样、层次分明、色彩丰富的特点。但它的焦点是御道。具体来说是：御道在中，左、右两边的人行道由御道"执两而用"；红黑色杈子，夹道并列，如御林军侧立接受检阅；御沟两侧桃红李白、荷叶绿、荷花红（粉），繁花似锦；人行道及绿化带两侧的御廊、商铺、民居，呈序列有序排开，如众星拱月般显示强烈的帝王气场、丰富的景观色彩和充满世俗的画境。宋代诗人对御街景观的描述生动地展示了御街绿化与景观的美妙。如，王安石的《作翰林时》有："习习春风拂柳条，御沟春水已冰消。欲知四海春多少，先向天边问斗杓。"刘子翚的《汴京纪事二十首》有："御路丹花映绿槐，瞳瞳日照五门开。五皇欲与民同乐，不惜千金筑露台。"晁补之的《御街行》有："上有高槐枝，下有清涟漪。朱栏夹两边，贵者中道驰。"武衍的《恭谢庆成诗十阕》（此诗为描写南宋都城临安的御街）有："士庶重重间绮罗，霁光熏作小春和。御街两行瞻天表，比似前回人更多。"这里，景观的丰富性不仅仅只有物，而且有人，"御街两行瞻天表，比似前回人更多"——活灵活现地描绘出了左右人行道上人们为了一睹天子的龙颜，这次比上次上道的人更多。所以，这种景观是一种由世俗衬映着至尊，以缤纷烘托出神圣，由喧嚣陪衬着肃穆，以市井反衬着高贵的景观。这种道路景观既是明示，也是暗喻：御道神圣，皇权至尊！

第二，御街又显示了中国北宋时期社会特有的经济文化。御街两侧商肆林立，十分繁华。御街最大的好处在于，它在保持君本政治和封建等级制度的同时，推动了经济上的繁荣。"景灵东宫南门

---

① 董鉴泓：《中国城市建设史》（第三版），中国建筑工业出版社 2004 年版，第77 页。

大街以东，南则唐家金银铺、温州漆器什物铺、大相国寺，直至十三间楼、旧宋门。"① 古人对御街两旁的商业景观多有诗词上的描述。如，姜夔在描述南宋首都临安的御街时有诗曰："贵客钩帘看御街，市中珍品一时来。"珍品是什么？就是今天所说的汤圆或者元宵。刘辰翁《忆江南》有描写首都临安御街的小吃，"醋酽橙黄分蟹壳，麝香荷叶剥鸡头。人在御街游"。这些描述，具体生动、有名有典，真实可信。值得重视的是，正是宋代（北宋和南宋），才把城市道路变成了现代意义的城市街道，并将其中的政治文化与经济发展融为一体，形成了颇具特色的道路景观。从目前所得的文本资料与实地踏勘情况来看，世界其他国家当时的集市多在集中的"市"内进行，像宋都这样规模的城市沿城市街道设置商贸地，还未见到。这也是英国学者安格斯·麦迪森在《世界经济千年史》中提到的宋代经济是当时世界最发达的城市商业景观的原因吧。

第三，从文化视野的角度来看，御街还体现了中国特有的道路审美。这主要表现在四个方面。

一是从静态景观上，延续了《周礼·冬官·考工记》周王城"三股道"的特征，具有"执两而中"的中正之美。

二是从动态景观上，御街是具有皇家气场的带形空间的展示，其场面壮观华丽如斯："雕车竞驻于天街，宝马争驰于御路，金翠耀目，罗绮飘香。""立木正对宣德楼，游人已集御街，两廊下奇术异能，歌舞百戏，鳞鳞相切，乐声嘈杂十余里。"②

三是从不同历史时期的建筑立面上看，御街的变化反映的是历史的变化与发展。如，《太平御览》载，东汉时洛阳的御街断面景观是："宫门及城中大道皆分作三，中分御道，两边筑土墙高四尺

---

① （宋）孟元老著，王永宽注译：《东京梦华录》卷二《御街》，中州古籍出版社2010年版，第38页。

② 同上书，第19、106页。

余外分之，唯公卿、尚书章服从道中，凡行人皆行左右，左入右出，夹道种榆槐树。"① 御街两侧是闾里的坊墙，对比北宋及南宋时代的御街，御道两侧是红黑权子，权子外侧是御廊或民居、商铺。不同时期，道路景观的不同，反映的是时代的变化，历史进程的变化：东汉洛阳御街的呆板、封闭的外在景观形态，反映的是汉代对城市管理的严格控制，重视的是军事防卫的文化特征与价值取向；两宋时期御街外在景观形态，反映的是那个时代政治文化与商业文化的有机合一，比较而言，北宋御街具有开放、世俗、活跃的一面，同时又不失君本政治文化之大统。正如李约瑟在《中国科技史》中所认为的，宋代是中国科技、经济、文化最发达的时代，这些都在御街上反映出来了。所以从某种角度看，我们可以从道路的发展，看一个国家的历史发展，从道路景观去发现一国的思想文化特点。

四是特定时间的君民同乐景观，即每年元宵期间，御街向民众开放。"诸班直扇皆幞头锦袄束带，每常驾出，有红纱金烛二百对，元宵加以琉璃玉柱掌扇灯，快行家各执红纱珠络灯笼。驾将至，则围子数重，外有一人捧月样兀了，锦覆于马上。天武官十余人，簇拥扶策，喝曰：'看驾头'。……"② 可谓宝马雕车、灯火阑珊，又是一派景象。这类城市街道中体现出来的人文景观，如同古希腊酒神节、古罗马农神节和牧神节以及基督教文化下的西方狂欢节，虽然一年禁忌，也有放浪不羁之时。

3. 御道——政治文化决定道路空间

从所获得的文献资料看，御道始于秦始皇统一中国后建驰道之时。而秦始皇是第一个在中国实行高度中央集权的皇帝。权力高度集中在皇帝手中，其最大的合法性莫过于"受命于天""君权天

---

① （宋）李昉撰，夏剑秋校点：《太平御览》（第二册）卷一百九十五，河北教育出版社 1994 年版，第 824 页。

② （宋）孟元老著，王永宽注译：《东京梦华录》卷二《御街》，中州古籍出版社 2010 年版，第 110 页。

授"。于是，皇帝就是真龙天子，就是半神半人的最高主宰，当然与众不同。从龙袍到龙体，从御驾到御道，都是这种政治文化的产物。换言之，如果没有中国的皇权政治文化，就不会有御道。

在皇权威严的等级制下，除皇帝以外的其他人是不能随意穿越御道的。《太平御览》记载："皇帝即位，成帝为太子。上尝召，太子出龙楼门，不敢绝驰道，至直城门得绝乃度。上迟之，问其故，以状对。上乃令太子被召得绝驰道。"① 连皇太子都不敢轻易穿越驰道中的御道，可见这种政治文化下的道路制度文化是多么的等级森严。

御道有三种：一是在宫廷中通向皇宫正殿中央的道路；二是穿过御街的御道；三是通向各地干线中的御道。李允鉌《华夏意匠——中国古典建筑设计原理分析》谈到御道时曾指出："在周末至汉时，殿堂台阶盛行'两阶制'，即'堂有二阶，祚阶在东，宾阶在西'。皇宫的正殿台阶称为'陛'。"② 也就是说，当时通向皇宫正道的路还不叫御道，而称为"陛"。但随着历史发展，皇权政治文化日臻完善，在道路形制上也表现出来。这种通向皇宫正殿的台阶中间的坡式道路就被称为"御路"了。"御路"是"斜道"，"坡面上是雕刻着龙凤卷云的石块，是供最尊贵的人使用的。这种'两阶一路'的形制可能就是继承古代'两阶制'的遗风，将东西二阶合并而成的产物。李约瑟把'御路'称为'精神上的道路'（spirit – path）"③。

无论哪种御道，其最基本的特点是"执两而中"——始终位于两股道的中间。按中国政治文化解读，它代表的是尊贵的位置。而之所以处于这个位置，是因为这是皇帝走的道路。由这种道路窄

① （宋）李昉撰，夏剑秋校点：《太平御览》（第二册）卷一百九十五，河北教育出版社 1994 年版，第 825—826 页。

② 李允鉌：《华夏意匠——中国古典建筑设计原理分析》，天津大学出版社 2005年版，第 177 页。

③ 同上。

间来解读中国秦朝以来推行的政治，其实就是君本政治。所谓民本，只是部分士大夫们的政治理想而已，从未变为政治现实。"在中国传统社会的现实中，君主从来都是最重要的，普通庶民在国家的社会政治生活中从来没有成为最重要的角色。平民压倒君王成为最重要的政治角色，至多是民本主义者心目中的一种不切实际的理想。"①

二　神道——皇权政治文化在道路景观中的反映

中国古人最初对死后的安葬是非常简单的。处理死人的方法就是葬。远古的中国人的"葬"是极简的。《说文解字》认为，藏"藏也"，并进行了文字构成分析，"葬"上面是草，下面为树枝，中间为死者。《易经·系辞下》说："古之葬者，厚衣之以薪，藏之中野，不封不树，丧期无数，后世圣人易之以棺椁，盖取诸《大过》。"②可见，早期古人埋葬死者是很简单的，简单到以草为衣，厚厚地包裹，埋藏在原野中，不建坟不种树。所谓事死如生，将丧葬当作大事来做是人类进入文明社会之后，即进入奴隶社会后的事，这时规模巨大的陵墓就产生了。由于生产力的增长，对世界认识的变化而导致的世界观的变化，对遗体的处理就相应发生了变化。

（一）神道起源

"人对死后的世界环境的安排，它反映着一定时代存在着的一种'世界观'，一种对生死问题的认识以至宗教性的对死后世界的构想。"③古埃及最伟大的建筑不是供活人住的房屋或宫殿，而是

---

① 余可平：《什么造成社会的官本位文化》，《社会科学报》2013年9月26日第6版。
② （宋）朱熹撰，廖名春点校：《周易本义》卷三《系辞下传》，中华书局2009年版，第247页。
③ 李允鉌：《华夏意匠——中国古典建筑设计原理分析》，天津大学出版社2005年版，第366页。

法老葬身的陵墓——金字塔。金字塔的修建源于古埃及人的世界观。当他们看到白天太阳从东方升起，晚上从西边落下，就产生了一个认识：世界的一面人可以看得到，另一面人看不到，由此延伸至对人生命的认识——人的今生自己看得到，死后却看不到，人死后如太阳落山一样，虽然常人看不到了，但还在另一个世界生活着。今生只是暂时的，来世才是永恒。而人要像太阳那样循环往复永远生存下来，就需保持肉身不朽，让死亡时离开肉身的灵魂重新回到尸身上而得到复活。基于这样的认识，古埃及人才创造建设了保持法老肉身不腐的木乃伊和保存木乃伊的金字塔。①

　　古代中国皇帝死后归葬的坟墓——山陵——秦称帝墓为山，汉称帝墓为陵，就犹如他们生前居住的皇宫一样。古代中国人对帝王陵墓建筑的高度重视，源于中国文明发展到一定时期后产生的"视死如生"的观念。皇帝生前的尊贵，决定了他居住的皇宫的宏大巍峨，而他死后也因其生前的地位，决定了他的陵墓规模恢宏。早在周代时，已有了专门管理丧葬的官职，叫冢人。《周礼·春官宗伯·冢人》曰："掌公墓之地，辨其兆域而为之图。先王之葬居中，以昭穆为左右。凡诸侯居左右以前，卿大夫士居后，各以其族。凡死于兵者，不入兆域。凡有功者居前。以爵等为丘封之度与其树数。……及窆，以度为丘隧，共丧之窆器。"② 不仅有冢人官职，还有 "掌凡邦墓之地域，为之图。令国民族葬，而掌其禁令；正其位，掌其度数，使皆有私地域。凡争墓地者，听其狱讼"③ 的墓大夫官职。可见，到周时，丧葬已形成周制度的一部分，帝王将相无论生前和死后，都要保持礼制的规格，遵守严格的等级秩序，即死者安葬的方位与陵墓的规模是按其生前的地位决定的。"以度为丘隧"是说，要按制度标准来确定坟墓的大小与墓道的长短。

　　① 李允鉌：《华夏意匠——中国古典建筑设计原理分析》，天津大学出版社 2005年版，第 366 页。

　　② 《周礼·春官宗伯·冢人》，中州古籍出版社 2010 年版，第 204 页。

　　③ 同上书，第 205 页。

可见，神道（墓道）在周时已存在了。也就是说，神道起源于大规模兴建陵墓的殷商时期。但在魏晋南北朝时期，葬俗一反过去，厚葬风俗转变为从简丧葬。原因在于佛教传入中国，佛教的世界观决定了人们对丧葬的认识，即使是帝王也不例外，如信佛的汉明帝死后也就建一座佛塔了事。而进入唐以后，规模巨大的皇陵又开始复活，且一直延续到清代。可见陵墓建筑同样受思想文化影响。

从现存的陵墓遗址与考古的实际情况来看，虽然古代许多陵墓都设有神道，但真正具有带形空间——道路景观意义的还只有帝王陵墓的神道。

（二）神道景观要素

道路作为带形空间，除了其本身的线形、路面特征外，最影响视觉的是道路两侧的空间景观形态。神道亦如此，但神道与其他道路不同的是，其功能主要不是交通，而是一种特殊丧葬制度文化决定的陵墓规制，并由此形成独特道路景观。神道通常都不会很长，所以，神道入口到它的尽头，通常是可以一览无余的。神道景观还有一个重要的焦点——通向陵园的中心地的陵墓！这样，神道的景观要素算来主要有：陵、路、阙门（汉、唐）、牌坊（明、清）、华表、石像生（石兽、石人）、路侧绿化、碑等。

1. 陵

陵即神道的终点、帝王陵墓所在地。

2. 路

路即是指神道中的路体本身，其基本特点是直与平，最根本的标准是凸显陵墓的皇权威仪与庄严。有些道路依据地形和陵墓的需要，有一个从上而下，又由下而上的 U 形缓坡，如乾陵，通过这样一个 U 形缓坡，在视觉景观上强化了由陵墓中心与周边景观互相映衬产生的庄严、肃穆、威仪。道路选线还要服从皇家建筑对称、均衡的视觉要求，如明十三陵。十三陵神道微有弯折，是由于神道在山峦间延伸，须使左右远山的体量在视觉上大致均衡，但山谷两边山体大小不一——因此，神道略偏向体量小的山峦而距离较大的山体稍远。这样就因人的视觉差而形成左右大体对称的视觉景观。这种结合地形的"视觉差"处理，显然是根据现场实际目测体验而来的。这不由得使人们想到了古希腊帕提侬神庙石柱的"视觉校正"处理：因庙宇外侧柱子有明亮背景，同样大小的柱子会因光线明亮看起来相对更粗，而其余石柱因背景较暗，看起来相对较细，于是建筑师们利用人的视觉差，将外侧的石柱直径减小，其余的柱子不变，结果在视觉上就保持了石柱在视觉上的粗细一致。这是古代建筑艺术的宝贵经验。

3. 阙门、牌坊

阙门为秦汉时代陵墓神道的界域标志，牌坊为唐宋以后陵墓的界域标志。它们在空间上的意义在于划分陵墓内与外的界域：当进入阙门或牌坊后人就进入了陵墓核心区域。其环境上的意义在于：通过内外环境的分割，使景观发生变化，牌坊的雄伟使人由视觉变化而产生心理变化，进而发生精神的变化，有助于祭祀需要的庄严肃穆心理状态的形成。其文化上的意义在于：这种特定的建筑空间形态，反映出的是中国人对纪念性建筑的审美倾向，也就是说，它体现的是中国建筑文化而非其他国家的文化。

4. 华表（望柱）

《现代汉语词典》《辞海》等许多工具书都对华表有专门的解释。《辞源》（修订本 2006 年版）对华表的解释是："古代用于表示王者纳谏或指路的木柱。"该词书还说："晋，崔豹《占今注·问答解义》：程雅问曰：'尧设诽谤之木，何也？'答曰：'今之华表木也。以横木交柱头，状若花也。形似桔槔，大路交衢悉施焉。或谓之表木，以表王者纳涑也。亦以表识衢路也。秦乃除之，汉始复修焉。今西京谓之交午木。'"① 华表的立地时间、空间与景观形态的意义在于："古代立于宫殿或陵墓前的石柱。柱身往往刻有花纹，北魏·杨衒之《洛阳伽蓝记·龙华寺》：'宣阳门外叫四里，

---

① 《辞源》（修订本下册），商务印书馆 2006 年版，第 2665 页。

至洛水上，作浮桥，所谓永桥也……南北两序有华表，举高二十丈，华表上作凤凰似欲冲天势。'"①

华表的来源有多种说法，百度百科举出了五种，其实还可以举出其他的说法。但从华表立于重大庄重建筑物之前的做法来看，在景观上它具有非常重要的装饰意义、政治意义、文化意义。就神道两侧竖立的华表来看，在装饰意义上，它可以使陵墓具有一种与皇宫一样的华丽外观；在政治意义上，它具有与皇宫一样的庄重而森严的等级；在文化意义上，它表达了中华民族几千年历史中立柱式建筑形式的演变，反映了中国文化对立柱式建筑的审美倾向，与同样属于立柱式建筑的古罗马记功碑、古埃及方尖碑、古印度的阿育王记功碑形成鲜明的对比。

5. 石像生（石兽、石人）

所谓石像生是帝陵前安设的石人、石兽的统一称谓。石人为翁仲，传说是秦时的力士，身材高大、武艺高强，他死后秦人用铜铸了他的像，后又用石头雕刻了其像，用来守护坟墓，以避邪。石兽大致分为两大类：一类表现祥瑞之意；另一类表达祛邪之意。表祥瑞者多用传说中的神话动物：狮豸、角端、麒麟、朱雀、骆驼、象、马；表祛邪者则为：辟邪、狮、虎、羊等。骆驼、马这类动物除了含有祥瑞的意思外，还有可役使它们的含义。

神道两侧石像生的仪仗式列队景观，显示了墓主的身份等级与地位，同时还有驱邪、镇墓的含义。其本质是表现皇权威仪，表现中国传统文化中"事死如生"的皇权政治文化特点——生，有在阳世时的皇权威仪；死，有在冥世中的皇权威仪。石像生与两侧夹道而植的仪仗树（多为松柏），形成检阅仪仗状态，使环境更显神圣、庄严、肃穆。

6. 路侧及陵墓园林绿化

皇陵神道及园林绿化的树木主要为松树与柏树。在中国文化

① 黄景略：《中国的帝王陵》，中国国际广播出版社 2010 年版，第 139 页。

中，松柏不只有植物学意义，更有文化意义。中国文化中，对某些植物往往赋予了特有的人格意义，通过植物的特点来反映人的精神追求。在众多的植物中，荷、竹、菊、梅、兰、松、柏、柳、桂、槐等都被人们赋予了特定的人格意义。其中，松与柏的人格意义大约源自其常青不凋。所以人们普遍认为中国文化中有一种松柏崇拜。这最早可能源于孔子对松柏的赞誉："岁寒，然后知松柏之后凋也。"① 同时，由于松与柏都是植物中长寿的，有"千年柏树万年松"之说。因此，在中国无论东西南北，都把松柏作为陵园的绿化树种，其象征意义是：万古长青。在皇陵种植松柏，由于有专人保护培育，因此长势比一般墓地的松柏更加茂密，就更增加皇陵的庄严、肃穆。神道两旁，松柏森林，配合着石像生、牌坊（阙门）、华表等形成仪仗阵列，更显得王气十足、气势非凡。

7. 碑

碑是帝王陵墓的重要构成部分，更是神道景观不可或缺的元素。主要用于记述帝王之丰功伟业。也有碑无字，如乾陵武则天的墓碑就是无字碑，但碑体很大，其意义更是"无字胜有字""一切尽在不言中"。

（三）神道景观文化分析

尽管神道并非只为帝王而建，但在辽阔的中国大地上，如今留存下来，并具有宏大规模、产生带形空间视觉景观效果的只有帝王神道。如唐乾陵、明孝陵、明十三陵、清东陵等。而目前人们通常所说的神道，指的就是帝王陵墓神道。神道的景观具有如下特征。

1. 规模宏大、气势庄严的带形空间景观与祭祀文化氛围的营建

现存的神道均规模宏大，乾陵（见图 3 - 20）、明孝陵、明十三陵、清东陵等神道都有很大的规模。乾陵从梁山南坡下的鹊台至内城南门长约 4 公里，明孝陵神道长 1 公里，明十三陵总神道 6 公

---

① 《论语·子罕第九》，张燕婴译注，中华书局 2006 年版，第 117 页。

里，清东陵神道长度约 5 公里，西陵约 2.5 公里① （见图 3 - 21）。
宏大的规模、庄严的气势对人造成强烈的视觉冲击力，并由视觉传
达到心理层面，从而产生心理冲击，使心理产生变化，达到对皇权
尊崇、神拜的效果。这种带形空间营建出的是一种特有的祭祀环
境。它将祭祀之人由陵园之外带入陵墓之内，使人随着空间环境的
变化而产生心理的变化，实现一种从由世俗走向庄严，从现实走进
历史，从物质形态进入精神状态的空间过渡，形成祭拜帝王所需要
的心理与精神状态。

图 3 - 20　乾陵神道景观

资料来源：作者自拍于 2010 年夏。

　　为了实现通过神道带形空间来改变人的心理与精神面貌，从而
达到弘扬皇威的效果，古人充分发挥了聪明才智，通过人工与自
然，实现视觉效果意义上的神道景观之整齐与对称。通过人工干预
改善神道景观效果的典范是明长陵神道。这一点我们前面已经
讲过。

　　利用自然环境调整视觉，以营建神道景观环境的典型是乾陵。
乾陵是唐高宗与武后的合葬皇陵。它三山呈品形，北山为梁山，海

---

①　黄景略：《中国的帝王陵》，中国国际广播出版社 2010 年版，第 153 页。

图 3 - 21　清西陵神道入口与牌坊

资料来源：黄景略：《中国的帝王陵》，中国国际广播出版社 2010 年版，第 10 页。

拔 1049 米；南有二峰，东西对峙，形似人之双乳，故人称双乳峰，双峰之顶依势各建有阁楼，远观形如人之双乳头，作为女皇之陵，这种景观给人以强烈的心理暗示。双乳山下立有华表一对，从此直到朱雀门为神道，两侧分别为青翠挺立的塔柏仪仗树，翼马 1 对，鸵鸟 1 对，石马 5 对、翁仲 10 对、石碑双列，以及左右整齐呈方阵排列的"蕃像"61 尊宾王石人像（东 29 尊、西 32 尊）。穿过东西阁楼，进入朱雀门内，拾阶而上就是巍峨的献殿，越过殿顶，高高在上的是灵亭，而最高之处则是雄伟高耸的梁山峰顶——这是天然与人工合一的环境工程，呈现出的是宏伟、庄严、肃穆的陵园景观，隐含着的是唯我独尊、皇权至上、天成地就的古代中国帝王思想。试想，如果没有东西乳峰的双双对峙，没有一条由下而上，逐级提升，以石翼马、石鸵鸟、石马和石翁仲等在两侧森严排立、序列延伸的神道，乾陵这一皇家园陵所特有的场、气、势还有多少呢？

2. 神道序列布局景观中的中国文化内涵分析

如前所言，中国人在现世建筑——阳宅上体现的是"易"——不追求长久——的思想文化，因此，在建筑材料上就使用了土木。而中国人在故世的建筑——阴宅上体现的是永久，陵墓建筑使用的材料，尤其是地上的牌坊、碑、石像生等，以及地下的墓室，全采用砖石材料。从发掘出来的各地皇陵墓室来看，中国早在秦汉时期就掌握了砖石构造技术，"对砖石材料的性能和力学有深切的认识"①，"墓室大体上模仿当时的居室"②。因此，我们可以这样说，决定中国建筑材料使用的是思想观念而非工程技术。当古人要追求永恒时，他们为逝去的人所选择的栖身之地——陵墓，其建筑材料是砖石材料，死后灵魂不灭，永远延续；阳世是变异的，人生如白驹过隙，所以阳宅使用土木作为建筑材料！

神道序列景观至少反映了中国古人两个方面的精神文化内涵。

第一，神道是"君本政治"思想的物质载体。尽管古代中国许多陵墓都设有神道，但是正如宫殿才是帝王住的"房子"一样，真正产生道路景观规模的神道视觉效果的只有帝王陵墓才有，所以如今留存下来的神道景观，优越的地理环境、森严的等级秩序、磅礴的气势、宏大的规模都反映出中国古代的政治文化是君本政治文化！所谓"民为本，社稷次之，君为轻"，只是部分儒家思想家的一种政治主张或政治理想。从实行中央集权的秦帝国以降，中国从未实现民本政治，至少在考古与至今留下的古迹中找不到文物佐证。

第二，神道是中国古代思想文化的带形空间表达。墓园布局、景观、形制的特点，归根结底是文化的不同。中国皇家陵园最具特色的景观是神道景观。而神道的特色源于中国独特的丧葬文化。生死观是中国古代思想文化的重要方面。中国古人认为"万物有灵"，人死之后，灵魂不灭，人活居阳间，人去居阴间。活人住阳宅，死人住阴宅——坟墓。作为帝王，在世时有御道供行，死去后则神道供奉，其灵魂如生前一样生活，亦能自由往来于人世间。所以中国文化中的丧葬文化是一种"事死如生"的文化。崇尚祖先、

---

①　李允鉌：《华夏意匠——中国古典建筑设计原理分析》，天津大学出版社2005年版，第367页。

②　同上。

重视祭祀是古代中国代代相传的社会习俗。

　　与古埃及、古罗马、古印度相比，中国的陵墓不仅地表建筑形态不同，而且陵墓规制也不同。这之中最大的区别莫过于中国皇陵的神道景观。埃及的金字塔用石材堆砌而成，外有铺道，"铺道两边站着狮身人首石像，每一行有五十座到一百座，每座高达两三丈"①。内有甬道，甬道两侧与穹顶均有反映埃及神话的图画。以胡夫金字塔为例，它规模宏大，雄伟巍峨，陵前有斯芬克斯狮身人面像守卫，但长长的铺道已被破坏。金字塔、方尖碑均发源于埃及，源自古埃及神话对太阳神阿蒙的崇拜，塔和碑的外在形态即源自对太阳光的模拟。金字塔内的甬道，是法老灵魂通向天堂的内在通道，法老的灵魂返回身体人就能复活，而保留人体肉身则是保证灵魂返回的条件，于是围绕保留法老的肉体，确保法老灵魂返回而得以复活，古埃及产生了金字塔技术、木乃伊技术。但埃及金字塔铺道与中国神道相比，虽然其道路两边的石像序列更高大，但没有中国这样丰富，更无绿化的仪仗树，因此作为带形空间对人产生的视觉心理影响就不一样，前者更具宗教的神秘性与崇高性，后者更有人世的神圣性与庄严性。

　　古希腊、古罗马著名的建筑中没有陵园。因为按古希腊的文化习俗，创建城市的国王，在他死后一般都要埋葬在城市中心，让他的灵魂保佑这座城市。例如，著名的亚历山大大帝陵墓被专家们认为应设在亚历山大市内，而城市的中心是不可能兴建规模宏大的陵墓的；中世纪后的欧洲，受天主教主导，天主教重视的是人的灵魂升天，而肉体则放在次要的地位。罗马天主教的传统，教堂即其埋葬地，欧洲的教宗、许多国王（作为教徒）都是埋在教堂的。他们的灵魂是要上天的，所以教堂作为神人交会之地就修得庄重、高大、神圣，成为当时工程技术、雕塑绘画艺术与宗教思想的凝聚焦

---

①　［德］黑格尔：《美学》第三卷上册，朱光潜译，商务印书馆1997年版，第44页。

点。这与中国的"事死如生"完全不同。所以西方没有乾陵、明陵、清陵那样规模宏大的皇陵，更遑论皇家陵园中那样深邃、肃穆、令人起敬的带形空间——神道了。

与中国同属东方的印度，有着悠久而光辉灿烂的思想文化。但就古印度遗留下来的陵园来看，他们从不在陵园中修建神道之类的带形空间，也没有牌坊、山门、献殿、灵亭以及陵园方城中的朱雀、玄武、白虎、青龙四门之类的建筑群构成一个统一的陵园整体，而是将大体量的整个陵墓建筑设在广场中心，周边是花园、草坪或水池道路，通过广场与陵墓主体建筑构成陵园基本形态，以视线上的对比构建陵园场、气、势，无论是德里胡马雍陵、阿格拉阿克巴陵，还是阿格拉伊蒂玛德·乌德·道拉陵，乃至大名鼎鼎的泰姬·玛哈尔陵，均是如此。

古代日本深受中国文化影响，但在皇陵建筑上却与中国不同。坐落在大阪的府堺市大仙町的仁德天皇陵被称为日本第一皇陵，其规模和工程量的巨大不亚于中国的秦始皇陵，但却没有神道，相比之下规模更小的昭和皇陵虽有长达400米由碎石铺成的"表参道"（中央大道），但道路两旁基本上没有人工景观，入道之坊门与汉唐时代的中国衡门形制相类，与中国帝王陵墓的神道完全不可相提并论。这与日本文化中的神道教是否有什么关系呢？由于没有研究，不敢妄加评判。

（四）结论

综上所述，我们可以作出两个判断：第一，御道、神道是古代中国特有的道路景观，这种景观的背后，有着中国独特的文化内涵；第二，古代中国是世界上最擅长运用带形空间来营建环境、制造氛围的国家。如果设身处地、身临其境地、直观地体验中国和西方的古建筑，那么，西方建筑文化给人心灵以震撼的可能是建筑本身，如金字塔（从建筑文化角度来看，古埃及建筑影响了古希腊和古罗马，且用石材，可算作西方文化）给人震撼的是金字塔自身，雅典娜神庙、科隆大教堂给人带来深切感受的也只是建筑本身；而中国古代的建筑文化给人以影响和震撼的是一个了不起的建筑群，但不仅仅是建筑群群体空间本身，它还有一条了不起的建筑带形空间——在皇城是御道、在皇陵是神道——这种带形空间因两侧的景观实体是中国思想文化的物化形态，它们呈序列排列，形成步随景移的特殊视觉效果，产生出景观本身要表达的思想价值文化，使人产生从视觉到心理的变化。从这个意义上来说，无论是御道还是神道，它们都是中国皇家建筑文化的有机构成部分，脱离了这个部分，古代中国的皇家建筑就会显得残缺而不完整！遗憾的是，过去我们对御道和神道在古代中国的皇家建筑中的重要地位研究得并不多。

第四节　栈道、峤道景观特征中的精神文化内涵

历史地理学者蓝勇认为："栈道，是中国古代特有的交通设施。"① 北大教授金开诚也在其主编的《古代栈道》一书中认为栈道的建造"是我国古代工匠的一个伟大创造，凝聚着劳动人民的智慧和创造力"②。栈道险要、雄奇、施工难度极大，充分反映出了古代中国人民的智慧，同时又在古代中国的军事、经济、社会、文化的发展上发挥着十分重要的作用，所以著名桥梁专家茅以升曾提出："要把栈道与长城、大运河并称为中国三大建筑奇迹。"③ 可见栈道在古代中国具有多么重要的意义。

由于我国古代重要的山地道路如金牛道、褒斜道、子午道、西南夷道等，均是峤道与栈道相连的，所以，在这个部分，我们将二者合为一体来叙述。

---

① 蓝勇：《古代交通生态研究与实地考察》，四川人民出版社 1999 年版，第140 页。
② 金开诚、王泽妍：《古代栈道》，吉林文史出版社 2010 年版，第 12 页。
③ 周茂兴：《栈道——中国古代第三大建筑奇迹》，《瞭望》1994 年第 45 期，第39 页。

一　栈道的历史文化

（一）栈道历史

最早的栈道产生于什么年代，现已无证可考。但史上有规模的栈道修筑年代应距今有 2000 多年。比起秦始皇修万里长城，秦修栈道的时间更为久远。按《史记·范雎蔡泽列传》中蔡泽提出的"栈道千里，通于蜀汉，使天下皆畏秦"①来看，修栈道对于秦国的意义十分重大。史籍虽然没有明确记录秦国大规模修栈道的时间，但据一些史料，大致可以推测栈道的修建年代。秦昭王十五年，秦攻楚，获取两地，其中宛地出钢铁，所制矛很锐利，这就解决了凿山所需要的工具问题。因此，秦蜀千里栈道的修建，大约是完成于秦昭王十五年以后的数年间。换言之大规模修建栈道距今应有 2300 年左右了。

（二）栈道的历史作用

栈道曾在历史上发挥了重要的作用。主要表现在两个方面。

第一，便利了交通，促进了古代中国的统一。秦国修栈道首先是军事需要，秦之所以能灭六国而统一中国，在于它首先成功南伐巴蜀，增强了自身的力量，而伐巴蜀的先决条件是解决交通问题，栈道恰恰解决了这个问题。从这个意义上来看，栈道对秦王统一中国功莫大焉。

第二，扩大了地域之间的交流。栈道对古代中国的秦、巴、蜀、甘、云等地域的经济、社会、文化的交流，起到了不可忽视的重要作用。古代的蜀、巴、甘、云等地区尚欠开化，栈道的修建，为这些地区的物质流通、人员交往、文化交流起到了重要作用，将中原文化传到西南西北地区，加速了中国在军事政治的统一之后，经济、社会与思想文化的统一。

（三）诗词与栈道文化

作为沟通古代中国中原与西南、西北的重要交通载体，栈道

---

① （汉）司马迁：《史记·范雎蔡泽列传》，中华书局 2011 年版，第 2133 页。

在中国古代的政治、经济、军事中的重要意义是不容忽视的。这在汉语丰富的有关栈的词汇与诗词中都可得到印证。如在词汇方面有：秦栈，险栈，栈谷，梯栈，蜀栈，连云栈，飞栈，钩栈，明修栈道等。在诗词方面则有："地崩山摧壮士死，然后天梯石栈相钩连"（唐·李白《蜀道难》）；"轻骑犹衔勒，疑兵尚解鞍。温池下绝涧，栈道接危峦"（唐·虞世南《相和歌辞·饮马长城窟行》）；"重江不可涉，孤客莫晨装。高木莎城小，残星栈道长"（唐·李端《送何兆下第还蜀》）；"破舆不忍登，恐负看山眼。遥程入荒复，栈道践山蹇"（宋·董嗣杲《银树道上客怀》）；"我不从官君下第，其间险易两何如。连云栈外四千里，读易堂中一帙书"（宋·石介《赴任嘉州初登栈道寄题姜潜至之读易堂》）；"栈道云间没，篮舆壁上行"（宋·潘坊《登岭》）；"足迹初来剑北州，试登危栈瞰江流。万山西接地穷处，一水东归天心头"（宋·李曾伯《利州登栈道》）；"栈险涎鱼蛤，梯危啸虎貜"（宋·洪咨夔《行三盘蟆颐栈道三首》）；"栈道连云势欲倾，征人其奈旅魂惊"（明·唐寅《栈道图》）；……如此众多有关栈道的词语与诗词，说明栈道对国家和人民的生活存在着广泛的影响。很难想象，如果没有栈道，古代中国川陕、川鄂、川湘、甘陕等地的沟通与交往如何进行，这些地方的经济、政治与文化发展又会如何。但目前似乎人们对栈道的研究并不深入。至今仍难发现一部权威、系统、全面地研究古代中国栈道的书籍可供参阅。

比起栈道曾经起到的重大作用，人们对栈道的研究还远远不够。白寿彝先生所著的《中国交通史》被日本学者牛岛俊作称为"标志中国交通文化史著中最高水平的作品"①。但全书未对栈道作专门阐述，只是在第二篇第四章"秦汉底道路和河渠"中，提到了《史记·西南夷列传》中说的"五尺道"，《史记·河渠书》中

说到的"褒斜道",《汉书·王莽传》提到的"子午道"等,这些道路虽然都可以在总体上称为栈道,但该书并未对栈道进行专门论述,说明这本交通史并未将栈道视作一个重要的部分。如果说白寿彝先生的《中国交通史》是民国时的作品,那么刘文杰主编的《路文化》则是 21 世纪初的作品了。该书虽然对栈道作了专门介绍,但也仅限于古代中国经典道路的部分来展开的,而未真正从文化内涵来展开研究。蓝勇教授在《古代交通生态研究与实地考察》一书中,对四川、陕西的部分栈道从交通生态角度做了较为详细的介绍,是我国较早研究交通生态与栈道的学者。金开诚和王泽妍主编的《古代栈道》虽然对栈道、栈道历史、栈道和风景名胜、栈道和诗词典故等进行了编辑叙述,但却未对我国古代栈道的分布做一个详细的图示。

二　栈道及景观分析

(一)古代经典栈道简介

栈道曾对我国西南、西北与中原的经济、政治、社会文化的交流与发展起到了十分重要的作用。其中自秦、汉通西南最经典的几条古代道路中,许多都设有险峻的栈道。主要有:

1. 金牛道

金牛道是我国历史上设置栈道较早的古通道,秦汉时所谓"栈道千里,通于蜀汉"一般认为"特指金牛道"①。金牛道为古蜀道主干线,因有"石牛粪金,五牛开道"的故事而得名。自元以后,又称为蜀栈、南栈,自汉中西达褒水,过勉县进山区至金堆铺交宁强界,再过大安、烈金坝转南,过五丁关到宁强县城,再转西南,历经牢固关、黄坝驿、七盘关进入四川剑阁最后而达成都,约 600 公里。

---

① 蓝勇:《古代交通生态研究与实地考察》,四川人民出版社 1999 年版,第123 页。

2. 褒斜道

南起汉中大钟寺（古名褒谷口），北至宝鸡市眉县的斜峪关口（古称斜谷口），沿褒河斜谷河二水，横贯褒、斜二谷，由此而得名。褒、斜二谷为汉中盆地通向关中平原较近之通道。二谷穿行于万山丛中，商旅循谷而行，并无大的登涉之劳，因自斜谷上溯至源头五里坡，仅上一道较平缓的坡，就进入褒水上源，是古代巴蜀通秦川的主干道路，全程 249 公里。

3. 五尺道

秦始皇统一六国后，为了加强中原和西南地区的联系，开辟了一条由今四川宜宾市经今天云南盐津、昭通到曲靖的一条栈道，全长超过 1000 公里，因陡峭险峻，路面仅宽五尺左右，所以被叫作"五尺道"。《史记·西南夷列传》记载，汉武帝时，唐蒙对秦五尺道加以修治，改称西南夷道。至隋唐时，又对秦五尺道和汉西南夷道加以修治。因该道经过四川高县境内的石门山，故在隋唐时又称此道为"石门道"。

4. 子午道

该道是古代中国，特别是汉、唐时代从京城长安通往汉中、巴蜀以及南方诸地区的一条重要通道。由于它穿过了子午谷，而且从长安向南很长一段路为正北向南如子午线而得名。子午道早在秦汉之前既已存在。但将其开凿为官道，时间应是公元 5 年至 6 年。据《汉书》的记载："莽以皇后有子孙瑞，通子午道。子午道从杜陵直绝南山，径汉中。"[①] 子午道历代都有修缮和线路变化。东汉及唐朝时期，均曾一度成为国家驿道。

5. 旅游栈道

中华古栈道为千古奇观，今天吸引着成千上万人前来观瞻，其中最为著名的主要有：华山古栈道、三峡古栈道、剑阁古栈道等。

---

① （汉）班固撰，（唐）颜师古注：《汉书》卷九十九上《王莽传》，中华书局1962 年版，第 4076 页。

华山古栈道中最为惊险的是华山的长空栈道，它对喜欢攀越登峰者具有极大的吸引力。笔者曾在攀爬此地时，心惊肉跳，至今后怕。据说此道是金元时期陇西人贺元希来华山时所开凿，前后花了40多年。

三峡古栈道全长近60公里。西起瞿塘峡奉节段的草塘河口东岸，至巫山大溪对岸的状元堆山，长约10公里；巫峡段从巫山县对岸起，至川鄂交界处的青莲溪止，长约30公里；其余段零星分布于西陵峡中。这里，两山夹水，危岩耸峙，江流汹涌（现今是高峡平湖），雄奇险要。

剑阁古栈道。大剑山下的剑门关，号称剑阁天下雄，其山道之崎岖，关隘之险峻令人惊叹！剑阁自东汉建安二十二年建汉德县以来，已有一千八百多年的历史。剑门雄关北扼三秦，南镇三巴，素有"蜀门锁道"之称谓。在这里，雄关—栈道—峤道与大自然造就的崇山峻岭有机融为一体，形成了景观独特的旅游胜地。

6. 翠云廊，可与古罗马大道相媲美的中国峤道

中国古代道路中，绿化保持最好且留传至今的是古蜀道中的翠云廊。据考证，这条道路形成于2000多年前秦始皇统一六国之后，当时以咸阳为中心修建四通八达的驰道。翠云廊是秦通巴蜀驿道金牛道四川境内的一段，后经历代修葺，保留至今。据《翠云廊大观》记载："1977年普查，翠云廊现有古树9233株，其中北段1903株（剑阁1722株，元坝181株），南段4291株（剑阁圈龙以南没树），西段3039株（其中剑阁1992株，梓潼1047株）……北段剑阁至昭化古城130华里，南段剑阁至阆中160华里，西段剑阁至梓潼石牛170华里。"① 翠云廊的树种植时间分布于秦、汉、东汉、北周、唐、北宋、明、清等不同时期，古柏王、帅大柏类的特老树，树龄都在2000年以上。就笔者2011年的实地考察来看，剑阁境内翠云廊的古柏，大多应有三四百年以上的历史，推算起来也

---

① 朱开天、邓光志等：《翠云廊大观》，四川人民出版社2001年版，第38页。

应在明代种植（见图 1 - 7）。

（二）栈道景观特征与文化分析

栈道被人们称作中国建筑史上的第三大奇迹，但相比起另外两大建筑奇迹——长城与大运河而言，人们对它的研究与重视度，似乎还未到位。在百度上搜索分别得出的义项是："中国长城"获得2420 万个；"中国大运河"获得 333 万个；"中国古栈道"仅获得80.9 万个。这说明人们对栈道的研究和重视不及前两者。但这并不意味着古代栈道的意义低于前两者。除了交通功能的发挥外，栈道还有景观与文化上的意义。

1. 栈道景观特征

栈道景观有三个特点。

一是雄奇，栈道之雄奇在于栈道所在之山谷峻岭之雄奇。栈道总是修建在高山深谷之间，或支架于耸峙之高崖，或开凿于陡立之绝壁，无论是剑门雄关栈道，还是华山长空栈道，抑或是三峡瞿塘高峡的夔门栈道，都是如此。从这个意义上讲，没有高山峡谷之雄奇，就没有栈道之雄奇，但如果仅仅是高山峡谷而无栈道，就失去了人文意义，其景观中的"观"就没有了精神文化的意义，相反，如果高山峡谷、悬岩绝壁之间有了高挂其间的栈道却反而使得高山更高，峡谷更狭，岩壁更悬，绝崖更峭，这正如彩虹使大地更美，鲜花使草原更秀，森林使山川更幽。所以山谷绝壁与栈道的关系从景观学的特点来说形成了一种相互依存、相互装扮的关系，即高山因栈道而更险峻灵动，栈道因山高而更雄奇壮美。

二是险要，栈道之险要在于其所在空间位置的险要，在这些群山叠嶂之间，上有高山峰峦如尖刀插云霄，下有深谷河流湍急如进地狱之门隙，用李白《蜀道难》来形容就是："连峰去天不盈尺，枯松倒挂倚绝壁。飞湍瀑流争喧豗，砯崖转石万壑雷。"在这样的环境中开凿的栈道，不是宽阔平坦的现代公路，而是凿孔加桩、支柱铺板、拉索成栏、飞临深谷、架越陡壁的悬空之桥。这样的道其险其要不容怀疑，倘身临其境当会感受更深。

三是历史沧桑美。高耸的崖壁，风化的岩石，蜿蜒伸向远方的栈道孔洞，风蚀的石栈、木栈，凡是身临栈道景点的人，尽管踏上的是重新修复的栈道，仍然不免产生历史的苍凉之感。这与那些如长虹直入的现代桥梁，平坦如砥、纵横交错、四通八达的高速公路带给人的感受是大不相同的。栈道带给人的感受是沧海桑田、人世变迁之感，与高速公路带给人的速度感和人之伟力感是完全不一样的。所以，栈道的美是一种历史沧桑之美，踏勘栈道，不能不使人产生一种历史感，不得不去追溯古人修建栈道的历史。

2. 栈道景观的文化分析

栈道景观蕴含着古代中国先民三大特点，即改善环境的愚公精神，巧借自然的智慧，吃苦耐劳的秉性。

第一，栈道景观蕴含着古人的壮志恒心。栈道的雄奇、险要给人以极大的心灵震撼——面对这样的景观，人们不仅会从中深深感受到栈道修建者的伟大决心，而这种决心没有愚公精神是很难做到的。一个民族的寓言往往能从某个侧面反映出这个民族的特质，愚公移山的寓言恰恰反映的是中国古人所推崇的某种"愚"的精神，在中国古人的语境中，"聪明"并不一定是褒义，而"愚"却往往代表了"大智"，古代中国推崇的是大智若愚、大巧若拙。愚公移山这个寓言，其实包含着一褒一贬两种精神，愚公是被褒的对象，褒扬其为实现理想而坚持不懈、不屈不挠之精神；智叟是被贬的对象，贬的是他只看眼前、缺乏长远战略眼光的小智实愚。愚公——大智若愚，智叟——小智实愚。而栈道，就是中国古人用生命与智慧写在山川峡谷上的愚公精神！

第二，栈道反映出中国古人巧借自然的智慧。与古罗马军用大道相比，栈道既不宽阔，也非笔直，既不逢水搭桥，也不遇山打洞，而是因地制宜，依山顺势，傍崖凿孔，支桩护栏，在不进行大开大挖土石方的情况下形成一条供人畜通行的线状空间！就投入产出效率而言，并不比古罗马大道差。它的美，不是呼啸而过、风驰电掣的高铁，通过速度显示人类强力之美；也不是小桥流水、曲径通幽的古代园林所显示的中国古人精致设计、道法自然的灵巧之美；而是一种人工巧妙融入博大自然、悬崖欣然融入轻盈一线的特殊景观之美，这种"景"，会使"观"者深感山川自然之伟大，同时更深深地感受到栈道修建人那种顺应自然、穿越崇山峻岭阻隔的大智大慧。没有打通山脉交通界域的决心不可能产生栈道，同样，没有智慧，仅有蛮力，也不可能在铁器时代产生中国第三大土木工程——栈道。

第三，栈道表现出中国古人具有卓绝吃苦耐劳的秉性。栈道所经之处，都是崇山峻岭、深沟峡谷，在古代，这些地域是野兽出没、瘴气弥漫、食宿供应欠缺之地，没有吃苦秉性的人，莫说兴建工程，即使生存下来也非易事。但我们的先辈们，硬是凭借铁錾、铁锤等最原始简陋的工具建起了令人赞叹不已的几千里栈道，使人们不能不重新去认识我们先人们吃苦耐劳的秉性。打开眼光看看世界，19世纪时，美国兴修横贯东西的大动脉——太平洋铁路，从一定意义上说，正是这条铁路成就了现代美国。但当初在兴建这条铁路的中央段——落基山脉的铁路的工地上，无论白人工人还是黑人工人，根本无法适应极其艰苦环境下的工作，白人逃走，黑人大批死亡，工程难以顺利进行，眼看难以完成，最后由于大批华工进入，才克服困难得以竣工。正如美国历史学家莫里森等所说：修筑这条铁路"要克服的障碍几乎是难以逾越的"，"这些困难的克服"，"应归因于"中国劳工们的"勇敢和献身精神"，施工中"最沉重的部分都落在他们坚强的肩膀上"[1]。当然，为了完成这条铁路，中国劳工也付出了十分惨痛的代价，"每根枕木下面都有一具华工的尸骨"[2]。从尼克松、卡特到布什、克林顿总统都曾对华人建设美国的贡献给予肯定。进入20世纪之后，新中国的人民为

①　[美]塞缪尔·埃利奥特·莫里森等：《美利坚共和国的成长》（下卷），南开大学历史系美国史研究室译，天津人民出版社1978年版，第37页。

②　同上。

建设祖国，仍然保留了这种吃苦耐劳的秉性，被称为"世界第八大奇迹"的红旗渠（1500公里）就是由林县人民，苦战十年，仅仅靠着锤、铲等简陋工具，在太行山悬崖峭壁上修成的！还有令人叫绝的山西平顺挂壁公路！

中国人以吃苦耐劳著称于世决非空穴来风，而是有史实为基础的，这些史实就是留存至今的以万里长城、大运河、栈道等物证，在国际上，以美国的太平洋中央铁路为证；在今天，更以红旗渠、挂壁公路为证。

第五节　古代中国道路景观特点及
其对今天道路建设的启示

一　古代中国道路景观特点

如果从文化的角度对古代中国道路景观作一个总结性的归纳，其特点大约可以用这么几句话来概括：道以传道，道以载情，道中有制，道里显性。

（一）道以传道

所谓道以传道，是指古代中国的道路并非只承担人流物流的功能，它还通过其显形的景观表现出一种隐形的文化，道路景观是中国古代"弘道"系统工程的构成部分。它通过牌坊这类屹立道路中央的纪念性建筑，来传达中国古人的道德观念，弘扬人们推崇的思想文化；通过设"关"来分野不同区域，使人深深感到"广谷大川异制，民生其间者异俗"地域文化。

（二）道以载情

所谓道以载情，是指古代中国道路有亭这类建筑，不仅是记载道路里程的标志，而且是供人们送、迎、辞、离的空间载体，成为古代人友情、爱情、亲情等情感见证之地，使古代中国文化中产生了一种望亭生情的情愫，这一点在中国古代的诗、词、歌、赋、戏曲中都得到见证。

（三）道中有制

所谓道中有制，是说从中国古代道路中可以考察出许多政治文化制度，尤其是在御道、神道景观中，人们可以发现中国政治制度、政治文化的特点。

（四）道里显性

所谓道里显性，是指中国古代道路景观显示和传达中国人的审美心理与禀赋心性。

例如，我们可以从序列成排高耸巍峨的牌坊群景观中看到中国特有的审美心性，从蜿蜒险峻的栈道景观感受到中国古人的吃苦耐劳的秉性。中国古代道路景观这些特点是中国古人按照自己的思想文化和中国人的秉性来修建的，因此它是中国古代思想文化和中国古人特有秉性的物质载体。

二 古代中国道路景观对今天道路景观建设的启示

中国古代道路景观的这些特点告诉我们，中国古代道路景观是中国古人特有的精神文化、制度文化、情感行为和心性禀赋的物质载体。所以，它虽是科学技术的产物，同时也是思想文化的产物，是中国古人精神文化的对象化、物质化。同时，时代在不断地变化，精神文化也在变化，这种变化会影响人们的审美取向和建筑形态偏好，于是随着时代变化，道路景观也随之有所变化，但这种变化始终与中国的建筑文化一脉相承，只是在不同的时代发生了相应的变异而已。如，唐代因开放度大，心胸博大，豪气冲天，故在城市建设上也规模宏大，长安城道路十分宽阔；而宋代，因风气开始内敛，经营方式发生了变化，由过去的集中经商（在"市"内经商）变为沿街经商，因此城市道路的宽度就大大变窄了。

由此得出的结论是：中国古代道路景观与古罗马大道景观的不同缘于思想文化的不同。这对于今天的道路景观建设的启示是什么呢？

①经典景观道路的打造，不仅应注重形式美，更应注重表现景

观后面的丰富的精神文化。文化景观大道的打造其外在的形式美虽然重要，但从文化意义而言，道路景观美的重点往往不在它的形式美，而在于景观蕴含的思想文化内涵，不同的思想文化应该具有不同的景观表达方式或形式，不同的民族审美心理、审美情趣，应有不同的审美标准，因此景观大道设计的核心在于设计思想的确立！必须高度重视道路文化的"魂"与"体"的关系，以魂定体，以符合民族（地域）特色的审美标准的确立来评价、引领道路景观的打造！

②道路景观建设可借鉴外国的先进设计思想，但更应弘扬本国主流思想文化。当我们在借鉴国外先进设计思想时，必须注意以中国特有的思想文化作为建设的指导思想，不然就会在打造道路景观时以借鉴为名而实质照搬别人的东西，而照搬照抄的结果必然是"千街同貌"，"千街同貌"的结果必然是"千城一面"。由此得到启示，国内城市建设的问题在于城市建设思想的问题，城建思想的问题在于将城市建设（包括道路景观建设）仅仅视为物质建设、经济建设，而未将经典的城市道路景观建设视为文化建设，或者说在打造城市景观大道时，缺乏应有的文化自觉。这是国内城市建设"千城一面""千街同貌"的思想根源。

③因为上述原因，所以，经典的城市道路、代表国家或地域形象的景观大道，其景观打造已不是景观本身，而是特殊的带形文化空间，关系到国家或城市文化建设、体现着地域精神风貌或城市个性、城市特色。因此，它已不是单纯的道路工程，而是道路工程与文化工程的合一，还是具有视觉的艺术传达特征的带形空间媒介工程，需要综合各方面的因素，而这些，在过去的城市化进程中，是被我们忽略了的。今天理应引起我们高度重视。

第四章　近现代国外道路景观与生态道路建设对我国道路景观建设的启示

文艺复兴以降，西方发达国家进入了新的发展阶段。精神文化的演变、科学技术的更新、生产方式的改变、生活方式的变化以及经济社会的发展，这一切都静悄悄地反映到道路建设上来。汽车代替马车的结果，不仅仅是公路变宽取代了马路；同时，由于新的建筑材料取代了旧的建筑材料，道路的质地、两侧建筑立面材料也都发生了变化；更重要的是，道路景观如影随形所反映的精神文化也在发生着不易察觉的变化，这些变化包含着两大趋势：历史文化的传承与现代精神的弘扬。也就是说，近现代以来的经典道路，其景观文化在保留传统文化的同时开始了现代转型。

第一节　国外的经典道路建设与景观文化

如果古代西方的卓有成效的道路建设以罗马大道为代表，那么，近现代以来国外成功打造的城市道路景观中能给人以深刻印象的更是数不胜数。例如，伦敦的舰队街曾是世界新闻信息最集中的大街，高峰时这里聚集了该国100余家报业传媒企业，大街上，各类新闻人行色匆匆，酒吧内、咖啡馆里，编辑、记者交流信息，高谈阔论；清晨，售报人、载报车穿行于大街，深夜，各家报馆灯火通明，印刷机飞转不停。维也纳的恩顿大街文化深厚，商业繁荣，鲜花点缀，传统建筑与现代建筑风格有机相融，世界著名的歌剧院——维也纳国家歌剧院坐落在此，在金色的 U 字形街的中央地带是最重要的天主教教堂——高耸的、庄严的斯蒂芬教堂，此街最大特点是国际名牌与典型的维也纳家庭企业融洽地共同存在着，国际的、本国的以及地区的知名品牌，都可以在这里找到。莫斯科的阿尔巴特大街是著名的文化大街，被称为"莫斯科的精灵"，其历史与莫斯科一样久远，这里新街旧街前后交接，新街商业繁荣，人潮涌动，各类特色店铺一爿接一爿；旧街文化厚重，各类艺术家在这里一试身手，人像速画，立时人体彩绘，丰富的艺术品画廊，各类艺乞的表演，林林总总，应有尽有。东京的表参道是以"Wa"的精神打造的现代日本特色街道，所谓"Wa"，即三"Wa"，即指大街的设计者希望 Walk（迈步）这条街道的人们会感到幸福，Watch（观看）这条街道可丰富旅客的感受性，Wake（认识、感觉）这条街道就能警醒、发现自我，等于在这条街上就能追求新的生活方式，这里汇集了来自世界各地的最新时尚和生活方式，同时还是发布各种信息并具有极强的流行感知度的场所。但所有这些，从道路景观文化的角度而言，都难以与巴黎的香榭丽舍大街和美国的华盛顿林荫道比肩。

香榭丽舍大街闻名遐迩，号称世界上最美丽的大街；华盛顿林荫道享誉世界，有一种普遍的说法是，不到华盛顿等于没到美国，不到华盛顿林荫道等于没到华盛顿。通过这两条经典大道的分析，我们会从中体会到，为什么一条街道可以成为一座城市甚至一个国家的 Logo（徽标）。

一　法国香榭丽舍大道

香榭丽舍大道又被叫作香榭丽舍大街。在世界近现代史上，最先通过一条街道而扬名世界的除了法国，大约没有第二个国家。法国人常常自豪地将巴黎誉为世界的首都，将香榭丽舍大街称为"世界最美丽的大道"。法国人这样称香榭丽舍大街并非毫无根据的胡诌，而是得到了诸多印证和回应的。例如，日本东京著名的表参道，就被日本人称为"东方的香榭丽舍大街"；中国最大的城市上海，20 世纪 90 年代斥巨资聘请世界一流景观公司——法国夏氏公司设计了著名的城市道路——世纪大道，其目标也是打造"东方的香榭丽舍大道"。中国与日本均为东方大国，其影响力是世界性的，在这两个大国的顶级城市兴建的标志性街道均以"香榭丽舍"为追求目标，由此可见，香榭丽舍的影响是世界性的。

（一）香榭丽舍大街的历史

香榭丽舍大街具有悠久的历史，修建至今已近 400 年。1610 年，路易十三登上国王宝座，这时法国已在他的父亲前国王亨利四世治下结束宗教战争十多年，经济得到较大的发展。他的妻子皇后玛丽·德·梅德西斯（Marie de Medicis）于 1616 年作出改善卢浮宫周边环境的决定，将卢浮宫外的一片沼泽和田园改建成一条林荫大道。因此，当时这条大道又叫皇后大道——香榭丽舍大街前身。半个世纪后的 1667 年，在太阳王路易十四的授意下，凡尔赛宫的宫廷风景园林设计师勒诺特（Le Notre）对卢浮宫前的杜乐丽花园进行了重新设计，在原林荫道的基础上延伸了这个花园道路的长度，于是这个林荫道从卢浮宫出发，一直延伸到现今的香榭丽舍圆形广场。

18 世纪初，皇后大道两旁建起了种满榆树的步行街林荫道，这时香榭丽舍已具雏形。1724 年始，昂丹（Antin）公爵和玛雷尼（Marigny）侯爵接手皇家园林的管理。在此期间，他们二人完成了香榭丽舍大道的全线规划，确立了香榭丽舍大道的景观基调。1828 年，香榭丽舍大道的所有权全部收归巴黎市政府所有，接替园林管理的设计师希托夫（Hittorf）和阿尔方德（Alphand）改变了香榭丽舍最初的规划方案：他们为香榭丽舍添加了喷泉、人行道和煤气路灯。[①]

①　Gordon A. Bradley，"Urban Forest Landscapes Integrating Multidisciplinary Perspectives"，Henry W. Lawrence，*Changing Forms and Persistent Values：Historical Perspectives on the Urban Forest*，University of Washington Press，1995，pp. 18 – 40.

19 世纪中期的法兰西第二帝国时期，拿破仑三世开始了轰轰烈烈的巴黎扩建工程，他委任塞纳省省长（因塞纳河而得名，初名巴黎省，1795 年改名塞纳省，20 世纪 60 年代撤销，其地域包括今巴黎及周边省域）乔治·欧仁·奥斯曼主持扩建工程。为解决城市拥堵，奥斯曼重新安排交通，把交叉路口的广场扩改为交通枢纽，为此扩建了许多街头广场，各广场与城市道路路口相连。城市道路笔直宽敞，梧桐夹道，两旁是豪华的五层至六层的新古典主义建筑；远景中，每条大道都通往一处纪念性的建筑物。这种格局使城市气势恢宏，车流通畅，当时即引得世界许多大都市纷纷效仿。

正是由于这次扩建工程，香榭丽舍大道真正成为"法兰西第一大道"，它从圆点广场延长至星形广场，成为 12 条大道中最宽阔漂亮的一条。至今基本保持原样。

（二）香榭丽舍大街的设计思想

说到香榭丽舍大街，无论是它最初建设初衷的提出者还是后来扩张的宫廷园林管理者，以致最后奠定大道今天景观形态的奥斯曼男爵，都具有一种"贵族血统"。尤其是香街的最终奠定人乔治·欧仁·奥斯曼男爵，正是他主持了 1853 年至 1870 年的巴黎重建。他将新古典主义风格融入了巴黎的城市建筑，使巴黎城市建筑风格较为统一。他修建了歌剧院、纪念碑、火车站和政府大楼，下水道、供水系统全部重新整治。这样，原来臭气熏天的城市变得洁净起来，巴黎焕然一新，改头换面，从一个陈旧的中世纪小城一下子变成了崭新的工业革命时代的现代都市。今天的巴黎大致仍保持了当时的城市底色和空间形态。

这场大巴黎计划从城市空间的形态来看，最大特点是拓宽街道。为什么要拓宽街道呢？今天来看，其设计思想存在政治目的。

首先，美化城市有利于提高法国的国际形象。拿破仑三世能登上法国最高政治权力宝座，缘于人们对他伯父拿破仑的崇拜。但他登上权力宝座后，尤其是 1852 年由总统登上皇帝宝座后，却拿不出像样的政绩来为自己的权力增加筹码；在硬实力方面，他的军队早已不是当年拿破仑时代的军队；在经济上无论与后起的美国、德国相比，还是与老牌的英国相比，都存在差距。因此，他只有借助软实力——通过给巴黎化妆、美化巴黎来提升法国的影响，而城市的美化需要的是文化与艺术，这点恰恰是当时法国仍然保有的最有力的武器。

其次，拿破仑三世惧怕革命。从 1789 年到 1852 年法国经历了三次革命，作为自由之都的巴黎人民，在这些革命中都拿起了武器，在狭窄的街道上筑起街垒以反抗专制传统。拿破仑三世本人更是经历了后两次大革命（1830 年、1848 年），后来还经历了 1871 年巴黎公社的革命，他登上皇帝宝座后，国内矛盾尖锐，起义可能随时一触即发，国外新起的普鲁士咄咄逼人，战争迫在眉睫。在大巴黎计划中拓宽街道，一方面可以此阻止市民垒沙袋打街垒战（宽阔的街道较狭窄的街道在垒砌街道工事方面更难，且容易找到突破口），同时更便于他快速运送军队镇压起义。[①]

最后，拿破仑三世与奥斯曼男爵在个人偏好上，更喜欢宽阔笔直的大道。

香榭丽舍大街的建设思想由大巴黎建设思想决定，香榭丽舍大道是大巴黎画龙点睛、锦上添花之笔。香街的建设思想至少包括四个方面：一是让巴黎更美，这之中既带有政治目的——增强已呈衰弱趋势的法国的影响（今天称为软实力），又有拿破仑三世增加个人影响力的成分；二是这种美以巴黎的文化艺术、历史文脉为内涵；三是这种美具有皇族和贵族审美标准——带有那个时代的特征——拿破仑三世和奥斯曼都是皇族贵族；四是道路建设中的政治目的——预防革命时街垒的垒砌。

（三）香榭丽舍大街景观与文化分析

香榭丽舍大街位于巴黎西北第八区，是巴黎核心区东西向的轴心道路，处在巴黎城市的历史中轴线上。它以圆点广场为界，分成

---

① 童明：《再谈豪斯曼计划》，《南方周末》2014 年 2 月 28 日。

东西两段。东段长 700 米，是一片芳菲的都市园林，沿途绿草如茵，园林葱郁；其间点缀着喷泉、雕塑和供行人休憩的条椅，清幽宁静的氛围，仿佛远离闹市。它的西段是 1180 米长的繁华商业区①，这里店铺林立，琳琅满目，交织着熙熙攘攘的人流，展示着巴黎的时尚和优雅。街道中间，一条大道直通凯旋门，其宽度达 100 米，可同道并行 10 辆汽车。无论白昼还是夜晚，大道上都是车水马龙，喧闹不息。但这并不影响人们坐在街道两旁的咖啡座上悠然聊天，自在品茗，或漫步梧桐浓荫之下，放飞思绪，逍遥闲逛。

1. 香街命名

Champs Elysee，如果直译，可以译作"爱丽舍田园大道"。它由田园（Champs，音"尚"）和乐土（Elysees，音"爱丽舍"）二词构成。"爱丽舍"（Elysees）一词原指希腊神话中众神聚集之地，因此又被译为"天堂乐土"或"极乐世界"。"香榭丽舍"这个译名是由徐悲鸿先生在法国留学时所赐，既有古典的中国韵味，又有浪漫的西方气息。"榭"是中国古典园林建筑中建在水中的亭式景观平台，榭有架在水上的廊道与岸相连。香榭丽舍就曾是一片水乡湿地与田园的地域，而今则是一个让世人流连忘返的巨形带状空间景观平台。满街充溢着香水、咖啡、糕点香气的街道，所以可以说是名副其实的"香榭"，而街道两旁典雅的奥斯曼式建筑，被称为"丽舍"，毫不为过。

2. 香街景观要素分析

分析香街景观要素，主要由以下原素构成，即一条道路，三个广场——西为星形广场（又名戴高乐广场，中央屹立凯旋门），中为圆点广场（以此为界将香街分为东西两街），东为协和广场（有路易十五雕像、方尖碑、喷泉等）（见图 4-1），街灯、绿化带、

---

① 孙靓：《交通 景观 人——比较上海世纪大道与巴黎香榭丽舍大街》，《华中建筑》第 24 卷 2006 年第 12 期，第 122—124 页。

广告亭，道路两侧有高度整齐的新古典主义建筑，世界名牌商场、咖啡店、酒吧等。香街的东西两段风格迥异：东段侧重自然，是典型的巴黎式林荫大道，有着宁静、悠闲的特点，树木未作人工处理；西段侧重人文与经济，是商业与文化合一的大街，绿化树木——法国梧桐统一修剪成正方形。

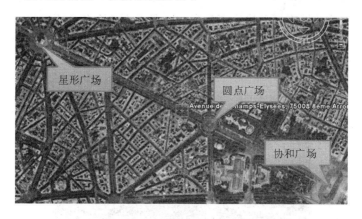

图 4 - 1　香榭丽舍大街平面图

资料来源：http：//image. baidu. com/search。

这里我们从色彩、广场、建筑、道路附属物、绿化、商业经营点等几个方面来分析香街景观的法兰西历史文化特色。

（1）色彩。香街色彩以淡雅的黄色与庄重的铅灰色为基调，这与整个大巴黎城市底色一致。但香街比巴黎其他道路的绿色更浓。原因是香街的绿化更多，它本就脱胎于皇家的林荫道。淡雅的乳黄与庄重的铅灰是大巴黎城市的底色，这一点巴黎与布拉格、克拉科夫、维也纳、罗马等欧洲其他城市是不同的。罗马和布拉格老城区是联合国确定的世界文化遗产，它们的房顶是红的，建筑立面是黄的，因此红黄是这两座城市的底色；维也纳老城区也有特点，它的建筑房顶色彩有绿色、红色、灰色等，但建筑的立面几乎统一为淡雅的黄色，城市底色似更复杂；克拉科夫作为中世纪波兰的首都，也是世界文化遗产，但这个城市的建筑立面是红黄二色交杂的，房顶则是灰、红、黄、蓝等多类色彩。但巴黎不是这样，它的城市建筑统一为庄重的铅灰屋顶、淡雅的黄墙（见图 4 - 2、图 4 - 3）。香街的道路与巴黎其他城市道路的不同点在于，随着汽车文明的兴起，巴黎的许多道路都由石砌改而铺装沥青，但香街却仍然保持着用方形的灰色小石块铺砌，这样，香街的色彩就形成了道路两侧建筑屋顶的灰色与道路灰色的呼应，在视觉上使人产生共鸣。巴黎的城市底色决定了香街的色彩，而这个色彩无疑是法兰西民族崇尚的，具有法国文化特色的。

图 4 - 2　巴黎城市建筑的色彩

资料来源：作者自拍于 2011 年夏。

图 4 - 3　塞纳河畔的巴黎市政厅

资料来源：作者自拍于 2011 年夏。

（2）广场。香街是把三个广场连接为一体的城市带形空间。三个广场分别是星形广场（戴高乐广场）、圆点广场、协和广场。三个广场各有特点：协和广场具有皇家园林风格，最初因立有路易十五雕像名叫路易十五广场，法国大革命时期被改名为"革命广场"，1795年将其更名为"协和广场"。协和广场是法国大革命的象征，从1793年到1794年，在大革命最激烈的时期，这里先后有数以千计的人被处死，包括路易十六及其皇后，以及雅各宾派的领袖罗伯斯庇尔等。广场上的方尖碑源自埃及卢克索神庙，是埃及总督1831年送给法国的礼物。广场上的雕塑喷泉具有皇家风范，有新古典主义特点，至今中国城市的许多欧式楼盘门前的喷泉均取自协和广场的喷泉形状（这也是凡尔赛宫廷喷泉的基本形态）（见图4-4）。圆点广场将东、西香街分界，其周边的林荫道均用灰白色的碎石铺垫。星形广场既有现代大都市的气场（具有疏解交通的现代城市功能），又蕴含着法兰西民族的骄傲——广场中心高耸的凯旋门，为纪念拿破仑大军在奥斯特利茨战胜俄奥联军而建，凯旋门内的展厅中，记录着法兰西近代历史上约百次战役中取得的胜利的图文（见图4-5）。

图4-4　协和广场上的喷泉与方尖碑

资料来源：作者自拍于2011年夏。

（3）建筑。香街两边的建筑物统一为新古典主义建筑风格。

图 4 – 5　圆点广场上具有皇家装饰气派的灯饰立柱

资料来源：作者自拍于 2011 年夏。

巴黎作为新古典主义的中心，不仅兴建了一批新古典主义建筑的经典，如万神庙、凯旋门等，而且借助大巴黎改造，推进到普遍的城市街道建筑中，这种建筑美化了城市街道景观，尤其是香街的美丽景观，把这种建筑风格传到世界各地（包括其殖民地），从而在建筑文化上发挥法国"文化超级大国"的世界影响力。

（4）道路附属设施。道路附属设施包括街灯、广告柱、垃圾箱等，它们属于城市道路的"细节"部分。虽然不抢眼，但如果处理不当就会大失风格，成为城市道路景观的"败笔"。这好比不同风格的服装需有与之相对应的纽扣相配，设计精当就会为服装之美添彩，反之就会有失大体。香街作为法兰西第一大道，对上述所有"细节"是非常重视的。不仅色彩与周边呼应协调，而且造型也具有独特风味。街灯的尖顶与奥斯曼式的房屋建筑尖顶互相呼应；隔离桩形状与街灯形态相融；垃圾箱、广告栏，不仅包括了本身的功能，还充分发挥着其景观功能，成为香街富有魅力的一道风景。如图 4 – 6、图 4 – 7 所示，广告柱和报刊亭的穹隆顶造型与街道两旁房屋建筑的屋顶风格相类，色彩与周边的树相融，使人看去，是这个街道的不可分割的有机组成部分。

（5）绿化。香街的雏形就是林荫道。在第二帝国时期大巴黎

图 4 - 6　香街行道旁边的广告柱

资料来源：作者自拍于 2011 年夏。

图 4 - 7　香街道路旁边的亭式广告栏

资料来源：作者自拍于 2011 年夏。

扩建时，种植了悬铃木（法国梧桐）进行道路绿化（也是巴黎的绿化树）。应当说，当初选择这一树种作为巴黎绿化树是颇有见地的。因为夏天浓郁的树荫足以抵挡巴黎不太炎热的气候（巴黎最高气温一般不会超过摄氏35℃）；冬天，它树叶全掉光，又让巴黎市可以享受温暖的阳光。但香街夹道的梧桐还自有其特色：在西段，树冠被修剪成方形，与西端星形广场上方形的凯旋门、街道两侧的方形建筑形成形态上的对应关系（见图4-8）；东段树枝不作特意修剪，自然生长，道路以碎石铺就，间有草坪散布其间（见图4-9）。这样的绿化使香街有了两种截然不同的风格：西边熙熙攘攘，人来车往，繁华喧嚣，商业繁荣；东边宁静清新，田园风情，鸟语花香！

图4-8　香街西段的绿化

资料来源：作者自拍于2011年夏。

图4-9　香街东边的道路绿化

资料来源：作者自拍于2011年夏。

（6）商业经营点。香街吸引了世界所有最著名的商品品牌入驻。从路易·威登（Louis Vuitton）到星巴克（Star Bucks），从皮尔·卡丹（Pierre Cardin）到范思哲（Versace），从梅赛德斯－奔驰（Mercedes－Benz）到雪铁龙（Citroën），从百代电影公司（PATHE）到米高梅（MGM），从马克西姆（Maxim's）到富格（Fouquet's），从丽都（Lido）到好莱坞星球（Planet Hollywood）……因此，它是一条时尚之街。

3. 香街文化分析

如果真正踏入香榭丽舍大街，许多国人一定会深感这条大街色彩的鲜艳、建筑的豪华、绿化的瑰丽大约远远不及中国城市如深圳、上海，甚至不及国内一般省会城市的景观大道。但香街却是被世界认同的、享誉全球的、闻名遐迩的世界级大道。其人气、名气、财气和艺术文化之气在中国城市街道中很难找到与其比肩的。这缘于香街的美不仅仅在形式上，而且在于它汇集了法国的历史文化、特色景观，并引领世界商业时尚等综合因素。所以，香榭丽舍大街是法兰西历史文化之街，是法兰西第一景观大道，是世界顶级的商业时尚之街。

（1）历史文化之街。说香街是法兰西历史文化之街，是因为这条大街上浓缩了法兰西重要的历史文化遗迹。香街不仅有深厚的历史文脉，还有丰富的人文底蕴。从历史文脉来讲，香街出身"贵族"——它由凡尔赛宫的风景设计师勒·诺特（Le Notre）于17世纪中叶设计，300多年来，从协和广场上的方尖碑，到星形广场上的凯旋门，上演了无数影响法兰西、欧洲乃至世界的人间悲喜剧！香榭丽舍一侧，大宫和小宫留下了法国曾经有过的荣华富贵。从政治文化来说，香榭的起点协和广场是法兰西革命的起点，它的大气美观蕴含着法兰西昨天动人心弦的故事——国王路易十六及家人在这里断头，丹东、罗伯斯庇尔在这里领死，高耸的方尖碑喻示着法兰西曾有征服埃及的荣耀，美丽的喷泉雕塑显示着皇家园林的典雅高贵；香街的终点——星形广场是法兰西革命的胜利节点，为纪念奥斯特利茨战役的胜利而修建的凯旋门屹立广场中央，俄奥联军在奥斯特里茨战役的失败，宣告了西方封建君主国反法同盟的失败，同时也巩固了法国资产阶级革命的胜利，走完香街，就基本阅读完了法国大革命的历史。从人文底蕴来看，香街流传着数不胜数的人文故事，无论是维克多·雨果还是德·巴尔扎克，无论是大仲马还是小仲马，无论是爱弥尔·左拉还是居伊·德·莫泊桑，你都可以从他们的作品中读到对香街雍容、高雅、富贵、繁华的描写，以及他们在这里留下的传说、故事；……

（2）世界级景观大道。说香街是世界级景观大道、法兰西第一景观大道，是因为香街的景观打造既有世界通行的美学标准与街景艺术标准，又具有法国独有的景观特征。从世界通行的道路标准来看：香街的点、线、面符合视觉审美要求，同时香街东段的田园式绿化容摄了英国自然风景式园林风格；说它具有法国人审美与艺术标准来看，香街的色彩、建筑空间形态与立面、路灯形制、广告柱等无疑都有法国风味。

（3）世界顶级的商业时尚之街。说香街是世界顶级的商业时尚之街，是因为香街吸引了全世界最时尚的消费品牌纷纷入驻，引领了世界时装及化妆消费的趋势。它的商业段的橱窗里各类品牌耀眼闪亮，如前所述，所有世界著名的品牌一应群聚香街。入夜之时，这里霓虹闪闪，灯火通明，熙熙攘攘的人群之众更胜白昼……

这样，香街就把历史文化、景观欣赏与时尚消费融为一线，使人们或者在进行时尚消费时读到了法国的艺术与文化，或者在欣赏大道美景、品味法国的历史文脉时也顺便参与了对时尚商品的消费，即获得了精神文化与商业经济的双向发展、良性互动！

人们说法国人有"三漫"：浪漫、傲慢和散漫，如果说法国人的"浪漫"可以在充满风情的塞纳河两岸的绚丽景观上体现，"散漫"表现在法国人对待生活的态度上，那么，人们可以从香街的景观上发现法国人的"傲慢"——被人们称为"巴黎之魂"的香榭丽舍大街是法国历史文化和法兰西民族性格的城市带形空间景观展示。[①]

二 美国华盛顿林荫大道

如果有一个国家以一个城市的规划来反映其政治文化，那么这个国家与城市就是美国的华盛顿；如果有一个城市以它的景观大道来公开宣示它的国家的意识形态，那么这条景观大道就是华盛顿林荫大道。

（一）华盛顿林荫大道历史

要讲华盛顿林荫大道的历史，就得讲华盛顿的历史。美国首都华盛顿，全称"华盛顿哥伦比亚特区"（Washington D. C.），是美国的政治和文化中心。华盛顿于1790年被定为首都，1791年聘请法国工程师皮埃尔·夏尔·朗方（Pierre Charles L'Enfant）对城市进行规划。朗方于当年1月初接受华盛顿总统聘请着手规划，至8月就完成。朗方具有强烈的资产阶级革命情结，他于1777年与法国的其他志愿者来到美国，支援美国的独立战争，得到华盛顿的赏识，成为其朋友。作为法国的建筑规划师，他对华盛顿的规划不免带有巴黎城市规划的影响：一方面，城市道路如巴黎般以国会大厦为中心形成放射形扩散的特点；另一方面，华盛顿的城市规划具有强烈的政治文化内涵。以国会大厦为轴心，第一条向西至林肯纪念堂为华盛顿林荫大道；第二条向西北至白宫是宾夕法尼亚林荫大道；第三条从白宫到华盛顿纪念碑乃宪法大道。由此形成的三条轴线与三个顶角象征着这个国家是建立在三权鼎立的基础之上的。在三条大道形成的三角区内又构成了城市的"联邦三角建筑群"，其中包括联邦政府机构、国家档案馆、泛美联盟、国家博物馆以及国家美术馆等。最初的华盛顿林荫大道就处于一个"L"形，其中L顶部为白宫，右角为国会大厦，处于90度直角的尖角部分为华盛

---

① 谢怀建：《论城市道路景观建设的文化自信》，《同济大学学报》（社会科学版）2012年第2期，第40—48页。

顿纪念碑（见图4-10）。

图4-10　朗方规划的华盛顿林荫大道平面图

资料来源：http://image.baidu.com/search。

1871年，为了防止波托马克河对华盛顿城市的水力侵蚀，由亚历山大·希普赫德主持的华盛顿城市建设，对波托马克河沿岸进行了坡岸修筑，并填平了部分河滩，城市用地得到扩充，使后来的杰弗逊纪念堂得以建设，也从而使华盛顿林荫大道的基本格局由原来的"L"形变为"十"字形（见图4-11）。

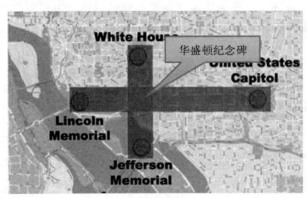

图4-11　今日华盛顿林荫大道平面图

资料来源：http://image.baidu.com/search。

（二）华盛顿林荫大道的设计思想

在原来朗方的华盛顿城市规划中，从国会大厦到白宫这一地带，"延伸出一条122米宽的林荫大道，直达波托马克河，两旁遍栽树木和鲜花，树木与鲜花丛中散布着各种学术机构、博物馆和游乐园"①，没有什么景观设计。但国会大厦与白宫两座"凛然不可侵犯"的建筑各处一方，使一些当时在美国具有影响力的人，如首任史密森学会的秘书长约瑟夫·亨利（Joseph Henry）等人，注意到这几个并置物间构成的异常街景，因此想要设计一个新的方案来减少不一致性。

唐宁（A. J. Dawning）作为当时美国著名的景观设计师，受到当时美国总统米勒德·菲尔莫尔（Millard Fillmore）的委托，对这条带形空间进行景观设计。他在考察了欧洲之后，用了三个月的时间完成了设计方案。他对华盛顿林荫大道的景观设计思想主要考虑三方面：一是可以成为美国首都的一种装饰；二是提供一个景观园林的自然主义风格的范例，以影响整个国家的整体风格；三是建成一个在华盛顿地区气候条件下适宜生长的所有树种的集合，通过给这些树配挂通用的科学树名，形成一个树木和灌木的公共自然博物馆。② 这三个方面的考虑，从哲学的角度来分析，主要包括了两方面的价值观：一是国家的价值取向（"美国首都的装饰"——装饰要体现其外在形态背后的内涵价值）；二是自然生态景观价值取向。

（三）今天的华盛顿林荫大道景观文化分析

以空间形态来表达政治内涵是华盛顿城市空间的最大特点之一。正如华盛顿城市格局蕴含着美国社会的政治思想与文化价值一样，如今的华盛顿林荫大道，经过 140 多年的完善与建设，其景观形态融入了更丰富的意识形态内涵。从某种意义上说，华盛顿林荫大道是用空间景观语言，向世界宣告着美国的主流思想价值。首先，它业已形成的拉丁十字结构格局，有一种通过城市空间布局来

---

① 徐斌、李鹏：《世界名街》，长春出版社 2012 年版，第 192 页。

② 蒋淑君：《美国近现代景观园林的风格创造者——唐宁》，《中国园林》第 19 卷 2003 年第 4 期，第 4—9 页。

表达"上帝保佑美国"的隐喻；其次，华盛顿林荫大道用景观形态和空间语言，向世界宣告着美国的主流思想价值内涵。华盛顿林荫大道的核心景观是华盛顿纪念碑，它的东面是国会山，分别有国会大厦和联邦最高法院；西面是提出"民有、民治、民享"的美国第十六任总统林肯的纪念堂；北面是国家行政中心白宫；南面是《独立宣言》的起草人，以"人生而平等且独立自主"为政治理念的总统杰弗逊的纪念堂。这种景观形态至少表达了四种景观文化内涵：一是用城市空间景观语言告诉人们，美国是一个三权分立的国家。居中心地域的是华盛顿纪念碑，华盛顿是美国的开国总统，他主持制定并通过的世界第一部资产阶级成文宪法《美国宪法》，确立了美国政体为三权分立：行政、司法、立法相互制衡，体现了民主、平等、博爱精神，因此，地处中心地位的华盛顿纪念碑，以景观的空间形态表达了美国精神文化的核心价值。二是美国是一个承袭西方文化的国家。华盛顿纪念碑造型为方尖碑，方尖碑源于埃及，它模拟太阳金色的光芒而创作，是古埃及太阳神"拉"（或称"拉蒙"）的化身，具有崇高的意义，正如希腊神话中的太阳神阿波罗同样是英雄的化身一样。今天，从圣彼得大教堂到圣母百花大教堂，从协和广场到万神殿，从布宜诺斯艾利斯到莫斯科，各处都矗立着代表着宗教意义、政治纪念意义和美学意义的方尖碑，从某种意义上讲，方尖碑作为一个符号，是西方文明的一种表征。华盛顿纪念碑高达169米，坐落在从国会山到林肯纪念堂的东西中轴线上，是世界最高、最大的方尖碑，也是哥伦比亚特区的最高建筑，这不仅彰显着美国的国力是西方国家最强盛的，更隐喻着"美国是集西方文化的大成者"，方尖碑景观的崇高，隐喻着以美国为首的西方国家所推崇的政治文化价值的"崇高"。三是道路景观的意识形态性。靠华盛顿林荫大道东头的国会大厦所在地地势最高，其房屋建筑也最高，这是用建筑语言告诉人们，国会是国家的最高权力机构；西边的林肯纪念堂周边分别排列着：二战纪念碑（2004年）——以"自由墙"的形式展示，韩战纪念碑（1955年）——有"自由是要付出代价的"（Freedom is not free）题词和碑体呈 V 形（分别指向林肯纪念堂和华盛顿纪念碑）好像"地球被战争砍了一刀"的越战纪念碑（1982 年），它们都表现出美国强烈的意识形态性。四是道路的生态文化性。华盛顿林荫大道从它开始规划建设那天起，它的设计者唐宁就确立了它的周边绿化植物是"在华盛顿地区气候条件下适宜生长的所有树种的集合……形成一个树木和灌木的公共自然博物馆"，因此华盛顿林荫大道没有更多的价格昂贵的非本地树种，它的绿化是仿自然的生态景观绿化。林荫大道周边的"联邦三角"建筑群，包括联邦政府机构以及国家美术馆、国家档案馆、泛美联盟、史密森国家博物馆和联邦储备大厦等，都深深蕴含着美国文化价值。如果要进行青少年的爱国主义教育、生态教育，无须多说，只要带他们多走几趟华盛顿林荫大道，其中强烈的环境气氛产生的教育效果，一切都在不言中了。

综上所述，我们可以这样说，华盛顿林荫大道景观背后蕴含着典型的美国文化价值，这条纵横呈十字形的城市带形空间，是美国文化的景观形态表达。所以有人说，到了美国不到华盛顿林荫大道，就等于没到美国。

第二节　生态文化与国外新型道路绿化景观

工业文明以来的近 300 年历史中，科学技术突飞猛进，生产发展一日千里，物质产品得到了极大丰富。但传统工业文明所依赖的自然资源日趋枯竭，人类生存的环境越来越不能承担这种高污染、高消耗的人类发展方式。人类面临的生存危机和面对的生态灾难唤起了人类珍爱自然、保护环境的生态觉醒和生态道德良知，并开始反思自己的行为。生态文化的形成，总体上经历了生态文学（培养情感）、生态哲学（强化伦理）到生态政治（推动政府）这样一个过程。这个过程中生态道路的建设也经历了一个从低级向高级的发展过程。

一　生态文明的兴起及其对道路景观的影响

道路的生态建设受到生态思想文化的影响。而生态思想在西方的形成，大致经历了一个从生态文学到生态伦理，再到生态政治的发展过程。

（一）西方发达国家早期生态文学及其影响

尽管大规模的生态文化运动发端于 20 世纪 60 年代，但近代西方社会思潮也有生态文化的基础。西方近代的生态文化意识萌芽于英美等国家的一些带有强烈自然生态情感欣赏的文学描写。英国工业革命时期的吉尔伯特·怀特（Gilbert White，1720—1793）被认为是近代欧洲生态思想的前辈。早在 1789 年他就以书信体的形式发表了《塞耳彭自然史》，反映出作者对自然生态环境变化的忧思。在怀特的影响下，半个多世纪之后，1854 年，美国的亨利·戴维·梭罗（Henry David Thoreau，1817—1862）的《瓦尔登湖》问世。无论是怀特还是梭罗，他们对自然的热爱，对大自然的亲切描写都在工业文明时期产生了很大的影响。"呵护环境的生态思想马上在美国得到广泛的传播，以至于在欧美世界形成一种强烈的呵护环境、热爱自然的生态意识。"①

（二）生态伦理的形成及其影响

20 世纪以后，由于工业革命的深化，欧美许多国家的生态环境遭到破坏，现实的环境问题使西方社会的生态意识从文学情怀转向了伦理精神。1933 年，奥尔多·利奥波德（Aldo Leopold，1887—1948）与罗伯特·马歇尔（Robert Marshall，1901—1939）创建了美国荒野学会，宗旨是保护被侵害和被污染的荒野大地以及荒野上的自由生命。作为美国享有国际声誉的科学家和环境保护主义者，利奥波德被称作美国新保护活动的"先知""美国新环境理论的创始

---

① 于文杰：《论西方生态思想演进的历史形态》，《史学月刊》2010 年第 11 期，第 103—110 页。

者"，同时他更是一个敏锐的思想家，一个造诣极深的文学巨匠。1949 年利奥波德的《沙乡年鉴》出版，该书是自然随笔和哲学论文集，是土地生态伦理学的开山之作，其中对以往道路工程施工中大开大挖的现象造成了强烈的冲击。继承利奥波德环境伦理学的是霍尔姆斯·罗尔斯顿（Holmes Rolston，1933—　），他被誉为环境伦理学之父。罗尔斯顿对自然生态的热爱"一改当时流行的非人类自然没有价值的观点"，他说："生命的意义的确部分在于它的自然性，可我们却忘记了自然。在这一点上我们是需要做出自我批评的。"①他的《哲学走向荒野》（1986 年）、《环境伦理学》（1988 年）奠定了环境伦理学的基础，对美欧社会产生了十分重要的影响，使尊重自然、爱护环境成为今天欧美学校教育的普遍道德规范。

（三）生态政治对西方社会的影响

如果说生态文学唤醒了西方社会对自然生态的情感，生态伦理奠定了西方社会对生态环境的行为规范基础，那么20 世纪60 年代的生态运动，就从政治的角度开始规范了社会的发展方向，为后来的生态建设主张获得社会的广泛支持奠定了群众基础。这场运动以雷切尔·卡逊（Rachel Carson）《寂静的春天》（*Silent Spring*）为发端，在 30 年的时间里，前后出现了受罗马俱乐部（Club of Rome）委托美国麻省理工学院丹尼斯·米都斯（Dennis L. Meadows）领导的4 位科学家提交的研究报告，即《增长的极限》（*Limits to Growth*）；1980年后，罗马俱乐部主席奥尔利欧·佩奇（Orlio Paige）对未来的见解《世界的未来，关于未来一百页》（*100 Pages pour L'avenir*）；至 1992年，联合国环境与发展大会通过了《里约环境与发展宣言》，通过了《21 世纪议程》《关于森林问题的原则声明》，至此，可持续发展、生态文明和生态文化成为全球共识。世界各国的绿色政治团体与党派纷纷成立：塔斯马尼亚团结组织（United Tasmania Group，澳大利

---

① ［美］霍尔姆斯·罗尔斯顿：《哲学走向荒野》，刘耳、叶平译，吉林人民出版社2000 年版，第 9 页。

亚，1972 年）、价值党（Values Party，新西兰，1972 年）、生态党
（Ecology Party，英国，1973 年）、德国绿党（Die Grünen，德国，
1980 年），等等，对国际政治产生了很大的影响。生态文明的发展给人
类带来了全新的思想观念，在生活方式、生产方式、审美标准以及社
会建设等方面都带来了深刻的影响。生态文化对道路建设的影响非同
小可，意义重大。可以这样说，欧美的道路生态建设是在生态文化大
背景影响下推进的，道路的生态建设与道路的生态景观已开始为人们
所接受，其相关的美学思想与标准，道路建设技术已初露端倪。

二　初期的生态道路形成

论及欧美的道路景观建设，离不开欧美的园林建设。在人们的
心目中，欧洲的园林是以理性为基础的工整式园林。其代表是巴黎
的凡尔赛宫园林、维也纳的皇家夏宫园林以及埃斯特别墅（又名白
泉宫）等。这种规则式园林的主要特点是，以几何图案形成色彩对
比，中轴对称或规则式建筑布局为特色，辅以花岗岩、大理石等石
材的雕塑，设有水池与喷泉，将花木按人的要求进行整形，从而构
成具有形式美学意义的园林风格。但必须注意的是，欧洲园林有三
大派别，其中英国的园林是自然风景园林，即借助田园风情的园林，
这种 18 世纪以后在英国发展起来的风景园林，以开阔的草地、自然
分布的树丛、蜿蜒溪流与小径为特色。英国园林的独特风格源于内
外两方面原因。从外因来说，有学者认为是受了中国园林模仿自然
的影响。如格林威治大学园艺史学家景观系教师汤姆·特纳（Tom
Turner）在《世界园林史》中认为，英国园林受了中国影响。他说：
"关于中国园林知识是 18 世纪传到欧洲的。这个时期，在英国的领
导下，欧洲园林开始与之前 2000 年来中国一直建造的园林变得相
似。"① 从内因来说，英国式风景园林产生于大不列颠潮湿多雾的

---

① ［英］汤姆·特纳：《世界园林史》，林箐等译，中国林业出版社 2011 年版，第
6 页。

气候环境下，产生于大规模的资本主义生产方式造成的庞大的城市中产生的拥塞背景下，这种环境促使人们追求开朗、明快的自然风景。英国式园林与园外环境融为一体，又便于利用原始地形和乡土植物，所以被各国广泛地用于城市公园，对欧美城市道路景观的打造产生了重要影响。前文所提的华盛顿林荫道的设计者唐宁，就受到他的法国园林老师昆西（A. C. Quatremere de Quincy）和英国园林老师约翰·克劳狄斯·劳登（John Claudius Loudon, 1783—1843）的影响，所以华盛顿林荫大道的景观是一种英式与法式道路园林景观的结合，在景观的设计打造上，有法国凡尔赛宫园林的影子，在树林树种的选择上，遵循的是英国式自然园林——选择所有适合在华盛顿地区生长的美洲树木精心种植。

（一）早期的道路生态景观注重将植被引入道路建设之中

最初的古罗马大道，是没有道路绿化的，不仅如此，当时的罗马人修道路，道路两旁如果有树木植被是要一律砍伐的。"罗马大道的第二个特色是，在铺石头的道路两旁严禁种树。如果有树则一律砍倒。"① 后来为了防止太阳暴晒，许多地方在道路两旁种植了树木。香榭丽舍大街的雏形是一条林荫道，但那是皇家园林的林荫道，而非城市道路意义上的林荫道。真正大规模地在道路两旁引入树木植被，则是在工业革命使城市规模扩大，环境变得不尽如人意之后。而这恰恰缘于人们对自然的热爱与向往。这与西方生态文学中唤醒人类对自然的情感有关。如果到欧洲旅游，不难发现，古老的石板道路两旁一般是没有树木的，而只有近代汽车文明兴起的道路两旁才有行道树，这恰恰说明了现代工业产生的污染唤醒了人们对清新自然的向往。在生态文学的引领下，人们产生了亲近自然的情感，而将自然植被引入道路两侧也就小小地满足了人们的这种情感。虽然这个时候的道路绿化是将其作为园林绿化的一个部分来对

---

① ［日］盐野七生：《罗马人的故事　条条大路通罗马》，韦平和译，中信出版社2012年版，第29页。

待的，而非专门针对道路特点来进行的，但由于行道树具有调节气候、消解尘埃的作用，因此，这姑且可以算作有生态意义的道路。这一时期，美国开始出现了一些驾车或骑马进入原生荒野的人们，一些自然生态良好、风景优美的景观道路开始呈现出来，如布隆克斯河公园道（Bronx River Parkway）、索米尔河公园道（Saw Mill River Parkway）、哈钦森河公园道（Hutchinson River Parkway）以及十字架公园道（Cross County Parkway）等，这些道路都是具有生态、游憩、美学意义的道路，也是美国风景道的雏形。

（二）生态伦理推动的道路生态建设——注重将道路融入自然生态环境之中

20世纪30—60年代，美国、西欧国家先后实现汽车大众化，在热爱自然、"走向荒野"的思想情感支配下，促使人们驾车远离喧嚣的城市走向大自然，这就促使道路设计者与建设者将道路朝着自然环境优美和富有景观特色的地方延伸。最初的道路修筑是大开大挖，导致了景观的破坏，这引起了自然生态环境保护者的反对。在不断修改的规划与道路建设中，道路便开始修得越来越与自然融为一体了。最先实现汽车文明国家的美国，于1936年修建了蓝岭公园风景道路（又译蓝岭公园道，Blue Ridge Parkway）。蓝岭公园风景道路在世界上最先提出了风景道（Parkway）概念。从那以后，在美国以及欧洲一些国家开始有组织、有规划地设计通向自然生态风景优美的道路。这些道路的共同特点有二：一是注重道路选线的景观性，即道路选线不以道路到达目的地的远近为导向，而以道路经过的自然生态景观为导向；二是注重融入自然，即道路的修建不以破坏自然生态为代价。显然道路的修建已不局限于实现物流，更在于满足路人欣赏自然生态与风景。① 在亲近自然、追逐原生生态景观的潮流兴起的大时代背景下，美欧兴起野外游憩热潮，旅游目

_____

① 余青、樊欣等：《国外风景道的理论与实践》，《旅游学刊》2006年第5期，第91—95页。

的地已不是重要的内容，车行道路、欣赏道路景观的行程本身却成
了旅游本身的主要意义。这大大促进了这种融入自然的、具有生态
意义的风景道路的发展。这些生态景观道路在美欧国家已呈现规
模，数量较多。以美国为例，如序言中所提到的，至 2009 年，泛
美风景道已达 37 条，国家风景道 170 条，算上全美国 50 个州的州
级风景道，整个美国国家风景道体系里程已达到了 24548 英里。①

在美欧众多的风景道路中，我们只举其中的蓝岭公园道与浪漫
之路两条较为有名的道路来分析其生态景观内容。

1. 蓝岭公园道

蓝岭公园道是美国著名的风景路。起点为弗吉尼亚州的谢南多
厄国家公园（Skyline Drive），止点为北卡罗来纳州的大雾山脉国
家公园（Great Smork Mountain National Park），全长约 469 英里。
蓝岭公园道尽管动工兴建于 1936 年的罗斯福新政时期，但是，从
规划、设计、施工都兼顾了景观、生态与交通功能，其生态意义与
景观意义具有同样重要的作用。这条路有着 "America's Favorite
Drive"（美国最受喜爱的驱动器）的美誉，位列全美国家公园道路
访问人数最多的前 10 名。道路环绕山峦，风景优美，时而深入幽
谷，时而盘旋山腰，穿越山川，曲折蜿蜒，河流、沼泽、平原，风
景一路不同，在这条路上驾车旅行，幽谷有清泉叮咚，山间有风拍
松涛，林间有鸟语蝉鸣，峰峦有山鹰盘旋，天空有彩虹祥云，深谷
有岫岚升腾，云海漫涌山岭，霞光洒遍山峦，野花开满山冈，开车
不再是一种负担，而真正成了旅行本身的重要部分。

蓝岭公园道从生态建设角度而言，是它在建设之时，高度重视
了野生动物生境的保护，在山谷穿行时，一般不砍伐山坡植被，不
对山体进行土石方的大量切割、开挖，而是以高架桥的方式腾空越
过。在溪谷通行时，也尽量以桥梁形式飞架溪谷之上，这就有些类

---

① 《国外风景道体系研究》，中国公路网，http：//www.chinahighway. com/news/
2011/481977. php。

似古代中国的栈道，不同之处在于，中国古代栈道更多是迫于生产力和技术原因而无法大规模开凿，而蓝岭公园道完全是为了保护景观的自然性，它们共同的特点是较好地保护了原生态，在开拓交通空间时，不对环境进行重大改变。就景观而言，它选择线路更侧重自然景观与人文景观相结合，使人们在旅行过程中可大饱自然生态景观的眼福，同时也可获得相应的美国乡村文化知识。就旅游服务而言，它专门开设了服务网络（www. blueridgeparkway. org/），上面可以查到旅游者需要的绝大多数项目，如蓝岭公园道路的线路地图，沿途各个景点（包括自然生态景观与美国乡村文化点）、hiking 线路（徒步旅行线路）、露营野餐点（都以里程数标注）在地图上。由于景观美，道路路域自然生态保护良好，因此前来旅游的人很多，据说每年"超过了 2000 万人"①。

蓝岭公园道是如何在道路修建过程中减少对生态环境的破坏的呢？我们可以从以下几幅图片中看到。如图 4 - 12 蓝岭公园道中飞架山间的高架桥，如同现代栈道，使道路融入自然，保护了野生动植物的生境；图 4 - 13 穿过山腰的道路如同现代栈道一般轻盈地从天上飘下，落在山间，而图 4 - 14 则呈现出高架桥施工情况。

蓝岭公园道的成功，在于它将生态、商业、文化有机地融合为一体，在工程中，对沿线岩石进行了安全性清理，进行了控制水力侵蚀的处理，抢救并修复了历史建筑，对道路进行了细分标志（如车行与徒步线路的细分），全部道路都设立了里程标志，沿途都建设了停车点，观景平台、博物馆、自游步道系统与周边景点相连，沿线修建了方便的公用设施、游客中心、野营设施、户外游憩设施，同时还设计了这条道路的 Logo（见图 4 - 15）。

蓝岭公园道的各种修建技巧等都较充分满足了进入现代工业文明后，美国人在生态文学情感的感召和生态伦理思想的影响下，走

---

① 余青、樊欣等：《国外风景道的理论与实践》，《旅游学刊》2006 年第 5 期，第 91—95 页。

图 4 - 12　蓝岭公园道中飞架山间的高架桥

资料来源：http：//www. blueridgeparkway. org/。

图 4 - 13　蓝岭公园道

资料来源：http：//www. blueridgeparkway. org/。

图 4 - 14　蓝岭公园道的施工现场

资料来源：http：//www. blueridgeparkway. org/。

进荒野，亲近自然的生理与心理的需求。

图 4 - 15　蓝岭公园道 Logo

资料来源：http：//www. blueridgeparkway. org/。

2. 德国浪漫之路

德国浪漫之路位于德国南部的法兰克福和慕尼黑之间，总长大约 350 多公里，但重点是在罗滕堡和新天鹅城堡地区，是 20 世纪 50 年代一条沿着中世纪的贸易路线开拓出来的道路。在道路开拓中，很好地保留了中世纪城堡的建筑风格和那时乡村的基本风情以及自然生态风貌。道路蜿蜒穿过了美茵河谷、神秘的巴伐利亚森林和阿尔卑斯的崇山峻岭，道路连接着一个又一个如翡翠般的湖泊、清澈的河流、绿茵茵的葡萄园和一个接一个中世纪留下来的坚固城堡，还有如画的原生态乡村、砖木结构的房子、流传着美丽历史故事的酒店。[①]

在这条道路中最为吸引人的是罗滕堡至新天鹅城堡一段。这里人烟稀少，保留着中世纪原生态的历史文化遗迹和自然生态风貌，以及丰富的历史景点——包括宫殿和德国最好的巴洛克风格的花园；在南部的阿尔卑斯山脚下，则是保存完好的路德维希二世设计的童话般的新天鹅城堡。除了众多的城堡，罗伊特地区壮观的自然山景、森林，为喜爱自然、爱好滑雪和登山的人们提供了最佳的去处。在那些密林中，分布着一些疏林与开阔的草地，喜爱自然的旅人能轻易找到一个适合自己的舒适之地，享受和煦的阳光、漫山的鲜花，倾听鸟鸣啁啾、风拍林涛（见图 4 - 16、图 4 - 17）。

————————

① *Romantic Road*，http：//en. wikipedia. org/wiki/Romantic_ Road.

图 4 - 16　德国浪漫之路路域

资料来源：http://bizhi. sogou. com/detail/info/57872。

图 4 - 17　德国浪漫之路路域经过的小镇

资料来源：http://image. baidu. com/search。

三　生态哲学与生态政治推动下的道路生态建设

　　生态哲学与生态政治推动了道路的生态建设，促使道路的生态景观文化形成完整的文化形态——生态道路建设思想、生态道路制度规范、生态旅游（属行为文化）与道路的生态科学。

　　生态道路的建设经历了从情感、伦理、哲学思想到政策、法规，最终到技术发展的过程。如果说风景道路的建设与保护主要是从景观（包括自然生态景观与人文景观）角度来开展，以满足人们对大自然的情感与伦理规范的话，那么，以生态政治运动形成的政治氛围为约束，以生态哲学为指导思想，以风景道路建设的实践为基础，以生态环境保护法律为规范的道路生态学科的形成，则开始于 20 世纪 70 年代以后。今天，交通领域一种全新的科学技术——道路生态学在欧、美、日等发达国家得到了迅速的发展。

（一）道路生态学的兴起与形成，是在一系列道路法规与政策导向下推动的

如前所述，道路生态学的渊源可以追溯到最早的风景道路建设。最早对风景道路的建设是为满足人们走近自然的生态情感，并没有相关的法规约束和导向。如美国的蓝岭公园道就始建于 1936 年。由于美国的汽车文明比欧洲早，所以美国的风景道的建设也比欧洲早。但随着道路建设规模的扩大，人们对风景道的自然生态和人文生态环境有了新的要求，不希望因道路的修建而破坏了环境，所以，从某种意义上说，风景道路的发展，催生了道路生态学的发展。

道路生态学形成于 21 世纪初。此前数十年的风景路建设，积累了大量的实践经验。以美国为例，从 20 世纪 30 年代开始建设风景道路以来，发展很好。于是美欧发达国家开始有意识地规划发展景观道路，至 60 年代，为了推动风景道路的有序发展，美国政府和社会组织出台了一系列发展风景道路的法律规范，使风景道路得到了迅速的发展。从 60 年代到 90 年代，美国先后出台了十多个有关风景道规范发展的文件与法规。如，1964 年，美国的休闲顾问理事会建议制订一个国家风景路和公园道的计划，首次提出了发展风景道的建议。1966 年 7 月，美国商业部在国会的委托下，完成了第一份发展风景路和公园道建议报告。1967 年美国《风景和休闲道路法案》（*Scenic and Recreational Highway Act*）出台，表明风景道这种理念被规划者普遍接受。美国户外运动协会（American Out-doors Society）进行了一系列关于美国休闲和环境要素的研究，并

于 1986 年推出了《关于户外运动的总统授权报告》(*The President's Commission on American Outdoors*)。1987 年美国保护基金(The Conservation Fund)发起了"绿道计划",更是大大地促进了风景道的迅速发展。与此同时,风景道路的学术研究也呈现出蓬勃发展之势,各类国际会议频繁召开,内容广泛涉及交通景观设计、道路线路走向、风景展示、遗产保护、旅游游憩设施设计等方面。1991年 12 月,美国国会正式通过了《地面多式联运效用法案》(*Intermodal Surface Transportation Efficiency Act of 1991*,ISTEA),在该法案下专门制定了国家风景道法案,由联邦公路运输管理局管理,使美国的风景道纳入了由国家到地方的规范管理。① 如果从网上查询美国各州交通厅的网站,不难从中发现一些州的交通厅设有专门的风景道路的栏目,如亚利桑那州、加利福尼亚州、佛罗里达州、弗吉尼亚州、华盛顿州等。亚利桑那州交通厅网页上,在风景道路方面分了七个专栏,分别是:Designation(指定);Corridor Management(廊道管理);Scenic Arizona(亚利桑那风景);Grants(经济资助);Documents(文件);Links(链接);Contacts(联系人/机构)。该交通厅对风景道路的要求与美国联邦公路运输局对风景道的要求大体一致,必须具有景观特色。"一条路要被指定为国家风景道路,必须至少具备如下之一:风景美丽,有历史意义,娱乐性,文化意义,考古性,或自然的内在品质。"②

《加利福尼亚州景观公路指南》(*State of California Scenic Highway Guidelines*),其管理与运行完全形成了体系。它包括:背景与简介、风景道路的标准、提名程序(四个程序)、立项程序(四个程序)、风景公路标志、合格性审查、撤销程序、争端处置程序、杂项共九章内容。由此可见研究管理之全面。加州风景道路的评价

---

① 余青、胡晓苒、宋悦:《美国国家风景道体系与计划》,《中国园林》2007 年第 11 期,第 73—77 页。

② http://www.azdot.gov/highways/SWProjMgmt/enhancement/scenic_roads/index.asp.

标准，除了上述考古、文化、历史、自然、消遣、风景六方面的要素要求外，还包括以下要求：景观的独特性；地形地貌、植被状况；水文特点；视觉的不被干扰性……

美国景观道所有这些要求，如果用更为精练的语言来概括的话，其实条件主要就分为两部分，一是具有自然风景优美的特点，二是具备人文艺术价值。前者强调的是自然生态，后者注重的是人文生态。正是这些内容的要求，促进了美国风景道路景观的自然生态与人文生态的有效保护，推进了美国道路景观生态品质的提升。美国道路生态学之所以能在21世纪初推出并引起世界范围的广泛关注，并非空穴来风，而是经历了几十年的实践积累，最终得到理论上的提升。

（二）道路生态学的形成

正如生态文学、生态哲学在汽车文明的背景下催生了人们走进荒野、亲近自然，从而产生风景道路一样，生态政治运动使人们给予公路及汽车运行过程中对生态环境带来的影响的极大关心。20世纪70年代起，相关专业人士对线形基础设施——道路建设对生态的影响开展了大量的研究，包括道路建设及营运过程中对植物种群产生的影响，例如导致植物死亡和生境丧失、生态环境的物理变化、路肩及路侧植被变化；对动物种群产生的影响——交通事故导致动物死亡，道路回避巢区转移、迁徙，线路变异、道路网络导致生态环境破碎化以及道路强烈地改变景观格局和过程等。1986年，美国景观生态学会正式成立，该学会每年举行一次世界性的学术会议，道路生态学作为其中的重要内容越来越受到重视。2000年4月第十五届美国景观生态学会议就把公路和公路网的生态效应作为新出现的学科领域与增长点之一。①

没有产生巨大影响的绿色政治运动，政府、企业甚至联合国组

---

① 王云、崔鹏、李海峰：《道路景观生态学研究进展》，《世界科技研究与发展》2006年第2期，第90—95页。

织就不可能投入相应的资金到生态环境的研究中，其中道路生态学的推进也会困难得多。因此，从某种意义上说，道路生态学推进了道路的生态景观，而这一景观背后的文化意义在于生态情感、生态伦理、生态政治文化。

进入 21 世纪后，道路生态学得到了长足的发展。2002 年，美国哈佛大学教授理查德·福尔曼（Richard T. T. Forman）和他领导下的团队（包括著名的生态学家和交通工程专家总共 14 人），经过 27 个月的研究，最终推出了《道路生态学——科学与解决方法》（*Road Ecology: Science and Solutions*）；同年，伊恩·施佩勒贝格（Ian F. Spellerberg）出版了《道路的生态学影响》（*Ecological Effects of Roads*），其中前者资料丰富，达 481 页，兼顾了理论与实践两方面的内容，后者侧重实践的角度提出了解决问题的方法，全书也有 251 页。

道路生态学研究道路与路域周边植物的关系，道路与野生动物种群的关系，道路营运过程中对水、土壤和大气的污染与影响，对气候变化的影响等。例如，仅仅是通过对道路沿线两侧化学物质的测评，就发现了 23 种主要的污染物质，其中 19 种（83%）来源于车辆，另外 4 种来源于化学除草剂、杀虫剂、化肥（为路边草坪）以及消除道路冰雪的氯化钠等。[1] 又如，通过对澳大利亚堪培拉市洗车场冲洗物过滤清理出的植物种子进行分类，发现这些种子中不仅有来自城市及周边农田的和来自周边地区本地的植被，同时还有远道而来的外来植物，更有不知名的或不易分类的植物种类。[2] 这些都将道路对环境的影响科学化与系统化了。因此，道路生态学对道路建设如何降低对生态环境的负面影响，具有十分重要的意义。

目前，发达国家对道路生态学的研究已提升至景观价值的高

---

[1]　Richard T. T. Forman, *Road Ecology: Science and Solutions*, Island Press, 2002, p. 203.

[2]　Ibid., p. 92.

度，研究者不再局限于某一物种和栖息地的研究，而转向多物种、多个生态景观系统的综合研究。这样，在景观生态学和道路生态学的支持下形成了新的道路生态景观美学，使道路景观在生态文明的大背景下产生了全新的研究与发展领域。

（三）道路生态学对道路景观建设的影响

承续 20 世纪 60 年代形成并在 90 年代开始成熟的风景道体系，道路景观的美学评价逐步形成了体系。以美国为例，该国政府大多数职能部门和各州政府都有各自的一套道路景观美学评价方法。①联邦公路运输部的评价指标体系为三大系统，即生动性（vividness）、统一性（unity）、完整性（inertactness），其公式为（V + U + I）/3，对照道路建设前后道路景观质量的变化②；1991 年出台的《国家风景公路规划》提出的风景道申报标准是，道路景观具有考古、文化、历史、自然、消遣、风景等景观资源，而在评价标准上则包括"可记忆性""独特性""原始性""完整性"四个评价指标③；另外还有人把景观生态学方法与 3S 技术（遥感技术 Remote sensing，RS，地理信息系统 Geography information systems，GIS，全球定位系统 Global positioning systems，GPS）相结合，在景观形态指数与大众审美感知之间建立起联系，使景观感知的变化能用景观指数来解释④，这些对道路景观的评价方法都有新突破。

当前，国外景观美学评价已形成了四大学派，即专家学派、心理物理学派、认知学派和经验学派，其中专家学派和心理物理学派

① Meitner M. J., "Scenic Beauty of River Views in the Grand Canyon: Relating Perceptual Judgments to Locations", *Landscape and Urban Planning*, 2004, 68, pp. 3 - 13.

② U. S. Department of Transportation, *Visual Impact Assessment for Highway Projects*, Office of Environmental Policy Washington, D. C., 1988.

③ Federal Highway Administration (FHwA), *Byways Beginnings: Understanding, Inventorying, and Evaluating a Byway's Intrinsic Qualities*, National Scenic Byways Program Publication, Washington, M/CD, 1999, p. 80.

④ Palmer J. F., "Using Spatial Metrics to Predict Scenic Perception in a Changing Landscape: Dennis, Massachusetts", *Landscape and Urban Planning*, 2004, 69, pp. 201 - 218.

应用最广泛。专家学派认为风景价值在于其形式美或生态学意义，心理物理学派认为风景价值是主客观双方共同作用下产生的；在人与风景的地位上，专家学派认为，风景作为独立于人的客体而存在，人只是风景的欣赏者，心理学派则把人的普遍审美观作为风景价值的衡量标准；在对风景的把握上，专家学派认为，风景的基本元素是"线、形、色、质"，心理物理学派则将风景分为植被、山体等。① 总而言之，景观生态学和景观美学的发展推动了道路景观美学的发展，对传统道路的景观审美也发生了超越式的变化，在原来道路点、线、面的形式美方面，产生了新的审美标准，即道路景观的自然生态美、道路路域环境强调的人文美。传统景观质量评价的专家学派和心理物理学派也吸收了"生物中心论评价"和"社会文化中心论评价"的相关价值内容。

综合世界道路景观生态美学的发展大趋势，笔者认为，当前世界的道路景观正在朝着以下几个方面变化。

第一，强调自然生态，注重营建良好的自然生境。在风景道路基础上形成的道路景观生态研究，总体上属于景观生态学领域，因此，道路景观生态学属于景观生态学的一个分支。对景观生态学的一个解释是，研究在一个相当大的区域内，由许多不同生态系统所组成的整体（即景观）的空间结构、相互作用、协调功能及动态变化的一门生态学新分支。尽管北美与欧洲的景观生态学存在某种程度的差异，但有一点是共同的，即景观是一个系统，评价景观必须分析整个环境。代表景观生态学发展大势的北美景观生态学以此为学科理论基础，运用在道路景观生态学上，更注重"斑块—廊道—基底"背景下的道路线形空间的系统概念构架。② 与传统那种

---

① 俞孔坚：《景观：文化、生态与感知》，科学出版社 2012 年版，第 5 页。

② 北美的景观生态学代表人物主要有理查德·福尔曼（Richard T. T. Forman）和米切尔·戈登（Michel Godron），其代表作有两人合著的 1986 年出版的《景观生态学》（*Landscape Ecology*，Wiley，1999）；欧洲的景观生态学则兴起更早，在 20 世纪 30 年代，国内的景观生态学研究的成果也很多，因不涉及本课题主要内容，在此不一一介绍。

只将道路景观视作人工建造的点、线、面的形式美的视觉景观相比较，是大有超越的。图 4-18 是体现生态道路野生动物迁徙工程而形成的道路景观。其中（c）是野生动物穿越隧道，（d）是为小型哺乳动物穿越公路而架的人工"天桥"。图 4-19 是野生动物越

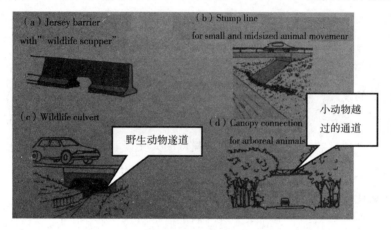

图 4-18   为保护野生动物通道而设计的道路景观，

是生态道路的景观构成部分

资料来源：Richard T. T. Forman, *Road Ecology：Science and Solutions*, Island Press, 2002, p. 146.

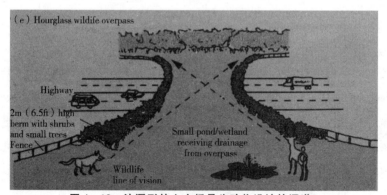

图 4-19   沙漏形的立交桥是为动物设计的通道，

属于生态道路的景观

资料来源：Richard T. T. Forman, *Road Ecology：Science and Solutions*, Island Press 2002, p. 146.

道立交桥,沙漏形的桥端强化了对野生动物视线的引导作用,这种为道路生态环境而建的设施是现代文明国家公路的普遍景观。这种道路景观已被视为生态系统的载体之一。因此,道路建设,不能仅仅只考虑人流、物流的交通功能的实现,而且还要充分考虑自然环境下动植物生境的良好保护。例如,在城市道路绿化过程中,注重营建野生鸟禽的栖息地生境,使野生鸟禽进入城市,使城市融入自然,这样的道路绿化尽管没有绚丽的色彩,对称工整的图案,但它仍然是美的,因为它可以使居住在闹市的城里人既获得便利的交通,又享受蜂飞蝶舞、鸟鸣啁啾的自然生态环境。同时,仿自然绿化下形成的丰富植被,为自然界的昆虫、动物提供了生境,使它们在这种环境下生长起来,形成良性的自然平衡,由此可减少杀虫剂的使用,使人的生存环境减少污染。

就远郊、荒原、山川、林地而言,一方面,道路的修建更多地要考虑野生动物的生境保护与自然环境的保护,最大限度地降低道路工程对环境的破坏,通过工程技术措施,减小因道路修建而导致自然生态系统的碎片化;另一方面,道路景观美学还要求不因道路的修建而破坏了自然景观的视觉美,让道路与自然环境融为一体,甚至为自然景观增彩——让人化工程在视觉感官上成为自然的一部分。

第二,就道路景观的美学评价而言,今天的评价已超越了传统的道路景观评价。无论是美国联邦公路运输部包括生动性、统一性和完整性的评价指标体系,还是"国家风景公路规划"确定的道路沿线要有"风景的、自然的、历史的、文化的、考古学的和娱乐休闲"的景观资源,以可记忆性、独特性、原始性和完整性四个评价标准,无论是美国联邦土地管理局应用的所谓"变化性"和"协调性"两个指标来评价道路建设前后所影响的7个因子,包括地形、植被、水体、色彩、临近风景、稀有性和文化特征的变化情况的标准,还是美国各州政府交通厅对道路景观的评价标准,所有的标准都超越了简单的、工业文明式的道路景观点、线、面形式美学的标准，也不再以是否有图案工整、色彩对称、四季有花的传统审美标准来评价道路的景观优劣，而是从自然与人文两大生态角度来整体评价道路景观与环境的相融性与生境良好性。文化价值的体现、历史遗产的保护、自然风景的欣赏和路域景观的娱乐休憩功能等，都是道路的重要价值之一，因此也是评价道路景观的标准，而非仅仅停留在交通功能的实现。道路景观的美学价值强调自然风景的欣赏、文化价值的体现、历史遗产的保护、路域景观的娱乐休憩功能，道路的规划、设计注重考虑道路使用者、道路路域居住者的视觉美感度，因此，对道路景观的评价标准已超越了古典的、传统的道路景观的艺术美学评价。

第三，就道路景观的规划与设计而言，更注重吸收非道路工程专业的其他学科的专家和公众的意见。由于今天的道路景观更注重了生态的、文化的、历史文脉的、民俗民风的内容，因此，仅仅依靠工程专业出身的专家已远远不能满足道路景观内涵丰富的知识要求、专业要求、民意要求。这种情况要求在进行道路规划与景观打造时，如对植被设计、色彩搭配、群落组成、野生花卉的使用、道路构造物的美学处理等，交通部门通常邀请工程学者、植物学家、土壤学家、美学家、景观设计师等多学科专家共同组成设计团队，并且定期召开有沿线居民参与的道路景观规划设计的讨论会，最大限度地体现效益优化与利益公平原则。①

为了实现道路的生态景观功能目标，美国道路建设出现了超越规范的束缚，实行了道路的灵活设计。② 在道路的规划—项目开

① 王云、崔鹏、李海峰：《道路景观生态学研究进展》，《世界科技研究与发展》2006 年第 2 期，第 90—95 页。

② 美国的道路专业设计，一般遵从其专业规范《绿皮书》（即《有关公路与街道几何设计的政策》 *A Policy on Ceonetric Desicn of Highways and Streets*），该书是由美国各州公路与运输工作者协会自 20 世纪 30 年代起出版发行的。该书并非设计手册，而是向设计人员提供指导方针，通过关键性指标，给出推荐的设计数值范畴。工程技术人员可根据工程具体情况，依据《公路设计的灵活性》（*Flexibility in Highway Design*）。关于美国公路的灵活设计的相关部分内容，可参见美国联邦公路管理局（Federal Highway Administration）网页，网址：http：//www. fhwa. dot. gov/environment/publications/flexibility/ch 00. cfm。

发—详细设计—征地—施工过程中，将灵活设计融入其中的每一个环节。

在道路的规划阶段——这是道路建设项目的必要性阶段，也是非工程类专家与公众参与并对项目决策的制定提出意见的关键时期；这一阶段需要确定以下问题：项目将对周边区域产生怎样的影响？影响区域是否存在历史人文或自然景观特征？社区对安全性、通行能力及造价等问题有何意见？这些问题最终的确定权，不仅仅在交通工程设计师，更重要的是工程师以外的专家、道路沿线的居民。在此基础上，道路工程的设计有了明确的挑战：物理特点、安全性、通行能力、环境质量、历史景观特征、造价、其他考虑的多方面考量。

在项目开发阶段——这一阶段将加强环境影响分析，要尽量避免或最大限度地降低对环境的影响。这一阶段要进行的工作主要有：细化目标与需求；研究比较方案；对比较方案及对自然与人文环境影响进行评估；制订适当缓解方案；确定对环境影响的地域划定，使受影响范围的所有人都参与到道路建设过程中来。其中最重要的是环境评估，它包括相当多的内容，如保护历史上著名的考古遗址；重视专门的观景亭与景观特点有机相融；保护历史景观；遵从河流、小溪的自然水道走向；重视路缘、围栏线、林木线；遵从历史道路痕迹；重视远处山脉、河流、海洋、湖泊与地平线景观、保护自然地形；对道路的各种用途加以协调；规划未来道路；考虑邻近土地使用的情况；保护农田；保留社区的原有风貌；提供公路的线路景观价值；避开湿地等。

在详细设计阶段——在这个阶段遵循规划与项目开发过程中已建立起来的参数的前提下，设计师可以充分发挥想象力，以独创性及灵活性来设计道路。在这一阶段，参与设计者有以下几方面的专家：交通工程师、生态学家、运输与城市规划者、景观建筑师、城市设计师、历史学家、生物学家、考古学家、地质学家、画家等。如果一条旧道的景观成为人们的重要记忆，那么这条旧道在重修过

程中某些具有标志性的景观就会作为新路景观的设计元素融入新路
之中（见图4-20）。

图4-20　整治前梅特里公园道上的一座桥

资料来源：http://www. transportation. org/。

　　在项目的征地、施工阶段——该阶段有必要根据实际情况对设
计方案进行细小的调整，设计团队应继续参与此阶段的工作。

　　总而言之，美欧等发达国家在道路文化建设上基本完成了从思
想文化到制度文化再到物质文化的全方位建构。最初是物质的——
将道路建设视为纯粹的交通工程建设，发展到精神文化——将道路
视作一种文化的载体，再发展到制度文化——在这种具有文化使命
的道路交通工程中彰显出其内在的制度与思想文化品质。从这个意
义上讲，我们可以从一个国家（指完全成熟的文明国家）的道路
景观中看到这个国家的思想文化的部分内容。

第三节　近现代国外经典道路建设对
我国道路景观建设的启示

　　从上述发达国家在道路景观建设上所取得的较为公认的成果来
看，我们不难发现，所有成功的景观大道或绿色道路，其成功之处
都在于三个方面。

一　在设计思想上，将经典城市道路作为美学和文化的载体

经典的城市道路或景观大道，不仅只将其作为交通载体来设计，同时还将道路（大街）当作美和精神文化的载体来考虑。把道路作为美的载体来设计时，这种美的展示不只是简单地注重景观大道的形式美，而更注重以自身民族文化心理的审美标准来打造建设道路，也就是说，这种景观大道的打造必须是形式与内容的统一，是符合这个民族或国家的民族文化风格的。

把道路作为精神文化载体来设计时，其精神文化的内涵总是通过自己国家的人们所熟悉与认同的建筑符号与绿化形式来实现景观的视觉传达，从而实现精神文化的渲染的。例如，华盛顿林荫大道的华盛顿纪念碑，其建筑形式采用的是方尖碑，方尖碑源自埃及，从建筑文化角度言，埃及属于西方文化，古希腊、古罗马建筑都受到了古埃及建筑的影响。华盛顿纪念碑产生的宣传效果源于它的景观视觉效果，而这一景观视觉如果换成中国式的牌坊，其效果还会有吗？所以景观要产生相应的宣传教育效果，必须要有文化作为景观的思想文化内涵来支撑，而这种思想文化又必须具有民族性和城市的性格。

二　在制度与规范上，根据时代变化作出相应的调整

美国的风景道之所以世界著名，缘于美国联邦公路管理局在生态文明的大背景下推出了"公路设计的灵活性"（Flexibility in Highway Design）规则，按照地域生态与历史文化特点，修正了原来道路建设的一些成文规范，使道路建设与时俱进，适应了不断变革发展的社会，不因公路建设破坏历史文化风景，减少公路建设过程中对自然生态的破坏。从宏观的角度来看，制度的变化必须与主流社会思想文化的变化相适应，社会主流的价值文化才能得以落实。例如，如果没有作为制度的一夫一妻制的《婚姻法》作为保证，主流价值观倡导的男女平等也不能得到落实。同样地，生态文明要在道路建设上得到落实，就必须在道路建设的标准制定上有所

表现，如果仅是空喊口号而无作为硬性规定的道路验收标准，那么道路的生态建设就会成为一纸空文，生态文明就不可能在道路交通建设上反映出来。

三　在学术与技术操作层面，创新出与新时代相适应的新技术

美国的道路生态建设之所以走在世界前列，不仅仅是因为它有生态文化的思想指导，更在于以理查德·福尔曼为带头人的一大批道路生态学技术领军人物，他们开创出了一些具有生态保护作用的道路生态设施，从而使道路景观更为丰富化，道路路域的生态环境得到相应的保护。适应了道路生态美这一与当前主流社会价值相一致的反映时代精神的新型美学。

发达国家经典道路建设的三大成功之处，值得我们借鉴，也正是给我们未来的新型道路景观建设的三大启示。

第五章 当前我国道路景观建设存在的 问题以及解决问题的对策

第一节 当前我国道路建设取得的进步

改革开放 30 多年来，我国的道路交通建设取得了十分可观的成绩。高速公路从无到有，截至 2013 年底已达 10.44 万公里，超越美国成为世界第一。按交通运输部的"十二五"规划，至"十二五"规划完成时，全国高速公路网架将全面形成，达到 14 万公里。城乡公路也取得了巨大发展，截至 2013 年底，全国公路总里程达到 435.62 万公里。[①] 这种道路发展速度堪称世界罕见。

一 城乡道路景观建设取得的成效

城乡道路景观建设取得的成效主要有三方面，一是在思想上对道路景观有了全新的认识；二是在制度上建立了道路美化的规范；三是兴建了一大批景观优美的城乡道路。

（一）对道路的认识发生了变化

城市化进程促进了城乡道路的发展。而在道路建设与发展过程中，人们对道路的认识已超越最初的实现人流物流的交通工程基础，不少的人已在思想意识上开始认识到道路的景观意义、文化意

---

① 参见《2013 年公路水路交通运输行业发展统计公报》，交通运输部政府信息公开网，http://www.moc.gov.cn。

义和生态意义。例如，提出城市道路及边坡挡墙应是"展示城市精神的橱窗；反映城市文脉的展台；凸显城市绿化的载体"①。不仅在认识上如此，而且人们对道路景观的打造也热情高涨。各地城乡，特别是率先发展起来的东部城乡，都着力打造景观大道，通过道路彰显地方特色，提升城乡形象，产生文化影响。为了适应这种打造道路景观的需求，从20世纪90年代以来，有关道路景观设计的书籍大量上市，如本书序言所述，至少不下十种；国外有关道路景观设计的书籍也纷纷翻译介绍到国内来。可以这样说，无论大城市还是小城市，无论全国百强县还是国家级贫困县，大修景观道的热情都很高涨。

（二）建立了城乡道路美化的规范

从国家到地方，都初步建立了一套道路美化的规范性系统。1988年5月20日交通部颁发了《关于印发和实施107国道GBM工程实施标准（试行）的通知》按汉语拼音缩写为GBM，即国道的标准化、美化标准。专业部门及人士认为GBM工程"是实施具有中国特色的公路标准化、美化建设工程的简称。它作为一项提高我国公路建设、养护、管理水平，推进公路现代化的重要措施"②，被称为我国公路继增加里程、提高质量之后的"第三次飞跃"。从1949年新中国成立之初，交通部颁布《公路工程技术标准》总共有八个版本，至2003年交通部又颁布了《公路工程技术标准》（〔JTGB 01—2003〕），这对我国道路建设不仅规范化意义重大，而且为道路的灵活设计也留下了较为充足的空间。我国对城市道路的美化也有相应规范。建设部也曾在1997年出台了《城市道路交通规划与设计方案》（建标〔1997〕259号）的相关文件。根据交通部、建设部的这些规范，各地为了推进道路景观的美化也纷纷制定

---

① 谢怀建等：《大型市政工程护坡景观建设思考》，《重庆建筑》2002年第1期，第44—47页。

② 夏越超、冯正霖：《推出GBM工程　促进公路标准化美化》，《公路》1989年第3期，第5—11页。

了相关规范。这就从制度层面改变了原来仅将道路视为交通工程的做法。

（三）兴建了一大批景观优美的城乡道路

进入 21 世纪以来，我国道路景观建设取得了不菲的成果，涌现出了许多令人印象深刻的道路景观。例如，秦岭终南山公路隧道，它是包头至茂名的国家高速公路线控制性工程，隧道长达 18.02 公里，双洞共长 36.04 公里，号称世界第一公路隧道。为了缓解驾驶疲劳，确保行车安全，洞内做了特别的景观装饰：别具特色的热带植物绿化，洞顶蓝天白云的灯光景观，通过景观设置，调节驾驶人员心理，增强车乘人员的视觉效果，既强化了交通安全，又打造了道路景观。被誉为江苏景观最好的宁常高速公路，景观设计中注意融入人文内涵，注重绿化生态，整条路实现了"四季常绿、三季有花"，被誉为"设计最优、工程最精、环境最美、创新最多"的"彩色之路、森林大道"①。上海的新天地历史街区也具有中西合璧、新旧结合的海派文化的基调，它把上海特有的清末民初形成的石库门里弄与具有现代感的新建筑群融为一体，创建出既有传统风格，又具现代景观的历史文化街区，进入街区，会感受到当年的历史环境中人们的生活状态。该街区的另一成功之处是将商业有机地融入其中，起到了商业与景观、文化相融的效果，成为全国各地学习的标杆。总的来说，在国内最有代表性的景观道路主要有两条。

1. 上海世纪大道

如果外滩那些"万国建筑"的建筑立面、沿途设置的栏杆、分隔桩、街路花园、灯饰、躺椅等诸多设施的多元西化风格，代表的是旧上海殖民地文化的道路景观的话，那么，上海浦东的世纪大道就是今天上海推行改革开放政策所展示的道路景观。这条由法国夏氏—德方斯公司设计的，号称"东方香榭丽舍大道"的城市景

---

① 谢培宁、殷文静：《宁常高速走创新之路》，《江南时报》2008 年 1 月 17 日。

观路,西起东方明珠,东至浦东新区行政文化中心,全长约 5.5
公里,宽 100 米。世纪大道在设计上最突出的特点是:"对 100
米宽的道路采用了非对称的横断剖面设计,延伸宽达 30 米的步
行林荫道,通过以'时间'为主题的雕塑展示及纪念性标志物营
造壮观的场面……"[①] 世纪大道在景观表现上,既有代表现代道路
景观美学的生态美、人文美、色彩美,同时还十分注重中国传统的
园林景观营建,通过"东方之光""世纪辰光""五行"(以金、
木、水、火、土 5 个甲骨文字造型为基本设计元素)等雕塑来充
分展示道路景观中的中国文化元素。但由于道路两侧大量的建筑为
西式现代建筑,使景观的整体感仍然西化特色强烈;同时,由于存
在交通、景观与人之间协调的诸方面问题,这条"东方香榭丽舍
大道"也遭到多方面的批评,诸如:"中西文化及设计思想上存在
冲突","斜向交叉的城市道路造成了交通的混乱","道路断面设
计对人行交通形成了障碍","城市肌理遭到破坏","步行林荫道
设计生硬"等。[②] 还有学者专门将法国的香街与世纪大道进行了汽
车交通、轨道交通、步行交通、景观等多方面的比较,认为,"东
方的香街"各方面都远逊色于巴黎的香榭丽舍大街。[③] 这正说明了
道路景观的美需要历史沉淀、人文精神去支撑,而对国家、地域文
化的了解,并非西方一流景观设计公司就一定能完全胜任的。世纪
大道景观中的文化问题还有更多值得深思的地方。以它起始的东方
明珠为例,将其作为道路景观的视觉焦点来分析同样需要用文化内
涵来分析的:它虽然闻名遐迩,美轮美奂,还附加了中国历史文化
的解读——"大珠小珠落玉盘",景观的视觉设计总体上符合美学
原则,也是成功的,但从文化角度来分析,个中文化内涵却不甚明

---

① 陆细军:《浦东世纪大道城市设计之得失》,《规划师》第 21 卷 2005 年第 10
期,第 106—107 页。

② 同上。

③ 孙靓:《交通　景观　人——比较上海世纪大道与巴黎香榭丽舍大道》,《华中
建筑》第 24 卷 2006 年第 12 期,第 122—124 页。

了。从造型特点来看，东方明珠类似科威特更早时期兴建的科威特大塔，而这种具有伊斯兰清真寺风格的贮水塔之所以由两个球体组合构成，缘于伊斯兰教的宗教文化①。东方明珠塔与科威特大塔形态大同小异，但在色彩上由蓝变红，赋予了中国文化偏爱红色的审美内涵，就景观形态而言绝非完全的中国式景观，而是一种吸引了外来景观形态的审美趣味后的中国化景观再造，从景观学的视角来看，应是集成创新。当然东方明珠也有自身特色：主要是在设计上多了些球体（总共有 11 个大小不一的球体），并把球体组合成富有力学美感的几何体，在色彩上由伊斯兰文化推崇的蓝绿色改变为中国文化推崇的色彩——红中带金。如果以一个更高的要求来做评判标准，一个真正成功的城市地标性的建筑，理应从建筑本身中找出与民族文化或国家意识形态相一致的喻义，但人们从东方明珠中似难得到圆满答案。

但无论怎样，这种直接采用招标的方式来吸引国际一流景观公司对中国的道路景观进行设计，如没有改革开放的大背景，是根本不可能实现的。而从世纪大道视觉焦点的东方明珠审美倾向来看，这是一种东西兼容的审美集合，这也正好说明了上海作为一个开放的城市，其城市景观形象中具有的兼容并包的特点。因此，说世纪大道是改革开放精神的体现绝非言过其实。世纪大道不愧是上海的景观大道，就景观的美学意义而言，它甚至具有国家级意义，可称为国家级的景观大道。而上海当初打造这一带形空间时，瞄准的是世界级前沿，是要与巴黎的香榭丽舍大道比

---

① 据金宜久主编《伊斯兰教史》（江苏人民出版社 2006 年版）载，拜占庭帝国的首都君士坦丁堡（今伊斯坦布尔）的城徽是新月。公元 1453 年奥斯曼帝国苏丹穆罕默德二世攻陷君士坦丁堡后，采用了新月作为奥斯曼帝国的标志。据传穆罕默德二世作为奥斯曼帝国创业者，在他的帝国兴起的时候做了一个梦，在梦中他看见一牙新月盖含了整个地球，他的谋臣解梦说，这是一个很好的兆头，喻示着伟大的奥斯曼帝国将拥有这个世界。后来奥斯曼帝国真的就灭掉了拜占庭帝国，意味着好兆头的实现。这样新月标志便理所应当地被采用了。兴建于 20 世纪 70 年代的科威特大塔由两个球体组成，上一个代表月亮，下一个代表地球——这是这个建筑的宗教文化喻义。

肩的。

　　2. 深圳深南大道

　　如果用现今的美学或道路规划来衡量深南大道，或许还是存在诸多问题的，沿街一线，洋洋大道，高楼栋栋耸立，道路两侧与中线，高档豪华的、图案对称的、四季有花的、色彩斑斓的园林花圃太洋气了，这条大道上，你是无法看到当初一个小渔村的原生风景的。深南大道当初的开拓，甚至都说不上规划，600 多名农民，"在稻田、鱼塘和坟地间艰难施工，以'修地球'的精神，用锄头和手，建成了从蔡屋围到上步（相当于现在从地王大厦到华强北）的 2.1 公里长、7 米宽的道路——还只能称之为一条'小道'"①。30 年的时间里，规划一改再改，道路里程延长再延长，从当初的短短两公里达到今天号称的百里长街。但深南大道是有故事的，虽然只有 30 多年的历史，但从最初 2.1 公里到 30 公里，从一条名不见经传的万千普通小路，华丽转身为一条中国最宽阔的城市主干道；从乡村棚屋、厂房、食街到由深圳速度建起来的摩天大楼的聚集；从孺子牛雕塑到竖立巨幅邓小平画像的街头，深南大道用一种独特的方式，讲述着中国改革开放和城市化运动的历史变革故事。在 30 多年里，它的内涵逐渐丰富、深刻起来，当你经过的时候，仿佛穿越中国改革开放的陈列馆，体验着世界上最快速城市化的种种不可思议。

　　深南大道的洋气，恰恰反映的是深圳开放的城市个性，大道两侧现代主义建筑的无特色，恰恰反映的是那个时代开放的特色，正如柏林的现代住宅群落（如火柴盒般的方形住宅）2008 年被联合国列为世界文化遗产一样，深南大道也被视为中国开放文化的大道。柏林现代住宅群落之所以被联合国列为世界文化遗产，是因为它是世界所有火柴盒式现代建筑的祖宗级、爷爷级的现代主义建

　　---

　　①　李咏涛：《大道 30：深南大道上的国家记忆》，深圳报业集团出版社 2009 年版，第 8 页。

筑，深南大道的洋化、西化道路景观，也恰恰是中国开放文化的城市带形空间的爷爷级城市现代主义大道，因而具有了文化意义，其他城市的跟风克隆，就犹如唯美主义文学家王尔德所言，第一个把女人比作鲜花的是天才，第二个把女人比作鲜花的是庸才，第三个把女人比作鲜花的是蠢材。

二　生态道路建设取得的进步

生态文明的提出，促进了生态道路的建设。国内公路大发展时，正处在西方发达国家道路生态学形成时期，因此，在这方面，国内前沿研究已接近国际先进水平，但这仅是点的方面，从面的角度来看，国内的道路生态建设还是相当落后的。从点的方面讲，国内比较著名的道路主要有两条：一条是四川省境内的川九路（川主寺到九寨沟）；另一条是云南省境内的思小路（思茅到小勐养）。

1. 川九路

这条道路连接四川省两大世界自然遗产——九寨沟和黄龙，它起于松潘县的川主寺，止于九寨沟口。道路为山岭重丘区二级公路，设计时速 40 公里，路线全长约 94 公里。工程于 2002 年 10 月动工，2003 年 9 月完工。这条道路在指导思想上强化了生态环境的地位，因此，在具体施工的过程中，借鉴了美国公路的灵活设计。所谓灵活设计，就是依据现有法规、标准、规范，在不降低安全性的前提下，通过合理选择标准和灵活运用设计指标，寻求达到更符合公路沿线可持续发展的需要和利益。具体表现在公路设计上的宽容设计与创作设计。所谓宽容设计，就是指宽容公路；所谓创作设计，就是根据这条公路涉及的生态环境、历史文化保护等问题，组建了多学科的专业人士（包括交通工程师、生态学家、规划师、景观设计师、历史学家、地质学家等）的设计队伍。

川九路最大的成果有两方面：一是较好地保护了自然生态环境；二是道路的视觉景观较原来更美。在保护自然生态环境与人文景观方面，尽量避免大开大挖，减少了地质地貌的破坏，对原来旧路开挖的土石坑凼实施了绿地覆盖。对高山草甸，通过技术措施将草甸表层取下，开挖出道路所需土石方后再将这种高山草甸覆在表层，使道路两侧的边坡仍保持原来的地表植被。充分展示优化路域自然与人文景观，推行了"露、透、封、诱"相结合的技术措施：对有良好景观要素的近景，露；对道路远方优美的景观，透；对中近景塌方、裸露等有碍景观的，封；对近中景色不太好，但远景好的，通过人工景观，诱——使人的视线向好的地方转移。在提高道路的视觉景观效果方面，通过注重路线的连续流畅，将道路景观与路域周边自然与人文景观有机地融合起来，做到将公路与路域周边的人文景观和自然生态景观合为一体。道路绿化实行"三适"：适树、适地、适量，使道路路域环境与周边环境相似，以"近自然的绿化"方式使道路绿化景观与地域周边景观融为一体。图5-1道路绿地与周边绿色植物相类，色彩相融，和谐；图5-2挡墙与旁边的羌族文化建筑呼应，相融一体。

图5-1　川九路景观

资料来源：交通部交通科学研究院李海峰提供《交通部示范工程川九路改建经验介绍》PPT。

　　总体而言，川九路作为交通景观生态型公路的示范工程，确实起到了示范的作用。不足之处是，因为工程投资原因，道路仍然存在开挖较多，山体植被毁坏较重的问题，如果大段采用高架桥形

图 5 - 2　川九路路域景观

资料来源：交通部交通科学研究院李海峰提供《交通部示范工程川九路改建经验介绍》PPT。

式，对路域生态的保护要好得多。

2. 思小路

全称为思（茅）小（勐养）高速公路，是由云南思茅至小勐养的高速公路，是《国家高速公路网规划》中 213 国道重庆至昆明高速公路的一段，路线全长 97.7 公里，其中思茅市境内 25.1 公里，西双版纳州境内 72.6 公里。2003 年 6 月 20 日正式开工，2006 年 4 月 6 日正式通车。思小路是中国目前唯一一条穿越原始森林的高速路，所在区域是北回归线上唯一的一片绿洲，是我国保存完好的一块热带雨林（全线有 37.21 公里经过热带雨林，特别是有 18 公里需穿越小勐养自然保护区试验区）。森林覆盖率高，动植物资源丰富。沿线自然风景秀丽、少数民族民俗文化极具特色。沿线区域属热带—亚热带气候区，干旱季节分明，5 月至 10 月，多雨湿热，冬春少雨干燥，垂直分带明显。用今天生态文明的观点来看，其选线穿越了原生热带雨林是存在问题的。但正是由于它是穿越原始森林的高速路，因此，道路建设中的生态问题才引起了高度的重视。

从景观文化的角度来看，思小路值得肯定的有三个方面：一是道路建设的指导思想；二是道路定位；三是建设思路与技术。

　　在道路建设指导思想上，确立了"安全、生态、观光、和谐"的思路。安全是交通的首要要求，它最可贵的是把生态放在了第二的位置。由此树立了"尊重自然规律，维护人与自然的相对平衡，树立不破坏就是最大的保护理念，坚持最大限度的保护，最小程度的破坏，最强有力的恢复，使公路顺应自然、融入自然"①。因此，在进行技术施工时，相应的管理与土石方开挖量就减少了对自然植被的破坏，也考虑了野生动物的保护。

　　在道路定位上，确立了生态路、旅游路的筑路目标。因此，在筑路过程中提出了"车在林中行，人在画中游"的道路景观形象目标，为了实现这一景观效果，在选线上以景观和生态为第一原则，而非交通功能的近距离为第一原则，并完成了一系列的从工程思路到工程技术的成果，取得了相应的景观效果。

　　在建设思路与技术上，提出了与思小路地域环境相配的思路，即为了达到生态路、旅游路的目标，推行了"融、弱、细、突"的道路建设思路。所谓"融"，即指道路与自然相融，路域沿线各类文化的相融。如图5-3、图5-4道路隧道口具有民族风格，色彩与自然环境融为一体，用建筑语言告诉旅行者此路域属傣家文化地段。所谓"弱"，即指尽可能地保护、不遮挡、不破坏、不干扰路域沿途本身所有的那种自然美，也就是弱化构造物在高速公路上的存在，突出道路两侧的自然景观。所谓"细"，即指注重细节，处理作为人工构筑物的道路及附属物与自然环境的衔接，使道路与自然形成一体。所谓"突"，即指突出重点，突出特色，这方面主要反映在道路的节点，如服务区、立交道等地方，通过景点的打造，强化思小路的景观特点，给人留下深刻的印象。而在实现目标的技术方面，该道路也有多项技术成功解决了工程难题，如"连

---

　　① 此段引文源自云南省公路规划勘察设计院《思茅小勐养高速公路设计理念》介绍。

图5-3 具有民族风格的隧道口与自然环境融为一体（一）

资料来源：作者自拍。

图5-4 具有民族风格的隧道口与自然环境融为一体（二）

资料来源：作者自拍。

拱隧道建设关键技术研究"解决了思小路隧道建设多的技术难题；"山区支挡结构研究"解决了山地深沟支挡，减少开挖的技术难题，为少破坏生态环境提供了技术支持。

思小路作为高速公路，在打造生态道路时做了不少工作，难能可贵，如果没有生态思想指导，是很难推动的，因为在原始森林中打造高速公路，如果注重生态环境的保护，经费投入就会有较大的提高。然而思小路的不足也是显而易见的，首先是在原生雨林中修高速公路本身就存在生态问题；其次是工程中为亚洲象预留的通道作用并不明显，从2006年4月通车到2008年底野象群先后有60

余次进入、穿越思小路，导致交通事故时有发生。亚洲象不走设计施工方所预留的亚洲野象小道，从道路生态学的角度而言，这不是象的错，而是人的错。在道路选线时，相关人员把野生象群集中生活之地作为道路线路穿过，其道路服务中心的所在地是一个野象窝，因此，常有野象前来光顾。[①] 这不仅导致交通安全问题，同时也扰乱了野象的生活，与生态文明的思路是相悖的。这与道路设计和景观打造时缺乏相关专业人员而以交通工程专家为主不无关系。

第二节　当前我国道路景观建设存在的问题

如果仅仅从交通工程的角度来看，我国的道路建设成就斐然。但如果从历史文化与生态文明的角度来看，这仅是量的成果，如果从质的角度来看，这些道路在工程质量和景观质量方面都还存在这样那样的问题。

一　文化建设视域下的道路景观建设问题

随着我国道路爆炸性的增长，道路景观建设也成了热点。如果在百度上搜索"道路景观"一词，会得到相关结果 7200 多项。如果搜索"道路景观问题"，则会得到 1800 万个义项，这说明我国道路景观普遍存在问题，应引起我们高度重视。从道路景观文化的角度来看，目前我国道路景观主要存在以下几方面的不良倾向。

（一）为美观而景观，推行道路景观的"去文化"建设倾向

所谓美观，在这里指的是城市街道的外在美观，这种美，主要指的是那种源于欧美的城市花园式的道路之美，与美应有的民族文化内涵基本无关。这一点在中国的城市美化运动中凸显出来。中国的城市美化运动大约起于 20 世纪 80 年代，强力推行于 21 世纪初，

---

① 戴振华、付明雄：《思小路景区服务中心是象窝　野象群频繁光顾》，《春城晚报》2008 年 4 月 22 日。

至今仍然兴盛不衰。城市美化一般从五方面着手：一是景观大道；二是城市广场；三是城市公园；四是城市地标建筑；五是打造作为展示样板的居民小区。景观大道作为城市美化的首选是因为道路是城市重要的载体。景观大道的打造目前已由城市扩大到乡村，在整个中国大地开花。但城市美化中的道路景观的美化是"惟视觉的美而设计，为参观者而美化，以城市建设决策者或设计者的审美取向为美"[①]。以这样的方针推动建设的景观大道必然出现六大问题。

1. 道路的美化以欧美园林景观为标准，导致城市"千街同貌"

当代中国的城市美化运动与改革开放同步，开放意味着一定程度上的学习发达国家的经验。但在城市建设中，这种学习通常因决策者知识结构的不合理或者懒惰而成了照搬、照抄或克隆。中国的城市美化与城市化进程，通常以欧美发达国家为标准。最先走出国门考察城市建设的往往是主管城市建设的领导与城市规划部门的专业人士。这部分人最先走的地方往往是美国、英国、法国等国，于是这些国家的城市街道就成为中国城市道路打造景观的标本。于是在中国的大江南北、长城内外的许多城市都有爱丁堡、威尼斯、波尔多、曼哈顿、奥克兰之类的克隆街区。在这些区域的道路景观中，从绿化树种的选择到街心花园喷泉的设计，都统统照搬原国。这里存在时间和空间两个方面的错误倾向。

首先，从时间来讲，当代中国城市美化运动中效法的欧美景观大道，是这些国家两三百年前的城市道路景观经典，属于工业文明时代的城市道路。进入后工业社会以后，西方人对城市空间的认识发生了变化，生态文化的兴起导致城市空间审美的变化，新的城市道路空间形态及景观已出现，过去的景观大道仅有古典的历史意义，并不代表世界城市道路景观发展的大趋势。因此当代中国城市美化运动中效法的道路景观已经过时，并不具有与当代中国思想文

---

① 俞孔坚、吉庆萍：《警惕：中国的城市美化运动》，《南方周末》2002 年 9 月 12 日。

化相适应的意义，因此没有模仿照搬的必要。

其次，从空间来讲，不同的国家、不同的地域，其文化是不相同的，这种不同文化背景下形成的城市空间形态（包括线形空间与片形空间），以及对这些空间景观的审美取向也不相同。在中国某个城市修建一条、两条或若干条这样的欧美式道路，或许可以说明城市的开放度，但整个城市都照搬、克隆这种西化的城市道路，只是让中国的城市穿上西洋衣衫，使中国的城市空间景观形态与城市的精神"形神相悖"，在某种程度上导致了城市景观建设的一种"自我殖民"。

人们对中国城市建设中出现的"千城一面"义愤填膺，大加挞伐①，但这种"千城一面"就技术层面而言，更多源自"千街同貌"，而"千城一面"与"千街同貌"的思想根源在于城市建设中的或者"去中国化"，或者复古化。"去中国化"的结果是城市道路的欧美化；复古化的结果是每个城市都建仿唐（宋、明、清）一条街，仿佛一夜之间人们都回到了唐、宋、明、清，中国的现代精神文化与城市建设的景观形态几乎没有关系。由此带来的后果就是道路景观与文化相悖。

2. 道路景观与政治文化相悖

正如"序言"中所说，道路作为人的通行空间，可以通江达海，延伸四方，它具有的这些特点，为其进一步提升、泛化为覆盖宇宙与人生的普遍原理提供了可能。中国古代文化中的道，不仅仅是供人车通行的道路，同时也是具有哲学意义的"道"，具有思想文化的特殊内涵。因此，就古今中外的经典道路来看，无论思想伦理的还是政治价值取向的，总是与道路所在国或所在地域的思想文化、价值取向相一致的。这就是说道路景观是具有教育意义的一种

---

① 冯骥才：《"千城一面"只能说明我们这一代人没文化》，人民网，2012 年 11 月 28 日；阿木：《"千城一面"忧思》，《时代潮》2005 年第 23 期，第 24—26 页；倪光辉：《"千城一面"是城市之悲》，《人民日报》2011 年 2 月 1 日；邓荣文：《中青报："千城一面"是对中国文明的糟蹋》，《中国青年报》2012 年 11 月 30 日；……

交通景观。如第一章所述，无论古罗马帝国的凯旋门，还是中国古驿道上的牌坊群，它们要宣扬的是那个时代的思想文化、伦理道德。而我们今天在进行道路景观打造时，却仅仅只为了好看，而且这种好看往往并不适合中国人的审美情趣，而是以西方美学为标准。这样，道路景观就因为它的审美导向功能、价值导向功能而误导了公众，使什么都有中国特色的祖国大地，唯独缺了道路景观上的中国特色。

因为是克隆的，所以无论是照搬欧美还是重建仿古街道，都无须以现代思想文化为依据来进行道路景观设计，因此，这种道路景观仅仅只有形式美观的意义，而无思想文化意义。按世界文明大国的惯例来看，一个国家的思想文化之路，或多或少地会反映在这个国家的实体道路景观之中，换言之，代表一个国家、一个城市形象的景观大道，总会反映出这个国家、这个城市的精神品质和城市个性。但在今天的中国，大多数的景观大道虽然浩浩荡荡、花团锦簇、色彩绚丽、美不胜收，但是人们很难从这些所谓的美中寻觅出其中应有的精神文化品质来。甚至，在某些情况下，为了让城市道路景观好看，人们在进行景观打造中，完全背离了主流价值体系，建造出令人难以理解的城市道路景观来。这也从城市道路建设的角度反映出了低俗、浅薄与急躁的时代病。

3. 道路景观与历史文化相悖

正如世界著名的华盛顿林荫大道、香榭丽舍大街所展示的景观一样，经典景观大道的魅力缘于它的特色，而特色往往缘于道路本身所独特的历史文化。巴黎的香榭丽舍大街，之所以号称"世界最美丽的大街"，不在于它有多么绚丽的鲜花，多么漂亮的大楼，而在于这条道路曾有的骄人的历史文化，在于它的特色，尽管新古典主义建筑已成过去，但它却很好地将其保存下来，让世人看到了当年法兰西引领世界建筑文化的历史。而我们的一些城市，在旧城改造中常常出现对历史文化的粗暴拆迁，对自己的特色不予重视，在城市新建设中以什么"东方日内瓦""东方威尼斯""枫丹白露"之类进行新建，其结果是造成了开发性破坏，城市的文脉与肌理破坏被毁，打造出一些没心、没肝、没肺的"好看"的景观大道。这样的景观大道多了，城市却并不因此而充满魅力，反而成了没有灵魂的"空心城"。昆明标志性的历史街区金马碧鸡坊，如今已被高楼大厦包围①，以往高耸巍峨的金马碧鸡二坊虽然仍由一条道路连接，但在高楼的"覆盖"下，早已相形见绌，丢了其原来的"势"，也就失去了这个城市街区应有的历史文脉之"场"，附着其间的文化之"气"就短了。假如在天安门城楼旁边修几幢摩天大楼，古今建筑两相对照就变得十分滑稽：摩天大楼如妖怪，天安门城楼似小丑，两个都不是东西，而横贯东西的长安街就会大失韵味，美感荡然无存。城市空间与道路的这种西化现象，正好说明一种文化上自我糟蹋的潮流正在"所向披靡"②。这理应引起我们的高度重视。如图 5 - 5 所示，重庆江北区建新南路的抽象自由女神雕塑像，笔者现场调查来往行人是否知道这个高高耸起的"标杆"是什么，50 个人中有 50 个人都不知道。

图 5 - 5　重庆江北区建新南路的抽象自由女神雕塑像

资料来源：作者自拍。

---

① 陈宁一：《肖辉龙省委书记"开炮"，痛斥昆明拆建》，《南方周末》2013 年 10 月 3 日。

② 冯骥才：《请不要糟蹋我们的文化》，《文汇报》2010 年 8 月 30 日。

4. 道路景观与地域文化相悖

在克隆西方城市空间形态的过程中，失去的不仅仅是民族文化在道路景观中的缺失，同样也导致地域文化在道路景观建设中的缺失。"无论是北方大都市，还是南国小城，无论是三峡库区迁徙新建的小城，还是具有数千年历史的古城，许多城市都为建设纪念性和轴线性的'景观大道'而大兴土木，竭尽'城市化妆'之能事，强调宽广、气派和街景立面之装饰。"[①] 小城市的景观大道的打造以北（京）、上（海）、广（州）、深（圳）为榜样，北、上、广、深又以欧美国际化大都市为样板，似乎国际化就是给城市"穿上西装"，就是城市景观的欧美化，整个地把科学技术与国际接轨的做法拿到城市建设的景观大道建设中来了，这样道路景观建设从规划设计开始，就缺少考虑或根本没考虑道路所在地的地域形态、地域文化、民风民俗以及区域间特有的审美文化，当其成为洋洋大观之城市景观大道后，自然失去了地域的特色。这种景观大道的建设表象背后的实质是：人们因在开放中向西方学习而丢失了东方自身的优良传统，在向他人的学习中丢掉了自我独立精神！失去了自我特性与历史的城市是没有灵魂的城市，失去了地域文化特色的景观大道，即使再美，也只有形式上的"泛美"，正如西装革履的青春小伙没有了他本身内在的精、气、神，整个就是一个衣架子，哪里还能称得上俊美青年呢？

5. 道路景观与时代精神无缘

进入 21 世纪之后，由于国学的兴起，许多地方的城市建设又开始朝另一个方向发展，即打造仿古一条街，这些仿古街，或者仿唐、宋，或者仿明、清，但恰恰难见以线形空间的景观形式来反映改革开放大时代的精神文化。从历史文化的大背景来看，人类所有重要的文明体都会在思想观念→制度规范→行为习惯→人工构筑物

[①]　俞孔坚、吉庆萍：《警惕：中国的城市美化运动》，《南方周末》2002 年 9 月 12 日。

（包括建筑空间）上留下它的痕迹。这种思想观念与制度规范、行为习惯、人造物质等是一个形而上与形而下的统一体，也就是说，制度规范是符合思想观念的，行为习惯是吻合于制度规范与思想观念的，而人造物，比如建筑空间，是按相应的规制兴建的，它在空间形态特征上符合人们的行为习惯与审美标准。例如，中国古代的都城格局多是按中国古代的典籍《周礼·考工记》来营建的，而《周礼》虽是讲官制的，但它的思想强调的是至高无上的王，即天子。所以城市的中心地段就是王宫所在地，通向王宫的道路就宽阔大气；反映在行为习惯上，就是君臣父子的尊卑关系得到人们的认同，君仁臣忠、父慈子孝在常态社会得到一定程度的实现。又如，中世纪的欧洲是"神本"社会，神权第一，世俗的王权低于神权，这种思想反映在制度层面上就是宗教法庭，反映在人们的行为上就是从国王到百姓都要上教堂礼拜、祈祷，反映在城市空间上就是城市的中心地段就是教堂所在地，王宫偏居城市一隅，通往教堂的道路都是大道，教堂所在地的道路都是"景观大道"。如图5-6所示，希腊雅典卫城，神庙在中心，城市围绕神庙而建，神庙周边的道路宽阔大气；图5-7乃中世纪波兰首都克拉科夫，圣母马利亚大教堂在城市中心，王宫在城市的最南边，通向市中心教堂的路宽阔平直。再如，现代资本主义在思想观念上强调人的自由、平等、博爱，为了实现这一观念，他们在制度层面上就实行了对权力的互相监督，典型的制度设计就是两党或多党竞争，三权鼎立；在城市空间设计上，就形成建筑与道路的三角空间构成，以城市格局隐喻思想文化，如华盛顿哥伦比亚特区。随着时代的变迁，西方古典建筑从空间形态、建筑审美到功能发挥等方面往往会实现现代转型，无论巴洛克式、哥特式、洛可可式等均是如此。

但在今天中国的道路景观中，人们很难发现改革开放的时代精神：就建筑立面而言，道路两旁的建筑不是照搬西方的现代主义建筑，就是克隆古典主义建筑，如果是仿古的街道，就是纯粹的唐宋式或明清式，中国特有的现代精神都没有融入建筑空间形态上来；

图 5 – 6　雅典卫城图

资料来源：http：//imoocmooc. dlut. edu. cn/nodedetailcontroller。

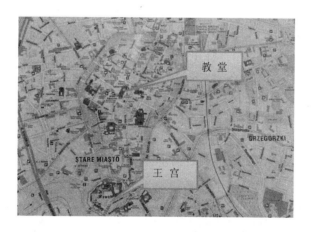

图 5 – 7　中世纪波兰首都克拉科夫

资料来源：作者自拍。

从道路绿化与道路附属物（路灯、广告栏、车站、指示牌等）来看，也很难看到在表现形式与造型审美方面完成了现代转型。我们今天的时代精神是改革与创新！因此在城市道路景观形态中，就应反映这种精神内涵，但恰恰相反，人们在一条条景观类同的城市景观大道中，看到的却是不动脑筋的照搬照抄，克隆复古，改革和创新不见踪影。

6. 历史街区存在景观上的不和谐

历史街区都是真古董，因此，对它们的保护应是一件很严肃的事情，应当根据原貌整修，如梁思成先生所倡导的，整旧如旧。从社会科学的角度来说，这叫对历史的尊重。但在现实中，常常出现将真迹推倒重来的情况。如，重庆渝中区李子坝本是保存较好的一条历史街区，但为了开发，将其中一些历史建筑（刘湘宾馆）拆后重建，街区变成了抗战遗址公园，与原来的街道景观已大相径庭。① 近年来，这种现象得到一定程度的纠正，但并未绝迹。同时，历史街区保护中还存在一种增加的附属设施与原街道景观不相吻合的问题。如，重庆江津中山古镇是一个原汁原味的川东山区古镇，但是当地在街道增设的垃圾箱与周边环境完全不吻合，大煞风景（见图5-8）。而意大利比萨斜塔下的垃圾箱，与比萨斜塔的造型、色彩相类，构成良好的环境画面（见图5-9）。两个场景虽然小到一个垃圾箱，但反映的是人们对景观环境的理解与保护水平。

（二）为艺术而景观

为道路沿线打造艺术精品，形成艺术画廊，实在是一件好事。但是这里牵涉两个问题：一是道路的秉性姓公，所以一般都叫公路，公路的使用者是公众，所以道路景观艺术应是为公众所能欣赏的艺术，如果全是不沾泥土的阳春白雪，就会曲高和寡，公众难以欣赏，达不到景观打造的作用；二是道路的最主要功能是交通功能，是要实现人流物流，作为车道景观不能因景观而影响交通安全。然而当前的道路景观恰恰存在与上述要求不一致的问题。

---

① 朱丽亚：《重庆将抗日名将刘湘旧居强拆改为豪华餐厅》，《中国青年报》2013年1月28日。

图 5 - 8　重庆江津中山古镇的垃圾箱

资料来源：作者自拍于 2010 年。

图 5 - 9　比萨斜塔与塔下的垃圾箱（后者形似前者）

资料来源：作者自拍于 2011 年夏。

1. 道路景观的非公众性问题

就城市道路而言，主要有两大类：一类是人行步道；另一类是车行道为主兼有人行道。但总体而言，道路是一种为公众提供的产品，道路的公众性决定了欣赏道路景观的人是公众，因此为道路设置的艺术品，无论是雕塑还是小品，无论是指示牌还是园艺性绿化，应是公众能够欣赏、接受甚至被这个艺术景观所感动的，所以应是公共艺术品。对于步行道而言，由于行人行走的速度较慢，对艺术景观可以驻足欣赏，因此可以按通常公共场所的艺术景观考虑创作艺术品。但对于车行道而言，或者主要为车行道，虽有人行道，但行人并不多，且不是休闲性行人，这种道路景观就要考虑动视特点来塑造。因为艺术品如果设在路边，主要是提供给在汽车里的驾乘人员观赏的，车是行走的，因此，视觉是动态的视觉。就中国目前的情况而言，城市道路一般时速定为40公里左右，城市快速通道一般时速为60公里。无论时速是40公里还是60公里，道路上的景观会一掠而过，不可能仔细品味，因此景观必须有一定的体量，线条必须是易分辨的，能让人一目了然。如果不是这样，将艺术景观造得大小失度，线条细腻，驾乘人员根本看不清是什么，景观就失去了意义。

2. 艺术道路景观与交通安全隐患问题

道路的第一功能是交通功能，对于车行道而言，所有的景观都必须以有利于交通安全为前提。因此，车行道路沿线的艺术景观，无论是雕塑、小品、壁画、岩雕还是绿化植物造型，应该发挥三方面的作用。

第一，道路艺术景观有利于强化驾驶员的心理警觉，有利于行车安全。从交通心理学的角度而言，单调乏味的道路景观，会使驾驶员出现驾驶疲劳，所以道路景观不应当千篇一律，需要有变异，给人以新奇与新鲜感。以高速公路为例，最初兴建高速公路的德国人，把道路修得笔直，以为又宽又直不需转弯的道路是安全的，结果反而导致交通事故频发。原因即在于笔直的道路使驾驶员产生两大致命问题，即视觉疲劳和警惕丧失。于是，今天的高速路在设计上都有意识地要让公路有一定的弧度，同时在绿化上也注重从色彩到造型的变异，这样就可以使驾驶员在驾驶过程中因视觉景观变化而减少视觉疲劳和心理疲劳。

第二，道路艺术景观有利于交通的导视作用，便于方向的识别。道路的艺术景观往往作为视觉的焦点而存在，如果这个景观将人的视线引向了不利的方向，就可能导致驾驶员的错误判断，对交通功能产生不利影响；相反，在某些情况下，因为一个艺术景观点将驾驶员视线引向了另一个开阔、美丽的自然或人文景观，驾驶员就可能因视觉的开阔而带来心理的愉悦，从而从心理到生理两方面有利于安全驾驶。

第三，道路艺术景观是一种一目了然、便于读懂的景观。之所以需要这样的艺术景观，是因为车行速度很快，一般一个艺术景观从出现在眼前能辨清形态到一闪而过，快的几秒钟，多的十来秒钟，如果艺术景观不能发挥艺术传达的简明作用，让驾驶员在景观过去之后还去想、去猜这是个什么东西，从交通心理学来讲，就会影响行车安全，存在交通隐患。

但现存的一些道路艺术景观中，恰恰存在忽视道路景观是线形的动视景观这一要素，造景者常以静态视觉的思路来打造道路景观，如视觉冲击力很强的壁雕、抽象派的雕塑、设在道路绿带中让坐在汽车中的驾乘人员似辨而非的小品等，这些为艺术而景观的道路景观建设，就完全不能发挥艺术景观的上述功能。更有甚者，在城市快速通道路域，打造出"非看不可""看不懂"的艺术景观，结果不仅花了钱没达到所要的效果，而且带来了交通安全隐患。如图 5-10 所展示，重庆嘉陵路是主城市区主干道，这里有一非看不可的边坡景观——岩之魂。这一路线行人稀少，车辆密集，道路狭窄。该岩壁画色彩对比强烈，耀眼夺目，有让人"非看不可"的效果，但却让公众难懂，从嘉陵江北岸看过来，很像一块补丁。该景观路段前方曾发生重大交通事故。据当地市民讲，刚落成时，车辆擦剐有较大增加。尽管壁画创作人、题文人都是一流名家，壁雕在创作形式上有创新，但从交通安全和交通美学角度而言，此壁雕放错了位置。

图 5 - 10　重庆嘉陵路岩壁雕塑景观

资料来源：作者自拍于 2010 年。

二　生态文化视域下的道路绿化景观问题

从哲学的角度来看，建筑的形制总要受建筑思想的支配，而城市规划则受城建思想制约与支配，城建思想又受城市建设所在时代的思想文化制约与影响。因此，生态文明、生态思想、生态文化总体上一定会影响到城市建设和交通建设。

但本书所讲的生态就内涵而言，并非完全生态学的生态，而是借助生态学的理论，应用到道路工程之中，使道路在方便人们交通出行的同时，减少或降低对自然环境的负面影响：在城区，重在通过道路在环境工程上的新技术和绿化的科学化，来降低污染、减少噪声、净化空气、缓解热岛效应，最终改善城市人居环境；在野外，是为减少道路对自然地域环境割裂产生的生态环境碎片化危害，通过模拟自然，在道路的上下部空间为动物留下迁徙的通道，以为野生动物建立基本的生境，同时通过生物工程和物理工程使道路路域的生态环境得到基本的保护，实现道路路域生态的持续发展。

道路的生态建设可从多方面展开，如路面铺装材料使用生态环保性材料，道路两侧建筑材料的生态环保性使用，道路雨水与污水的分开处置等。而道路绿化则不然，从树木植被的选择到乔灌草的布局等，人们往往都存在分歧。因此，本书仅从道路绿化的生态优化来论述生态视域下的道路景观问题。

（一）世界历史视域下的道路绿化

从世界道路史角度来看，中西方都在很早就有了道路绿化。根据现有文本的资料，我国最早的道路绿化在周代。周时的道路绿化价值倾向于保护道路、调节气候。《周礼·秋官·司寇·第五》记载："野庐氏：掌达国道路，至于四畿，比国郊及野之道路，宿息、井、树。"郑玄对"井"和"树"的注释是"井共饮食，树为蕃蔽"[1]。井代指提供饮食。树的作用则有两个方面：一是蕃，即道路的藩篱，作为道路的界标、保护道路；二是蔽，即它的遮阴蔽日、调节气候的作用。就是说，野庐氏这种官职的职责是掌管国都通向四畿的道路，使其畅通无阻，考察近郊、远郊及野地的道路状况，保障驿店饮食，确保行道树状况良好。《国语·周语》（中）有"周制有之曰：'列树以表道，立鄙食以守路。'"[2] 意即指周朝的法制规定，驿道边种植成排的树木作为道路的标志，每隔一定的距离建立驿馆以供来往的旅客食宿与守护道路之人居住。

西方道路的绿化也有悠久的历史。据记载，早在 2700 多年前，古罗马的街道两旁就种植了树木。[3] 但最初的古罗马军用大道是不植树的。后来随着军事行动的增加，为了调兵遣将过程中士兵不受太阳的暴晒，统治者下令在大道的两旁种上大树，以便为行军的士兵遮挡炎热的阳光。[4] 今天，古罗马大道遗迹沿途两侧常常会看到绿盖如云的罗马松高高耸起。因此，古罗马大道的道路绿化功能与

---

① （汉）郑玄注，（唐）贾公彦疏：《周礼注疏》（下），上海古籍出版社 2010 年版，第 1412 页。

② （春秋）左丘明：《国语·周语》（中），中州古籍出版社 2010 年版，第 61 页。

③ 马军山、胡坚强、钱琪霞：《西方古代城市绿化概况与手法初探》，《国外城市规划》2004 年第 4 期，第 46—48 页。

④ Henry F. Amold, *Trees in Urban Design*, Van Nostrand Reinhold, 1993.

古代中国相近，主要是为了防晒避雨，调节气候。欧洲国家有意识地在城市道路上连续种植成排成行的行道树应是 16 世纪中期才有的事。1552 年法国颁布法令，要求在各主要道路上种植树木，至 1600 年前后，巴黎的主要大街形成了林荫道。17 世纪 20 年代，英国伦敦出现了花园式的城市林荫道。① 这时的道路绿化已具有园林化的意义，其价值更多地倾向于为城市增色添彩，且可以被视作城市园林的构成部分，其功能更倾向于使城市道路景观更加美观。

20 世纪 70 年代始，欧洲和北美对道路等基础设施建设对生态环境的影响开展了大量研究。2000 年 4 月召开的美国第十五届景观生态学会议上，专家们就把公路和公路网的生态效应作为新出现的学科领域之一进行讨论。2003 年，哈佛大学教授理查德·福尔曼（Richard T. T. Forman）等 14 位交通工程和生态学专家共同出版的 *Road Ecology：Science and Solutions*，标志着道路生态学的形成。② 当时，对道路生态的研究已由过去改善环境、美化景观转向对整个道路路域生态环境的研究。那时的道路绿化，从思想到价值观念来看已产生了划时代的变迁，即要通过绿化生态功能的发挥来降低道路对生态环境的破坏度，通过交通生态工程的科学技术运用，使道路融入自然，让城市更宜居。与此相应，景观生态学得到了足够的重视，并在许多专家的研究中得到迅速发展。而道路景观的标准也开始推陈出新，产生了新的道路景观生态评价标准。

从上述东西方道路绿化的历史来分析，道路绿化是随着历史的变迁而变化的：一是标志道路界域（这主要在古代中国）；二是改善环境，调节气候；三是使城市街道（道路）更为美观；四是改善道路路域生态环境，使道路对自然环境的负面影响降低。

---

① Gordon A. Bradley, "Urban Forest Landscapes Integrating Multidisciplinary Perspectives", Henry W. Lawrence, *Changing Forms and Persistent Values：Historical Perspectives on the Urban Forest*, 1995 University of Washington Press, pp. 18 - 40.

② Richard T. T. Forman, etc., *Road Ecology：Science and Solutions*, Island Press, 2003, p. 137.

（二）不同时代的道路绿化分析

如果我们对上述道路绿化的时代做一个划分，不难发现：将道路绿化作为道路路界标志与改善道路环境的时代，是农业文明时期；将道路绿化作为景观打造的时代则开始于工业文明时代的前奏期，并贯穿了整个工业文明时期；而将道路视作对自然环境产生负面影响的因素，着力降低它对自然生态环境负面影响的道路生态学产生的当代，恰恰是人类社会进入信息化的后工业社会。由此，我们得到这样一个初步的认识：不同的时代会产生不同的思想观念，不同的思想观念会影响人们的城市建设思想与道路绿化理念。

工业文明取得的巨大物质财富是以对人类生存环境的巨大破坏为代价的，在此基础上孕育起来的后工业社会推崇的是生态文明。作为新时代物质与精神文化的表征，生态文明对人类社会产生的影响将是全方位的。不仅仅表现在生产方式上，同时也体现在生活方式上，不仅体现在思想意识上，同时也具化在价值判断、道德行为和审美心理上。但任何时代都有它的历史惯性。当工业文明向后工业社会迈进时，生活于这个新旧交替时代的人们是很难将思维的内容与思考的方式完全从过去的时代转变过来的。尤其是我国的工业现代化建设是与发达国家工业化后期和信息化社会前期同步，这就导致一些城市规划与建设者常将西方发达国家工业文明时期的城市建设作为我们效法的样板，秉承工业文明时期西方城市建设的老思路，在城市绿化和道路绿化中，就出现了许多与生态文明相悖的现象。因此，在城市道路建设与绿化过程中，不是使城市融入自然，而是强化城市与自然环境的割裂，不是城市使人生活得更美好，而是让城市更"好看"。

（三）生态文化视域下的道路绿化景观问题

按传统眼光来看，当前国内的城市道路绿化的确取得了很大的成绩。但如果站在生态文化的高度来看，正是这些所谓的"很大成绩"背后，存在至少三方面的不良取向。

1. 将城市道路绿化当作城市道路的园林化

这种做法的偏误在于，从时代的精神来看，它把工业文明时期时髦的绿化工程错接到生态文明的时代来，背离了时代的文化主题。从具体做法来看，它将城市道路绿化与城市园林绿化混为一谈。城市道路绿化要发挥的功能与城市园林绿化不完全一致。虽然城市道路绿地与城市园林都有美化城市和改善城市环境的作用，但两者面对的问题与要发挥的作用是不一样的。城市园林主要面对的问题是人口高度集中的城市所产生的拥挤、喧嚣与嘈杂的环境，它的功能偏重于改善城市的空间环境与视觉景观，为人们提供休闲、娱乐、静谧的绿色空间，以提高城市环境景观质量，使城市宜居；城市道路绿化带也是为了使市更为宜居，但它面对的主要问题是要在保证城市道路交通功能得以充分发挥的情况下，通过绿化起到减少汽车尾气、噪声以及 PM2.5 的污染，同时，还要发挥降低热岛效应的作用。我国城市道路面积率多在 20% 以上①，这些道路主要由沥青混凝土或水泥混凝土铺面，这是一种吸热比散热快的城市道路地表，是形成热岛效应的三大要素之首。② 如果道路绿化不按道路生态学的相关科学规律来指导并实施，道路就会在城市热岛中成为其形成热岛效应的最重要因素；反之，如果遵循道路生态学的规律，道路绿化就会为降低热岛效应发挥特殊的功能。另外，不恰当的城市道路绿化对降低噪声、减少汽车尾气、减少 PM2.5 等污染的净化功能也会减弱。

---

① 城市道路面积率通常采取的计算方式是：城市道路面积率 = 建成区道路用地总面积 ÷ 建成区用地总面积；也可以计算建成区内局部地区的城市道路面积率，公式为：道路面积率 = 道路用地总面积 ÷ 建设用地总面积。其中道路通常指的是：城市主干路、次干路、支路，不包括居住区内的道路。

② 热岛效应主要成因有三：一是城市地表的柏油路、水泥路和建筑群与郊外的林地、田野不同，城区反射率小，吸收热量多，蒸发耗热少，热量传导较快，而辐射散失热量较慢，郊区恰相反；二是城区排放的人为热量比郊区大；三是城区大气污染物浓度大，气溶胶微粒多，在一定程度上起到了保温作用。因此，如果绿化时加大绿化量及绿色覆盖，就会降低热岛效应；反之则会增强热岛效应。

由于将城市道路绿化当作园林绿化，并以工业文明时期惯常的景观审美来设计城市道路绿化，因此，当前城市道路绿化的最显著的特点就是通常意义上的城市带形空间的景观美——乔、灌、草错落有致，红、黄、绿色彩斑斓，点、线、面图案对称，春夏秋冬四季有花。但对于城市道路绿化的生态功能——最大限度地降低汽车尾气、噪声、PM2.5污染，减少热岛效应，却不能得到很好地发挥。具体而言，它会导致五方面的问题。

第一，在植被的选择上，不是选择那些最能降低污染的植物作为城市道路绿化的品种，而是选择那些形态色彩"好看""便于管理"的植被。如，乔木选择上，当把城市道路绿化当作园林绿化来做时，通常的做法是选择"树形好看"的彩色植物（树）作为城市道路的主要绿化树种：或者选择树干笔直、树冠呈锥形的树种，或者选择树形优美、体态婀娜的常绿乔木，或者选用有色彩变化、色彩独特的彩色植物。它们或者属于通常意义上的"好看"，或者既好看又不掉叶（就不需要扫叶），方便管理，或者完全是因为色彩，仍然是"好看"的彩色景观。但从优化环境的生态意义上而言，体态挺拔呈锥形小树冠的树木，在滞尘效果、降噪作用与遮阴面积等方面都不及树冠高阔的乔木；不落叶乔木虽然方便了管理，但却在人们需要阳光的冬天遮蔽了阳光，从而影响了人与自然的亲密接触；彩色植物虽然好看，但在滞尘、降噪、消解污染等方面，并不一定能起到最好的作用。从建设宜居城市的角度而言，选择这类乔木作为城市道路绿化所起到的生态效果往往不能令人满意。又如，为了达到"好看"的视觉效果，在选择灌木时，往往选择那种色彩形成强烈对比的植物，设计成图案对称的植被园艺——金叶女贞配红花继木，迎春花配映山红等，以形成黄绿对红紫，嫩绿对鲜红的强烈视觉对比效果，加上球状的小叶黄杨，红花继木配以稀疏卓立的假槟榔，似乎就实现了乔灌草有机配套的道路景观园林化了。但基本没有考虑通过植被有机搭配而更好地实现滞尘、降噪、吸纳二氧化硫等有害物质的生态效果。

　　第二，在绿化的形态配置上，更多考虑的是如何让城市的道路绿化实现通常意义上的赏心悦目——如银杏树、假槟榔、霸王椰、凤尾葵、金叶榆、变叶木等，而这些植物形成的绿化景观更多地倾向于视觉意义的色彩美，而少有生态净化功能。强烈的人工干预植被自然缺少生态美学意义上的天然之美，由此带来的结果是虽然进行了绿化，却减少了道路绿化的生态环境改良效果，加剧了城市热岛效应。如图 5-11 所示，树干笔直、树冠呈锥形的行道树，滞尘和降噪效果差，不能很好地遮蔽阳光，导致阳光长时间照射路面，强化了城市"热岛效应"。同样，图 5-12 所示中，道路植物的配置使阳光直射路面时间长，强化了城市热岛效应；锥形树冠滞尘和降噪效果差，两边人行道上的树冠虽大，但属常绿乔木，冬季挡住了温暖而宝贵的阳光，使城市道路的环境未得到应有的优化。这种绿化配置同样不利于城市环境的改善。

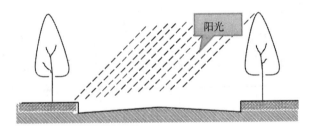

图 5-11　树干笔直、树冠呈锥形的行道树

资料来源：作者自绘。

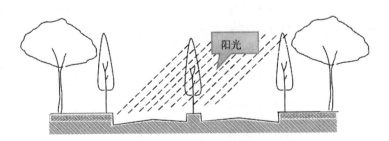

图 5-12　道路植物的配置不利于城市气候的调节

资料来源：作者自绘。

第三，在道路景观的整体视觉效果上，图案工整、色彩对比强烈、以人工理性为特色的过时的城市道路园林绿化景观会与道路路域周边的自然绿色景观形成强烈的视觉反差，形成与周边绿色景观不吻合的特点，因而是不自然、不协调的。

第四，这种城市道路绿化的大规模推扩，诱使、误导市民产生错误的道路绿化景观审美，使人们错把传统意义上的景观道路绿化等同于生态绿化。后果是使生态文明理念难以融入市民的审美心理之中，可能导致中国市民城市道路景观审美停留在西方工业文明初期的水平上，最终可能会使生态文明的精神内涵无法通过城市道路绿化景观融入城市市民的理念之中，甚至导致中国城市市民的生态文明素质不能与生态文明的时代与时俱进等不良后果。

第五，这类城市道路绿化成本高、不可持续。这类城市道路绿化要保持其应有的视觉景观效果，草坪碧绿，鲜花盛开，灌木保持其形状，如绒球状、方正状、波浪状，绿栏永远整齐并呈对称图案，就必须要有大量的专业人工维护。无论是人工的马尼拉草坪，还是图案工整、色彩对比强烈、修剪整齐的乔灌草园林，其修枝剪叶、除草、灭虫，都必将增大成本。随着城市的扩容，其道路绿化的成本也会大量上升，因此很难持续。

2. 将传统的城市道路绿化等同于道路的生态化

无论从学术理论上讲，还是从道路生态技术的实践操作层面上看，传统的道路绿化并不等同于道路的生态化建设。因为如果道路绿化仅以"好看"的视觉美为导向，其结果必然导致为了好看牺牲了环境，葬送了生态。但当前却存在一种错误的认识，即将道路绿化等同于生态建设。如果仅是一般公众也就罢了，但如果涉及城市道路的主管部门，问题就严重了。因为这种认识必然贯穿到城市道路绿化的过程中，产生不良后果。

但是，从当前各级政府下发的关于加强城市道路绿化的诸多文件看，总是可以看到将道路绿化建设与生态建设和景观建设连在一起的，甚至等同。① 这样推行下去，必将产生两方面的后果。

第一，虽然扩大了城市道路的绿化面积，形成了崭新的、绿色的、四季有花的城市道路景观，但城市的生态环境却并未因此得到更高的提升。原因在于，传统的景观道路绿化，必然会种植色彩对比强烈的植被，形成对称的图案，与乔木、草坪形成高低错落的景观。为了保持这种景观效果，绿化部门会定期对绿化乔灌植物进行修剪，对绿化带施以杀虫剂、除草剂等。这就对生态环境产生了一定程度的破坏。就杀虫剂而言，无论辛硫磷、毒死蜱还是氧化乐果、马拉硫磷都对人体有害，会对环境造成新的污染；就除草剂而言，无论是苯氧乙酸类还是酰胺类，无论是二苯醚类还是均三氮苯类，所有的除草剂都对环境有害。杀虫剂和除草剂使用不当，还会导致人体急性中毒、致癌、致畸、致突变等，更不用说这类化学药品对土壤、微生物等产生的恶劣影响了。如图 5 - 13 为桂林机场到市区的道路绿化，色彩对比强烈，乔灌草木高低错落有致；图 5 - 14 为重庆金开大道，作为景观大道，其园林风格仿日本皇家园林，但色彩与广西桂林的景观道相类，均红绿对比强烈。但在仲春时节，却看不到蝶舞蜂飞，盛夏时节，听不到蟋蟀吟唱，蝉鸣莺舞，原因就在于杀虫剂之类化学药品的经常性使用。

一般情况下，国内一条精心打造的景观大道，为了达到其景观视觉效果，一年要进行 6—8 次喷药，各类化学物质既杀死了害虫，也致死了自然环境下生长起来的昆虫，使土壤里的微生物遭到毁灭性的破坏。导致的后果是，昆虫（蚱蜢、蟋蟀、青虫、蝉等）在

---

① 从笔者目前看到的地方各级政府下发的有关加强城市绿化的诸多文件来看，总是把城市绿化与生态建设联系在一起的，仿佛城市道路绿化就等同于城市生态建设，绿色的就等同于生态的。如《××市人民政府关于印发〈××市创建"国家园林城市"实施方案〉的通知》中就有，"构建生态和谐社会，走城市可持续发展道路"以及"城市道路绿化建设。道路绿化按道路长度普及率、达标率分别达到95%和80%以上；市区干道绿化带面积不少于道路总用地面积的25%"。"××、××、××三区要选择2—3条道路营造不同风格的景观大道。"这样，就把绿化、生态、景观等同了。而事实上，这是三个不同的概念，有着不同的内涵。

图 5 - 13 桂林机场到市区的道路绿化

资料来源：作者自拍于 2012 年春。

图 5 - 14 重庆金开大道绿化

资料来源：作者自拍于 2014 年春。

这种景观环境下不能生长，没有这些昆虫，小鸟也不会到这里来觅食。城市道路的这种绿化虽然好看了，但即使春夏蜂飞蝶舞之季，人们也看不到色彩斑斓的绿化带上有活动的东西，失去了"留连戏蝶时时舞，自在娇莺恰恰啼"（唐·杜甫《江畔独步寻花》），"蝶舞香暂飘，蜂牵蕊难正"（唐·元稹《早入永寿寺看牡丹》），"蜂争粉蕊蝶分香"（唐·温庭筠《惜春词》），"蜂蝶去纷纷，香风隔岸闻"（唐·韩愈《花岛》）等自然和睦的景观，没有油蛉的低唱、蟋蟀弹琴的原生态下的天籁之音，仅仅有这种色彩绚丽，即使仅仅从景观而言，这难道不是一种残缺吗？什么是自然？自然不仅仅是花红柳绿！什么是生态？生态当然是一个系统！有地质系统、植物系统、动物系统。仅有植物（好看的植物）而无草长莺飞、蝶恋花、蜂采蜜、枝鸣蝉，还算自然生态吗？这样的景观环境是与自然相融的吗？可见人们通常赞叹的这种所谓绿色的道路景观建设并非生态的道路。其绿化仅是园林景观绿化而非生态的道路绿化。

第二，这种以生态建设为名的城市道路绿化，不仅不生态，还从两方面加大了绿化景观维护的成本：一是为了维护道路景观的形态，必须经常修剪、洒水、喷药，增大了人工成本；二是农药、化肥、除草剂等化学药品也需要费用，增加了经常性的费用成本。这从根本上违反了生态的宗旨，也与世界道路生态建设的大趋势相悖而行。尽管道路景观的园林式绿化起源于西方发达国家，但随着生态文明的到来，如今的发达国家，已不再大规模地兴建园林式的道路景观，而是以道路的自然绿地取代那些华而不实的景观大道。如图5－15是德国慕尼黑城市道路边的无修剪绿地（本地自生绿草）；图5－16则是瑞士山城琉森公共车站边的无修饰绿地——本地绿地。这样的城市道路绿化，具有四大好处：一是绿量比人工草坪更大，吸纳热能量更大、释放热量更快，调节气候的功能更强；二是更能在这种自然态状态下形成自然生境，有利于本地昆虫，如野蜂、蝴蝶、蟋蟀之类的昆虫繁殖生长，其自生的草籽更能为鸟类提供食物，因此更能吸引鸟类昆虫来觅食，从而使城市更易融入自然；三是节省城市绿化人工成本，降低城市道路绿化的费用；四是不需喷洒除草剂、除虫剂，使道路沿线免去了农药化肥的污染。而图5－14所示的重庆金开大道，一年6—8次喷药量不仅需要农药成本，而且还要人工成本。其中的植株修剪是相当消耗人工的，12个人一组，每天修剪约30—50米，金开大道全长13.5公里，就要修剪约一个月，而这种景观大道，每逢春节、十一、五一、七一（党庆）、党的重要代表大会召开等，都要大修剪，一般情况下也

图 5 - 15 德国慕尼黑城市道路边的无修剪绿地

资料来源：作者自拍于 2011 年夏。

图 5 - 16 瑞士山城琉森公共车站边的无修饰绿地

资料来源：作者自拍于 2011 年夏。

需要小修剪。金开大道分三段配置园林工人，每段约十二三人，如此花费的人工会有多少？如果每个城市都修这样的景观大道，且莫说城市生态建设了，就是人工费、资源消耗费都是很难承受的，是不可持续的。

3. 将城市园林景观标准当作城市道路绿化的评价标准

在近十多年来兴起的一些城市最美街道评选中，其评选标准都以"景观优美"为最大权重标准①，而这些景观优美的标准又恰恰与欧洲古典园林美的标准相类似。诚然，一个城市有一些景观大道、花一些钱做一些传统意义上的美化也是应该的。但这种评审标准往往会给人们带来错误的导向，会让更多的城市道路以此为标准进行绿化，结果是这种非生态的城市道路绿化持续扩大化，通过城市道路的绿化来改善城市生态就更难以实现了。另外，从精神文明的角度来看，一些不明就里的市民误以为这种"最美街道"的绿化形式就是生态道路的绿化，从而使生态文明的精神无法在城市道路绿化中落实，也难以普及到广大市民中。在城市化进程中，城市发展往往是乡镇发展的样板，因此，不生态的城市道路绿化，也会影响到乡村道路绿化中去，由此形成恶性循环，就会在未来城市与乡镇的道路绿化中形成惯性错误，使城市道路绿化的生态建设始终难以推广实施。

第三节　我国道路景观问题的对策研究

相关调查和文本资料证明，人们对一个国家或一座城市的认识，多是从这个国家与城市道路景观的初步印象来的。因此，我国道路景观存在的这些问题，对我国城乡道路景观建设质量的影响是明显的，这种影响不仅反映在"硬"的方面——给交通安全带来隐患、给道路路域生态环境带来较大负面影响，而且更反映在"软"的方面，使我国的城乡道路景观缺乏应有的文化内涵，生态文化建设仅停留在思想文化层面，难以落实到道路景观的物质层面上等。问题的解决，需从根源着手，因此我们需要对道路景观存在的问题进行追根溯源的分析。

----

①　各地的最美街道评选标准通常将景观优美排在第一位置，而这种美与生态美相悖，主要体现在形式美上：点、线、面的序列布局，乔、灌、草的景观配置，与景观生态的内涵相差甚远。请参见重庆、四川、安徽等地的最美街道评选资料。

一　道路景观问题根源分析

导致道路景观建设出现问题的因素很多，但如果从大的方面归类，大约主要有以下几方面。

（一）思想观念上未将道路景观视为文化工程来打造

正如前面所论述的，任何一种成熟的文化，反映在人类社会中，都应是一种完整的文化。这里所谓的完整，至少应包括四个层面，即思想与精神的文化，制度的文化，行为的文化和物质层面的文化。换言之，就是当一个文化体系在思想与精神层面与另一文化体系有所不同，那么这种差异必然会反映在这个文化体系中的制度层面、行为习惯层面和物质形态方面。这里，物质文化必然地要体现、展示精神文化所强调的价值、审美与诸多方面的因素。但这里必须有一个前提，即推动物质文化与空间建设的时候，其建设思想应与这个文化系统中的精神文化相一致。以城市建设为例，如果中国的城市建设要有自己的特色，那么，城市建设指导思想也应有中国的特色。如果中国的城市建设指导思想是西化的，那么，就不可能打造出中国特色的城市空间形态来，而只能是"千城一面"的西化城市景观，就会出现具有中国特色社会主义建设中城市具有欧美特色而无中国特色的奇怪现象。

道路景观建设也是这样，如果仅仅将道路景观视为景观工程而不是文化载体，那么，必然会按景观的视觉艺术标准与要求来设计与建设，在这方面，西方国家无疑走在前面，无论是学习它们道路景观的点、线、面，还是学习其道路两侧建筑立面所取的"形式服从功能"的现代主义价值取向，其结果只有一个，只能是克隆、复制、重复西方国家的道路景观。而中国的文化、本地域的文化很难从道路景观中表现出来。

城市的属性是人的本质力量的对象化。城市建设既是物质建设，也是精神文化建设。但在过去的城市化进程中，城市建设过程多被视作经济建设而未被视为文化建设，所以在进行城市规划时，人们更多地"借鉴""学习"发达国家的城市规划经验，未将我国特有的思想文化因素融入其中，所以尽管人们对我国的"千城一面""千街同貌"的反感已经有近二十年了，但问题始终未从根本上得到解决。今天的中国，已经从意识形态、国家制度等方面提出了"三个自信"——道路自信、理论自信、制度自信！什么都有"中国特色"——但恰恰不能在城市空间形态与道路景观上反映出中国特色！这难道不是我们整个思想文化建设中的一个残缺、一个遗憾?! 由于道路的公众属性，道路空间形态景观会对人们产生某种心理暗示，所以道路景观的问题或多或少地会影响个人、社会的精神文化、价值取向。

古今中外的道路景观史告诉我们，经典的道路景观，是国家文化、意识形态的载体，同时也是民族审美心理以及地域文化的体现，道路景观的特色，缘于思想文化的特点。因此，不将经典的道路景观当作文化工程来做，就设计不出具有文化内涵的道路景观，也不可能设计建设出世界一流的景观大道来。

（二）制度建设上未将道路文化因素纳入道路景观评价指标

由于没将道路景观视为文化工程来做，无论是建设部还是交通运输部都未制定出相关的道路景观评价标准。各地自发形成的"最美街道"的评价标准，也基本未从道路的历史文脉、景观的现代转型、道路附属物的民族文化特色、道路设施的人文关怀等方面来确立评价标准；而道路绿化方面，也未从绿化的生态取向、人文内涵等方面来设立标准，而是看是否"四季有花"、是否色彩绚丽、是否有图案对称的园林绿化等方面来评价的。

（三）在实践操作上，未将道路的交通安全、道路景观动视特征、线形空间的艺术规律、历史文脉、生态文化因素融为一体

作为交通基础设施，道路景观的设计与打造，必须以确保交通安全为根本，以符合动视规律为依据，以注重民族审美或地域文化为内涵，以降解道路对环境的负面影响为价值追求，才能使道路景观具有成功的可能。换句话说，忽视了这些内容的任何一个，道路

景观的打造都不可能取得真正的成功。但现实是，人们在对道路景观进行规划与设计时，经常出现这样的情况：在打造景观大道时，想到的是如何让道路景观好看而往往忽略了道路景观所应反映的文化内涵；在保护性开发历史道路或文化道路时，常常又忽略了道路最基本的属性是要发挥其交通功能，为了凸显道路的历史文脉景观而牺牲了道路的交通安全；在强化道路的艺术美景观时，往往忽略了道路的艺术景观要符合道路的动视特点与规律；至于城市道路的绿化，是园林局的事情，因此，道路的绿化也就变成了道路的园林化，而近两百年来的西风东渐，使西式花园的审美成了园林界的主流趋势，无论图案还是树种，总是以西化的形式美为价值追求；……这样"千街同貌"的景观就自然而然地出现了。

综上所述，中国道路景观的问题如果要归根结底用一句话来归纳就是：景观建设的问题是思想文化问题，要想解决景观问题，就首先需要解决思想上对道路景观的认识问题。

二　道路景观问题的对策研究

解决问题，首先要从产生问题的根源入手。导致我国道路景观建设存在诸多问题的根源中，最根本的是在思想认识上仅仅将道路工程视为交通工程，稍有进步的，是将道路工程在交通工程的基础上提升为景观工程，几乎没有谁将道路景观视为文化工程的。由此导致了在制度设计、实践操作等诸方面跟不上道路景观本身所具有的更深层次属性——作为政治文化、伦理道德、精神追求、生态文化的载体。为了解决这些问题，在后交通时代的道路景观建设中，可从精神文化层面、学术理论层面、制度层面和评价机制等几个方面来推动道路景观建设，以避免或减少未来道路景观建设中可能出现的问题。

（一）在精神文化层面上，确立起经典城乡道路是文化工程的观念

正如建筑在满足了人的居住、办公、娱乐需要之外，它还

"是一种暗示一个普遍意义的重要思想的象征（符号）"，"应该单凭它本身就足以启发思考和普遍观念"① 一样，对于经典的道路而言，它不应当仅仅只具有交通通行功能、商业贸易功能，还应成为凝聚人们情感、承载民族精神与文化的带形空间。考察世界经典道路之所以成功，均以文化因素融入道路而成，或者因历史文化因素（如香榭丽舍大街），或者因政治文化因素（如华盛顿林荫道），而非仅仅因外观形式的美观或跟风。经典道路景观文化工程观念的确立，侧重在三个层面的人员。

1. 地方党政领导人员

这是鉴于中国行政权力对城市建设干预的实际情况而提出的。因为景观大道的打造之决策，常由地方党政领导干部来作出，甚至有些地方景观大道的外在景观也以领导的喜恶为标准，而并非遵守道路景观动视特点、地域文化、地形地貌等客观要求。党政领导干部确立了经典道路是文化工程的观念，在一定程度上，也就从景观打造的第一要素中避免了道路景观的欧风美雨，也可以在某种程度上避免道路景观打造的向外照搬，避免将道路景观建设视为交通工程，仅考虑人流物流要素而不考虑文化要素。

2. 规划设计人员

规划设计人员是道路景观的直接设计与"生产者"。只有道路规划设计人员在思想意识上确立了经典道路景观工程是文化工程的意识，道路景观的"千街同貌"才有可能从源头得以杜绝。规划人员的思想文化素质，决定了道路景观的文化品质。香榭丽舍大街的历史文化品质源于它的规划建设者奥斯曼男爵的文化素养，华盛顿林荫道的政治文化品质源于它的规划设计者朗方的政治价值观。从更长久的眼光来看，道路规划与设计人员的思想观念才是最重要的道路景观文化品质的决定因素。我国的道路规划人员几乎是青一

---

① ［德］黑格尔：《美学》第三册上卷，朱光潜译，商务印书馆 1979 年版，第34页。

色的工科院校毕业生，而我国在教育过程中，从高中开始就实行了文理分科，而城乡规划（包括道路系统的规划）又恰恰是综合学科，如果不提升规划设计人员的思想文化水平，确立经典道路的景观打造的文化工程意识，必然导致道路景观的交通工程化，景观打造的"国际接轨化""标准化"，道路线形的点、线、面外在形式美非特色化。

3. 大众传媒、文化宣传部门人员

大众传媒和文化宣传部门人员，具有引导社会文化的作用，他们的思想文化水平，会影响公众的兴趣、爱好和文化素养。当他们确立了道路景观是文化工程这样的意识，就会在文章、图片、影视中反映出来，从而在舆论上、文化氛围上督促规划建设人员，影响和引导公众。相反，如果这些人员的思想文化水平停留在道路景观工程仅是景观工程、市政工程的水平上，就会有意无意地在其所掌握的报纸、杂志、网络、电视等大众媒介的文字、图片和影视中表现出这样的意象来，其结果必然会误导公众，使公众的景观认识水平难以达到现代文明国家之水平，最终的后果是，随着法治建设的不断提高，城市建设公众参与度越来越高，公众的景观文化意识缺乏有可能导致着力打造的经典道路并不反映其应有的文化内涵，由此导致城市道路缺少城市精神。而在这样环境下也难以影响、培育出新一代人应有的文化素养。

（二）在学术层面上，建立道路景观批评学

正如文艺批评推动了文学艺术的繁荣，建筑批评学推动了建筑本身的发展和建筑质量的提升一样，建立道路景观批评学当然也会推动道路景观质量的提升。道路景观批评学的建立，可以对道路景观进行全面而又系统的研究、描述、分析、阐释、比较、评价、论证、判断和批判，并运用正确的思想方法，客观地、科学地、艺术地和全面地对道路景观及其设计者——道路景观设计师的价值和品质作出评价，从而为道路景观建设的科学评论提供理论支持，并通过这种正常的批评，推动道路景观建设的科学化，促进道路景观建设质量的提高。这需要从四个方面来展开研究。

1. 注重道路景观文化的理论建设

道路景观文化的理论建设不同于道路景观设计中的理论建设。它更多地强调文化对道路景观的引领与丰富，而非道路景观设计的技术理论。如果说美都是有形式的，或者说美都是需要形式的，那么，不同的文化内涵在表现美的过程中，其方法与形式也是不一样的。从绘画的角度来说，西方的油画与中国的水墨画都是美的，但表现的手法与形式是不一样的。就艺术价值追求而言，中国的水墨画更重神似，而西方的油画更重形似。就人与自然的关系而言，中国的山水画更重视自然，人往往只是整个山水画面中的一个点而已，西方的山水画中，除了有的学派（如尼兰德派）外，人占很大比例，山水只是人的背景而已，这种画面的不同，其实体现的是东西文化对人与自然认识上的思想取向不同、思维方式的不同。今天，随着开放程度的加深，东西绘画都互有借鉴，但无论怎样借鉴，都不可能把中西绘画艺术的根本舍弃，将自己的特色去掉，在借鉴中失去自我。

在开放的时代背景下，道路景观文化理论建设特别需要加强。中国古代的道路景观特点十分明显，沿路形成的景观序列不仅建筑立面与西方不同，而且，道路沿线的设施与纪念性建筑也很有特点，如长亭、短亭、牌坊、关等就与西方古罗马大道沿线的里程碑、墓碑（十字架）、凯旋门、记功柱等形态大不一样；在道路绿化上，中国古驿道沿线通常种植柳、杨、榆、槐、柏、松等本地植物，自然也与西方古罗马大道的绿化树罗马松的色彩及形态有所区别了。但今天的公路工程，技术标准源于西方，因为它承载的汽车源于西方。在移植技术标准时，最易导致的是文化标准也会附着在工程技术之中同时移植过来，从审美到艺术表现，从绿化形式到道路附属物（车站、指示牌、垃圾箱、路灯、广告箱等）。加强道路景观文化的理论建设，就可以从理论层面解决道路景观的类同化问题，使我们在使用道路促进人流物流的同时，可以借助道路的文化功能、艺术功能、生态功能等的发挥，增强我国道路景观的丰富性、独特性，弘扬有中国特色的道路景观文化。

2. 研究经典道路景观的文化特质和特殊的媒介性质

本书前面几章已经论述，道路乃城市五大意象之首。正如本书"序言"中所提出的，大多数人在认识一座城市甚至一个国家的时候，总是最先从这座城市与国家的街道或道路景观形象开始，因此，从文化角度而言，道路景观超越了道路的交通功能，是传达道路所在地的地域文化特征、城市个性与特色的线形空间。也就是说，一条经典的道路，具有宣传这个城市文化与精神，体现这个城市个性特征的功能。它的景观不仅仅是景观艺术的反映，同时也是道路所在地和所在国的思想文化的载体，它以线形空间的形态告诉来到这条街道（道路）的人，道路所在国（地）的价值追求、审美偏好、历史文脉、风俗习惯等。如果一座城市精心打造的经典道路，其景观与欧美国家的道路类同，或者完全是克隆、复制，那么这座城市其实是在用它的街道景观向外界喻示：本城无特色，本城以照搬欧美城市街道为荣。这显然是不符合实际且也是不应该的。

道路景观的这一特点，决定了道路景观的规划建设者需要研究道路景观的特点与景观文化表达的艺术形式。文化强调的是"异"而非"同"，只有科学技术才强调"同"。在道路工程上的"同"，强调的是路基、路面、车道宽幅、人行道宽幅等；道路景观文化上的"异"，强调的是景观形态对思想文化、精神风貌、地域特征在景观上的外在形象特征的表达。换言之，民族个性、地域特征、审美偏好的不同，必然要反映在道路景观上。如果不进行研究，在对外开放和西方文化强势的背景下，道路景观的打造就极易"与国际接轨"，景观大道通常就是所谓四季有花，点、线、面的美化标准，绿化的花园图案对称，小品、雕塑点缀，至于特色、个性，就几乎没有考虑。只有认真研究了思想文化、民族性格、地域特征、审美偏好与道路景观的内在联系，又将道路景观作为文化工程和特殊的媒介工程来打造时，经典的道路景观才可能是具有独特性的。

因为任何一个民族和国家的文化和审美，是以与其他文化与审美的"异"为表征的，无论是服装、建筑还是日用品，文化的融入必定使商品保持技术标准的同时，在外形上显现出独特的民族特色。这缘于一种文化是作为与其他文化的相"异"的他者而存在的，否则这种文化就失去了存在的理由。媒介也是如此，任何产生重要影响的媒介都具备了以下几方面的条件：一是自己的特色；二是满足受众对象的心理偏好；三是满足受众偏好的技术手段。若将城市经典道路景观建设当作大众媒介来做，规划设计的指导思想就会由道路交通建设思路转化为媒介打造思路：由欧美的城市道路是怎样的，我们该如何学过来，转变为：我们的城市有什么特点？用什么形式和技术手段来展示这些特点？道路景观的欣赏者希望看到什么？等等。这就从根本上改变了以往城市道路景观建设那种根本无法创新的理念、思路、技术路线。

以大众媒介的思路来建设经典的道路景观：首先是对道路景观进行"定位"，包括"特性"定位——"个性定位、功能定位、性能定位"；"内涵定位"，包括"文化定位、价值定位和情感定位"。① 道路景观经过这些定位，再以符合视觉艺术的形式，符合民族审美的方式以及通过创新技术的方式表现出来，必然就会显示出其景观特点来，最终打造出的经典道路景观才会既是美的，又是民族的；既符合视觉美学的，又具有思想文化内涵的。在对道路品位进行了定位之后，才是设计思想的定位，技术路线上具体的道路线形设计、建筑立面风格设计、绿化方案设计、道路附属设施设计、路边园林中的小品设计、图案设计等。

以城市道路绿化为例。如果道路定位为反映地域文化，道路绿化植物就应该是最典型的本地树种，如市树、市花，其道路两侧花园的图案就应是具有本地民间艺术特征的图案，其绿化园林中的小

---

① 经凤辉：《大众传媒品牌的构建要素》，《新闻爱好者》2010 年第 22 期，第 18—19 页。

品也应是具有地域风格的艺术小品。以此类推，道路的附属设施——路灯、栏杆、道路界桩、车站、广告箱、标志牌、垃圾箱、路边休息椅等，如果赋予地域文化，那么一条道路景观的传播效果就一定会产生地域景观文化特征，而不会重复那种"千街同貌"的城市道路建设弊病。

3. 注意研究民族文化偏好色彩与交通信号色彩的相融互通

红、黄、绿三种色彩是道路交通信号色彩，同时也是目前道路景观中广泛使用的色彩，更是中国 56 个民族中大多数民族喜好的色彩，尤其是汉民族，对红、黄最为推崇。在汉族民间传统文化中，红象征着吉祥，黄象征着高贵。明、清以来，红墙、黄瓦这两种色彩为皇城（紫禁城）与宗教寺庙（大雄宝殿或元通宝殿）所专用。皇帝的外套是黄袍，皇帝对宠臣赐予的外衣叫黄马褂，而"黄马褂"已超出了服装的范畴，是一种具有特殊意义的政治荣誉与符号，代表着获得了最高权力的宠幸，所到之处，一律"绿灯"。

"绿"这种色彩在中国也是具有重要的审美意义的。民间常说的"红男绿女"，"万绿丛中一点红"，诗词歌赋中的"春风又绿江南岸"，"红了樱桃，绿了芭蕉"，"遮不住的青山隐隐，流不断的碧水悠悠"，都是有着重要的审美意义的。

但在道路交通领域中，红、黄、绿是三种最基本的色彩。红灯表示危险，因此要求停车；黄灯表示警告，意在要求通行者警惕；绿灯表示安全，意在告知可以通行。

在规划、设计、打造道路景观时，若要表现民族特色的道路景观，就色彩而言不能回避红、黄、绿三色，但这三种色彩与交通信号之间如何产生良性互动，则需要从理论上进行研究。在城市道路绿化和高速公路绿化的小品景观的打造中，红色、黄色是被经常使用的，但并非都产生了积极的景观视觉影响和交通视觉的安全导向，就在于未对民族文化偏好的红、黄、绿与交通信号色彩展开细分研究。目前，无论国家级的自然科学基金、社会科学基金，还是省部级交通领域的课题研究，对这种涉及中国特点的交通景观研究都鲜有涉及。

4. 重视思想文化在道路景观上的表现形式的研究

目前的道路景观建设，还存在另一方面的问题。一些建设单位、景观公司也想打造出具有民族文化特点的道路景观来，但在道路这种线形空间环境下却找不到恰当的形式、状态、符号来表达这些民族文化、地域文化。近十多年来，虽然研究中国特色、民族文化的论文、专著丰富多彩、汗牛充栋，但是研究思想文化、价值追求、民族审美偏好等这些抽象的东西，怎样在道路这种特殊的线形空间，符合动视规律特点并以恰当的符号、形式表现出来的理论成果还真是鲜见。如果不能从理论上得到解决，提高道路景观的文化质量也是很难的。如果说艺术有规律、科学技术存在规律、景观文化存在规律，那么，民族文化的精神与审美追求抽象为道路景观符号是否存在规律，如何找到这些规律并运用到道路交通景观之中，达到既确保安全又能强化视觉效果，既能推动景观背后的文化价值传播又能美化公路景观，使道路更有文化特色，则是一项非常有意义的工作。

（三）在制度层面，研究并制定道路景观文化的制度建设

如果增强道路景观的文化内涵是道路景观建设优化的前提，那么，确立相应的制度或规章就是道路景观质量提升的重要保证。对于道路景观的制度建设，可从两个方面来思考。

1. 对技术规范的完善和优化

即在原交通部（现名为交通运输部）、原建设部（现名住房和城乡建设部）已颁发的道路建设规范，如建设部 1995 年颁发的《城市道路交通规划设计规范》（〔GB 50220—95〕），交通部 2006 年颁发的《公路线路设计规范》（〔JTGD 20—2006〕）中原则性地增加有关精神文化方面的内容，从而使规范随着时代的变化而与时俱进，达到推动道路景观质量优化的目的。这在发达国家是有资可鉴的。例如，美国 20 世纪 30 年代出版了《公路与城市道路几何设计的政策》（*A Policy on Geometric Design of Highways and Streets*），

但随着"二战"后美国公路的进一步大发展，这个规范在 60 年代
又做了改版，1994 年，随着后交通时代的到来，有关道路景观的
要求得到强化，于是又有新增内容，提出了"加强建设环境、自
然风景、人文历史及社会资源的同时为公众提供安全、高效的交通
运输服务"，公路新功能在规范中得到扩展。至 2001 年，该规范又
出版了新的版本，即当规范满足不了道路建设的实际需要时，又增
加了新的规范，如《公路设计的灵活性》（*Flexibility in Highway
Design*）。[①] 但目前国内道路景观"千街同貌"并未改变，并还在
继续，相关部门是否组织了交通工程、生态工程与人文社科的相关
专家对相关规范立项进行专门研究，还须持续关注。正如法治建设
的关键不在法律的多少而在法律的质量一样，规章制度的生命力不
仅在是否健全上，更在于是否科学。

2. 出台专门针对景观大道的管理规范

上述道路规范是从专业的角度对道路规划设计进行规范的，一
般而言很难在其中插入"不规范的"景观文化的内容。因此，如
果这类由专门的政府部门出台的技术规范难以改动，则可以由交
通、城建、文化及宣传部门出台一部专门针对城市景观大道建设的
规范性文件，对景观大道的景观定位、文化表达内容、参与人、运
行程序等全方位进行科学的规范。所谓景观大道的定位，是通过充
分的论证后，确定景观大道的景观文化内涵定位：或者是以地域文
化为主的道路景观，或者是强调思想文化为主的道路景观，或者是
更注重生态文化的道路景观等，以避免"千街同貌"。文化表达内
容的确定，是以内容来决定形式，通过景观的内涵来决定它的外在
表现方式，实现景观的内外统一。参与人的素质，决定了景观大道
打造质量的高低，而在工程技术人员占主体的规划、设计、施工队

---

　　① 有关 *A Policy on Geometric Design of Highways and Streets* 和 *Flexibility in Highway
Design* 的文本，可以在美国部分州的交通厅和联邦公路运输管理局的官网上找到，www.
transportation. org。

伍中，吸收一定数量的艺术、人文、思想理论人员参与，可以从人才结构上满足景观大道本身具有的人文艺术与思想文化内涵需要。

（四）在评价机制层面，遵循道路的交通属性来制定标准

景观道路的评价标准非常复杂，必须根据具体情况而定。但道路的最基本属性是实现交通功能，由此派生出来的是公众性、动视性与交通性的视觉传达效果。因此它的基本原则应遵循通俗性、动视性和内容与形式的统一。

1. 通俗性原则

道路景观的受众是公众，所以道路景观的评价标准理应有一个让公众能读懂的要求。这个要求就是让公众能通过景观的欣赏，在形象上能知道是什么。在知道是什么的基础上，最好还能从中发现景观所要表达的意义。

2. 符合动视特片原则

道路景观是动视景观，观看人是在线形运动中观看景观的，所以如果不符合动视原则的标准就失去了交通景观的意义。

3. 内容与形式统一原则

即是说，道路景观所表达的是符合道路本身要表达的思想、价值与美学要求的。当道路要反映的是道路所在地的地域文化时，它就应在景观的外在形式上与它要反映的地域文化内容相一致。若道路是要弘扬生态精神文明，那么制作景观的材料当然应用绿色的、生态的材料，景观的外在形象当然与自然生态相融。

第四节　道路的生态景观文化建设

道路的生态景观文化建设，是一个很大的课题，它可以从三个方面来进行：一是从道路的建筑材料的环保化、生态化使用来进行；二是从道路两侧绿色建筑的推广来进行；三是从道路绿化的生态化来进行。由于前二者无法单从人文社会科学的角度进行研究，这里，且从道路绿化的角度来论述道路景观的生态品质。

一　以生态文明引领道路建设

过去的道路绿化之所以未能最大限度地提升道路的生态品质，是因为未用生态文明来指导道路绿化。而要改变这种状况的前提就是以生态文明引领道路绿化。那么，什么是生态文明呢？如何在道路绿化中去落实生态文明的价值取向呢？

在生态文明建设的大背景下，要实现生态思想观念所倡导的社会生态变革，可从四个方面推进，即："让生活有益生态，用文化凝聚力量，靠制度规范行为，以创新引领发展。"①

"让生活有益生态"，是从人类最基本的活动来超越"人类中心主义"和"生态中心主义"的，它使人们从日常生活出发，来实现人与自然的和谐相处。这就避免了工业文明时期把自然视为单纯被利用与改造的对象的错误。既关注人类又关注自然，既维护人类的利益又维护自然的利益，把人与自然和谐共生、共同繁荣作为发展的目标与要求。这就要求人的生活既要在客观上符合生态规律，又要在主观上合乎文明发展的目的。联系到道路交通及设施的绿化，这种生态文明所推行的道路绿化，就应既考虑人的生活环境提升，也考虑到营建相应的自然生态环境，为飞禽和小型哺乳动物的生存建立适宜的生境，让道路的路域植被、昆虫、鸟禽处于动态生态平衡，减少杀虫剂的使用，从而在生活上更宜于人与自然的和谐相处，也更宜于人居。

"用文化凝聚力量"，是从文化角度来推动生态文明的化育，以实现生态文明的"化成天下"。生态文明要求人们树立起生态世界观、价值观和审美观来营建新型的文化形态。这种新型的"三观"的树立，推行到道路建设与绿化的范畴，就需要以生态审美、生态道路绿化的评价标准、生态的道路绿化规范来推动城市绿化的

---

①　江泽慧：《生态文明时代的主流文化——中国生态文化体系研究总论》，人民出版社 2013 年版，第 15 页。

生态化，而不能完全沿用工业文明时期的老标准。

"靠制度规范行为"，是从制度层面来推动生态文明建设，进入生态文明时代，"环境正义理应成为制度建设的有机部分，要将生态文化的哲学智慧、伦理道德和价值观念渗透于国家法制建设，激励机制建设的不断完善之中"[①]。落实到城乡道路建设与绿化方面，就应建立起城市园林、道路绿化方面与生态文明相适应的规范，从而以生态的制度推行生态建设，如果制度仍是工业文明时期的老制度，生态建设落实到城市绿化就是一句空话。

"以创新引领发展"，是从形而上与形而下两个方面来推动生态文明建设。制度创新可归于形而上，技术创新是形而下。延伸到道路建设与绿化方面，其技术创新就需要创建新型的生态技术来支持城市绿化的生态化。

二　推动道路绿化的生态化

正如思想情感支配行为，伦理观念决定道德行为一样，生态文明指导下的道路绿化，其实践方式就是强化道路绿化的生态化。抛弃过去那种以"好看"为标准的道路绿化，开启道路绿化的一代新风，形成一种全新的城市道路绿化。如果以一句话概括就是要以构建宜居环境为原则推动城市道路绿化。

生态文明理念下的道路绿化，在理念上追求的是道路绿化与自然的相融，在实际效果上追求的是通过道路绿化来改善城乡生态环境。这种绿化侧重的不是视觉上的色彩丰富，而是使人们生活于良好的生存环境中。因此，以宜居环境为标准构建城市道路绿化，需要从降低热岛效应、减小污染指数等方面来推动城市道路绿化。

[①]　江泽慧：《生态文明时代的主流文化——中国生态文化体系研究总论》，人民出版社 2013 年版，第 16 页。

（一）确立道路绿化以改善城乡气候环境为原则

以城市为例，它因人口的密集而导致建筑的高容积率，交通网的密布在一定程度上恶化了城市居住环境。其中，在气候上至少产生了两大问题，在夏季，是"热岛效应"；冬春秋是雾霾。气候炎热的城市，夏季在热岛效应的影响下，城市环境更不宜居。为改变这种状态，从道路绿化来看，要降低热岛效应，就需要通过城市道路绿化来改善城市道路的地表性质，通过树冠蔽阴，减少阳光直射柏油或混凝土的路面，使城市道路地表接近自然化。由于大绿量植物通过蒸腾作用吸收空气中的热能效果更强，因此树高、冠阔、叶密的乔木更具有降低热岛效应的作用。从减少城市雾霾增加人与自然的交流来看，通过道路绿化来净化空气，以此为标准来选择绿化树木品种，最大限度地通过绿化净化空气，减少空气中的悬浮颗粒（PM2.5）。由于空气中的悬浮颗粒会大量吸收太阳中的辐射热，因此降解雾霾的强度，也可同时降低热岛效应。在改善人与自然的交流方面，通过在城市道路人行道种植落叶乔木，可使冬季的阳光透过树枝照射到人行道上，使行人享受到温暖的阳光。这些功能都可通过植物品种的选择、植物种类的合理配置与设计得到较好的实现。如图5-17通过落叶乔木和大树冠乔木在人行道和车行道上的互相配植，夏天减少阳光对道路的照射，降低"热岛效应"，冬天阳光穿过落叶乔木树枝，让行人享受到温暖的阳光，使城市更宜居；对于行驶车行道的汽车而言，因高大乔木宽阔的树冠遮蔽，可实现双向降尘。这种利用高大乔木来降低城市热岛效应、滞尘减噪的城市道路绿化做得较好的，在欧洲有巴黎、罗马的部分地区，瑞士的苏黎世、卢塞恩；在北美有美国的华盛顿等；在亚洲做得最好的是新加坡。为了解决高大树冠可能挡住红绿交通指示灯的问题，这些城市均做了相应的技术处理，所以那种认为高大乔木遮蔽视线，影响交通安全的说法被证明是站不住脚的。

表5-1告诉人们，正如不同的植物品种色彩多有区别一样，在调节气候的功能上，它们的效果也是不一样的。

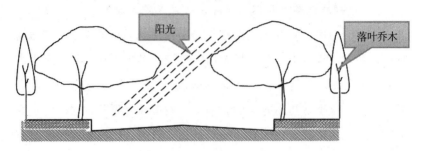

图 5 - 17　有降低"热岛效应"、净化空气、改善环境效果的道路绿化

资料来源：作者自绘。

以改善生态环境为原则来推动道路绿化，必然会在选择植被种类方面有所偏重，这根源于不同的植被其特性和功能不同。如果以人的视觉效果来确定道路绿化，那么人们必然侧重道路绿化的彩色植物，红花继木、金叶高榕、红雀珊瑚、烟火树、红边龙血树之类色彩艳丽的植物，就会成为道路绿化的首选；如果以调节气候、降低污染为重要原则来确定道路绿化，那么，在南方炎热的地域，如重庆地区，就应侧重黄葛树、悬铃木（法国梧桐）、小叶榕、大叶枫等植物。

从表 5 - 1 中我们可以看到，不同的植物调节气候的功能是不一样的。如，黄葛树在炎热的夏天，可以将 38℃ 高温调节至 34.8℃，而银杏树则基本不能产生调节气温的作用。因此如果从调节气候的生态角度出发，在道路绿化中应选择什么树为主就不言而喻了。大自然的神奇力量令人赞叹，在寒冷之地形成的密林，可以有限保持温度，在炎热地带生长的树木，能够有效地降温。如果人们顺应自然，效法自然，追寻自然的启示而借自然之力，就可以在道路绿化中实现生态环境的改善。若反其道而行之，则会自食其苦。在笔者所在课题组关于道路生态绿化内容进行的调研中，印象最为深刻的是新加坡。就新加坡的气候条件来讲，橄榄树、椰子树、槟榔树等都适合种植，但新加坡偏偏未选这些树形美观、形态婀娜的树种作为城市道路的绿化树种，而是选择了树冠大、树身高的雨树作为城市行道树,由此形成的景观效果是满城皆绿,约八成的道路路面被绿荫覆盖,无论鸟瞰还是平视,都给人带来视觉的凉意,还实实在在地减少了城市热岛效应。比起相同气候区域的曼谷、吉隆坡就显得更为绿色。

表 5-1　　　　　　　　不同树木绿化下的道路

（测试工具：美德时温度计湿度计 20cm；地点：重庆市区）

序号	测试时间	最高温	测试道路	绿化树木	空气温度	空气湿度	备注
01	2013.06.16. 15：00—15：20	38℃	杨九路	黄葛树	34.8℃	54℃	
02	2013.06.16. 15：50—16：10	38℃	建设路	法国梧桐	36℃	45℃	
03	2013.06.17. 15：00—15：20	38℃	学府大道	桂花树	37.2℃	42℃	
04	2013.06.17. 15：50—16：10	38℃	工商大学	小叶榕	34.8℃	46℃	
05	2013.06.17. 16：20—16：40	38℃	学府大道	银杏树	38℃	36℃	
06	2013.06.18. 15：00—15：20	38℃	重庆交大家属院内	石榴树	35℃	42℃	

（二）城乡道路绿化应以降低污染为原则

汽车尾气和行驶时带来的尘埃、噪声污染了城乡道路路域环境,因此,如果要改善城市街道的居住环境,就应通过城市道路绿化来减少道路运行中产生的污染。由于不同种类的植被和不同的植被组合所产生的抗污染效果不同,因此需要根据道路所在路域的具体污染情况实行道路绿化的植被选择和植被组合。从植物叶片所含二氧化硫和氮的含量来看，刺桐、黄葛树、夹竹桃、海桐、秋枫、小叶榕等各不相同，因此，对污染的"吸收量"也是不同的，因为"植物叶片污染量含量的高低反映出对某种污染物的控制效率"①（见图5-18）。选用扩绿降碳、滞尘降噪等优化环境功能强的植被进行城市道路绿化，不能说是完全意义上的生态建设，但因降解了污染，改善了城市的总体环境，从生态文明的大方向来看，

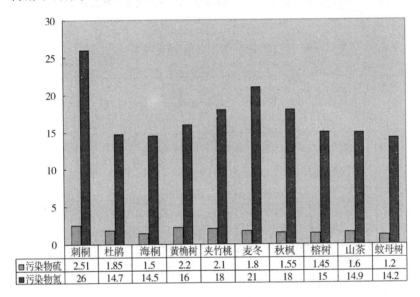

	刺桐	杜鹃	海桐	黄桷树	夹竹桃	麦冬	秋枫	榕树	山茶	蚊母树
■污染物硫	2.51	1.85	1.5	2.2	2.1	1.8	1.55	1.45	1.6	1.2
■污染物氮	26	14.7	14.5	16	18	21	18	15	14.9	14.2

图5-18　刺桐、杜鹃、海桐、黄葛树、夹竹桃、麦冬、

秋枫、榕树、山茶、蚊母树等含硫、氮量测表

资料来源：范修远、陈玉成：《重庆主城区主要行道植物含硫氮水平初步研究》，《中国城市林业》2006年第4期，第39—40页。

亦可算是改善了城市的生态环境。而从降低噪声来看，根据笔者所在课题组的实测，由雪松、迎春、棕竹组成的绿色屏障与没有屏障的环境相比噪声率可降低10%。在许多情况下单一的行道路树降噪效果并不明显。表5-2表明不同植被组合下对噪声的消解率。此表数据说明，由于植被的特性、形态不同，组合不同，降噪效果

---

① 范修远、陈玉成：《重庆主城区主要行道植物含硫氮水平初步研究》，《中国城市林业》2006年第4期，第39—40页。

也不一样。

表 5 - 2　　　　不同植被组合下对噪声的消解测试表

（手提式噪声测试计：BENETECH，型号：GM1357）

测试点	噪声发声量（db）	无隔离状态噪声量（db10 米）	植被组合后噪声量（db10 米）	降噪率%
1	105—110	10 米距离 65—70db	雪松、迎春组合植被 55—60db	11.7
2	105—110	10 米距离 65—70db	由迎春组成的灌木绿带 60—62db	11
3	105—110	10 米距离 65—70db	由棕竹组成的绿带 58—60db	11.4

注：测试地点 1 为重庆交通大学南岸校区实验大楼路侧；测试地点 2 为该校第一教学楼前广场路侧；测试地点 3 为南山植物园。

（三）城乡道路绿化降低污染需要有针对性地进行

对于空气中二氧化硫较重的地区，可以考虑选择吸纳含硫量大的植被进行道路绿化；对于噪声较大的地域，可以选用降噪声功能强的植物，通过乔、灌、草有机组合的道路绿化与降噪屏相结合的方式来解决城乡道路噪声；对于重金属污染的冶金工业类厂区兴建的城市新区，或石油工业类工业区基础上兴建的城市新区，则可在道路绿化中种植消解污染的植物①，通过植物修复技术来改善当地的环境质量。

（四）将道路路网系统作为生态的绿色网络系统来建设

正如交通视域下的城市道路是实现人流物流有效流通的网络一样，生态视域下的道路绿化，应当将道路绿化当作能产生"生态呼吸"的绿色网络系统来建设。绿网化道路借助道路网络而形成

---

① 屈冉：《土壤重金属污染的植物修复》，《生态学杂志》第 27 卷 2008 年第 4 期，第 626—631 页；蔺昕、台培东等：《石油污染土壤植物——微生物修复研究进展》，《生态学杂志》第 25 卷 2006 年第 1 期，第 93—100 页。

城乡的绿色网络，通过"保护敏感陆地和水体、增强公路交通设施与周围环境的相容性、提高项目的视觉质量、减轻对环境的负面影响等"①，让城乡具有自然山水的景观形态，形成虽由人做，宛若天开的自然生态景观。从景观生态学的角度而言，就是要把道路网络视为整个城乡地域生态的一个有机组成部分。通过道路网络系统的绿化，将郊野的生态核心区域（core areas）、廊道（corridors）和缓冲带（buffer zones）与都市密集的人口聚集区有机联系起来，"在未来生态网络和绿道的实施中，自然和文化之间的联系是必不可少的"②。从规划的角度来看，就是要把城市作为大自然的延伸之地，将道路网络作为人与自然的联系系统。因此，从道路绿化的树种，到道路绿化植被的配置，都应以所在地域的生态核心区为来源。外来的植被只能作为点缀。与此同理，这种绿化的生境，也应根据核心区、廊道、缓冲区的延次渐变来营造，由此形成的绿网，才是自然生态核心区向城市的延伸，而非人为打造的非自然绿色景观。

（五）模拟自然，营造出自然的生态环境，让城市融入自然

通过模拟自然环境的城市道路绿化，形成类自然的生境，吸引鸟禽和小型哺乳动物栖息。模拟自然的道路绿化不是一句话，而是一系列包含着生态内涵的绿化工作：减少人工草坪，减少化学杀虫剂的使用，减少外来植物种植。在有条件的路域，通过绿化形成密林、密灌、深草丛等。人工草坪不利于昆虫的生长，因为只有自然生长的草及灌木的叶、根才是昆虫的食物。同时，为了保持人工草坪的景观效果，往往要喷洒杀虫剂，杀虫剂会杀死土壤中的微生物，没有了微生物，昆虫就不能生长，没有相应的昆虫，飞禽就不

---

① 陈建业：《浅谈美国公路景观及环境设计》，《交通建设与管理》2007 年第 4 期，第 44—48 页。

② ［荷］罗布·H. G. 容曼、［英］格洛里亚·蓬杰蒂：《生态网络与绿道——概念·设计与实施》，余青、陈海沐、梁莺莺译，中国建筑工业出版社 2011 年版，第 4 页。

会前来喙食，而失去了蝉鸣蛉唱，失去了鸟语花香，也就失去了自然生态的环境。相反，如果人们居住在城里都能看到深山老林才能见到的山雀、松鼠之类的动物在跳跃、活动，会感受到融入自然的乐趣。纽约、法兰克福、布里斯班之所以在城市街道上常常可见野生的飞禽与哺乳动物，不仅仅在于这些城市周边有大量的自然绿地，还在于这些城市道路的植被，为它们留下了栖息之地。如果仅仅只是四季有花、色彩艳丽、图案工整的花园，是很难引来这些"自然之客"的。

（六）以生态美替代传统的景观大道审美

以生态美代替传统的景观大道审美是生态文明引领城市道路绿化的审美标准改变的结果。这一改变，将从价值导向角度，使生态文明在城市道路绿化中得到具体体现。在具体操作规范上可从以下两个方面来把握。

1. 将生态美融入景观大道的美学标准，建构道路景观的生态美学标准

生态文明时代的生态城市道路，理应超越传统景观大道的审美标准。传统景观大道的审美以艺术哲学为基础，评审标准将艺术性摆在第一位或重要位置，强调的艺术美"是由心灵产生和再生的美，心灵和它的产品比自然和它的现象高多少，艺术美也就比自然美高多少"；"只有心灵才是真实的，只有心灵才涵盖一切，所以一切美只有在涉及这较高境界而且由这较高境界产生出来时，才是真正的美"①。这种以人的心灵为艺术的美学理论，反映在道路的评价标准上，强调的是道路景观的艺术美，在空间上注重点、线、面的连续性与优美走向；在植被种植上，强调乔、灌、草的错落有致和园林式配置；在视觉美感上，强调色彩丰富，四季有花。这种审美，以北京大学俞孔坚教授在第七届城市发展与规划研讨会上的

---

① ［德］黑格尔：《美学》第一卷，朱光潜译，商务印书馆1997年版，第4—5页。

发言来说，是一种小脚的审美。因为这种美学指导之下的景观大道评价标准忽略了自然生态。虽然道路景观的生态美学标准并不一概否定传统的道路景观审美，但它却更以当代生态存在论哲学为理论基础。所谓生态美学并非简单的自然美，"因为自然美只是自然界自身具有的价值，而生态美却是人与自然生态关系和谐的产物，它是以人的生态过程和生态系统作为审美观照的对象。生态美首先体现了主体的参与性和主体与自然环境的依存关系，它是由人与自然的生命关联而引发的一种生命的共感与欢歌。它是人与大自然的生命和弦，而非自然的独奏曲"①。生态美学"主张'人—自然—社会'协调统一；反对自然无价值的理论"②。生态美学反映在道路绿化景观的评价标准上，至少应表现在以下三大方面。

第一，看道路绿化是否能较好地改善道路路域环境。这种环境的改善应反映在气候调节、减噪静音、增氧降碳、滞尘消霾等方面。在此基础上其他的形式美才具有意义，如果上述改善环境的功能欠佳，再美的景观也只能是一种传统的、古典的园林景观在道路上的反映，而非生态美学在道路景观上的实践，因为它不符合生态美学的道路绿化原则。

第二，看道路绿化是否能在景观生态上与地域生态景观大体相融。城郊区域的城市道路，其景观应注重与周边自然生态景观大体相融，不能有太强的人工绿化色彩，不宜形成强烈的人工痕迹。道路景观的绿化与道路路域周边的地域生态景观如果反差太大，说明这个道路绿化在植被的采用上未以本地植物为主体，在生态文明的大背景下，道路绿化应以本地植物为主已是道路绿化研究者们的共识，如果反其道而行之，导致的结果必然是：在视觉美感上的不和谐，在生态美学上的反自然，在生态系统平衡上的非正常。

第三，看道路绿化植被是否能为野生动物留下相应的生境。在

---

① 徐恒醇：《生态美学》，陕西人民教育出版社 2000 年版，第 119 页。

② 王耘：《复杂性生态哲学》，社会科学文献出版社 2008 年版，第 8—9 页。

生态良好的城市社区道路和郊外道路绿化中，应对生态环境有更高的要求，这些地方的道路绿化，应当模拟自然状态下的绿色植被环境，为飞鸟、昆虫、小型哺乳动物留下一定的生境，这些鸟类、昆虫、小型哺乳动物之间可以形成某种生态平衡，因此大大减少杀虫剂的使用，使住在城里的市民可以享受与自然相融的环境，感受到人与自然的和谐相处。

2. 根据道路功能确定绿化定位

以城市为例，城市道路的功能多元化决定了城市道路景观的评价标准需要多元化。根据城市道路的功能进行城市道路绿化，有利于城市道路景观的多元化，丰富城市道路景观特色。可从以下几方面着手制定标准。

一是对反映城市文化特色的景观大道，要以城市标志性的植物绿化为主。通过将城市市树与市花融入城市道路来反映城市文化，形成城市道路绿化的文化特征，即通过绿化创建宜居的人文环境。

二是对城市快速通道，要以降低道路污染的植被为主。城市快速通道车流量大，汽车尾气、噪声、微尘和碳氢化合物、二氧化硫等污染物多且重，应以降低各类污染为标准。通过绿化减少污染，营建宜居的生态环境。

三是对城市历史街区和文化街区，应根据这些街区的历史文化特点来选择绿化植被品种。如历史名人街区，可以考虑选择名人生前喜爱植物为主要绿化植被，或选择具有中国传统人格象征意义的植被进行绿化。实现街区历史文化与建筑、道路绿化的高度一致。通过绿化来映衬凸显历史街区的文化氛围。

四是对生态社区和园林溪谷等道路绿化，以自然生境的营建为标准。城市生态自然绿地及生态社区的道路绿化必须考虑地域的生态特征，以仿自然的方式，营建起适宜鸟类和野生小型哺乳类动物栖息的生存环境，形成鸟语花香的生态宜居之地。不能仅仅只从视觉、嗅觉效果出发，绿化中只考虑花团锦簇，有花香而忽视鸟语，而要通过绿化使道路融入生态环境中，超越道路的交通功能而使道路成为自然生态的有机载体。

（七）在有条件的路域推行去人工化植被恢复

去人工化植被恢复，"就是在人为辅助控制下，利用生态系统演替和自我恢复能力，使被扰动和损害的生态系统（土壤、植物和野生动物等）恢复到接近于它受干扰前的自然状况"①。在道路路域较为平缓、土壤较为肥沃、气候条件适宜植被迅速恢复之地，推行去人工化植被恢复，可更好地使道路生态环境得以改善。效果至少有四：一是从经济上讲，更节约城市绿化的资金，自然植被既不花植物植株的投资，也无须更多的人工养护，因此费用最省。二是从生态上讲，有利于城市融入自然——本地地域植被根系与果实多是昆虫的食物链构成要素，而昆虫与植物果粒往往又是野生鸟类的食物链构成要素，促使其成为城乡道路绿化植种，有利于引入野生禽鸟类融入城区，使城市成为自然中的城市。三是从景观生态学来看，去人工化植被恢复与道路周边绿色植被浑然一体，自然、协调。如果处处都实行人工绿化，就容易使自然边坡与人工边坡之间形成一条纹路清晰的分界线，一方面强化了人工痕迹，另一方面无法从植被景观上显出地域景观特色。四是从环境保护角度看，自然植被无须为保护它而喷洒除草剂，大大减少了人工对自然的干预，使城市环境更安全。

（八）以生态思想指导城乡道路规划的选线与设计

以生态思想指导城乡道路线形设计需要从路域生态环境，处理好道路与公园、自然生态廊带的关系以及发展城市绿道三个方向来把握。

1. 道路路域生态环境决定道路的线路走势

必须注重道路路域的环境特点，因为它是充分发挥道路生态学的科学原理，在城乡道路生态建设中促使道路生态不断优化的前

---

① Richard T. T. Forman, *Urban Regions Ecology and Planning: Beyond the City*, Cambridge University Press, 2008, p. 167.

提。目前，国内城乡道路生态建设从规划开始的较少，道路的生态
建设多是停留在增加绿面、增大绿量上，缺乏从道路生态学的角度
整体思考城乡道路的生态建设。路域环境包括了道路路域的气候环
境、植被系统、土壤属性、水系、大气等基本情况。著名道路生态
学家理查德·福尔曼在他的《道路生态学：科学与解决方案》一
书中指出："道路周围的小气候（局部近地表气候）经常和毗邻区
域中的气候有明显的不同。……从道路上升腾的热空气会吸纳周边
地区的凉空气。当一段路东西走向时，太阳高度角（由太阳和地
面的相对高度决定）会使道路廊道的温度在北坡和南坡之间发生
很大的变化。而且，相对于风向的道路走向或方向会给风速、空气
涡流的形成、相对湿度和土壤干燥格局带来重大影响。实际上，一
系列不同的小气候环境都会集中在一条狭窄的道路廊道内……"
"来自车辆排放的臭氧和氮氧化物，会在平流层中积累，对植物产
生各种生态影响"；"污染物颗粒和气溶胶（漂浮于大气中的微小
液状颗粒）在从全球到区域的尺度上都会有所积累。土壤和其他
颗粒的风蚀，土壤和雪的沉积，有许多地方是与道路和汽车有关联
的"；路域植被特点是指"覆盖于一个地区的植物种类、密度及其
分布。……它指一些优势本土物种和植物种的集群"[1]。把握城乡
道路路域的环境特点，有助于运用道路生态学的原理，对道路进行
合理规划的选线与设计，使道路的生态建设始于规划。例如，如果
城市必须有一条道路通过处在地域所在地的风口地段，那么在道路
规划时根据地域特点，可以将道路设计为弯曲蜿蜒的弧形，再通过
植树绿化的手段等，就能大大降低这一路域地段的风速，从而使城
市道路路域环境不因道路的兴建而变得更为恶劣；又如，如果道路
要经过的路域属于过去的冶金工业区，该地土壤有较重的重金属污
染，那么在绿化的规划上，就应以能降低重属污染的植物为首选；

---

① Richard T. T. Forman, *Urban Regions Ecology and Planning*：*Beyond the City*，Cambridge University Press，2008，p. 13.

再如，如果城市属于炎热之地，那么通过选择树冠阔大的高大乔木增加道路的郁蔽度，就可降低城市的热岛效应；反之亦然，如果城市处于气温较低的温带，在道路规划与设计、绿化上，则可以考虑增强保温；……国内外的道路绿化给我们的提示是，充分利用植物的生态特性，是可以充分改善环境，使城乡环境更加宜居的。花园城市新加坡虽以花园冠名，但真正能给人深刻印象的却是满城如绿伞般高高撑起的雨树（见图 5-19）。而图 5-20 所示的罗马城区

图 5-19　新加坡城市道路边的雨树

资料来源：作者自拍于 2011 年春。

图 5-20　罗马城区里的行道树

资料来源：作者自拍于 2011 年夏。

里的罗马松，如华盖般的树冠严实地挡住南欧的烈日，使罗马这一角城区较之其他树木稀疏的街区气温得到有效地降低。

2. 处理好道路绿化带、公园绿地与自然林地的关系

道路绿化带、公园绿地与自然林地是道路生态建设中必须高度重视的三个方面，它们发挥着各自不同的生态功能与景观功能。从三者的关系来看，道路绿化带是城乡路域的绿色网络；公园绿地是城乡区域的肺叶，自然绿地是城乡持续发展所依凭的自然基因；没有城乡道路的绿网，城乡的肺叶就失去了呼吸的管道；没有"绿色肺叶"城市就不能健康呼吸；没有良好的自然生态林地，城市肺叶就失去了所依托的地域自然生态本体，城市环境的生态呼吸就会产生安全隐患。对宜居城的城乡环境而言，三者作用缺一不可，失去其中一项，城乡的宜居效果就会大大降低。

从三者的具体作用来看，其功能又各有侧重。道路绿带，主要是稳定路基、降低噪声、减少污染、绿化视野、美化道路、导向交通；公园绿地，主要功能在优化生态、休闲憩息、美化环境、陶冶性情；城郊自然林地，虽然也有郊游、休闲、美化作用，但更重要的作用在于稳定生态系统，发挥林地所在的城乡的地域生态功能。

三者的共同点是都能发挥生态功能，不同点在于，公园林地，则主要考虑公园主题特点，文化公园必须考虑绿化的文化取向，烈士陵园考虑公园的纪念性质，休闲公园注重公园的休闲特征，如此等等，不一而足。而城乡道路绿带具有交通功能，如立交绿岛绿化要考虑交通导向功能，道路分隔绿带要考虑防炫光功能，城乡快速通道要考虑防视觉疲劳功能，等等，由此必然会带来绿化的交通特色——带形空间绿化的序列性特点，防视觉疲劳的绿化色彩变异特点，动视景观要求的绿化韵律性特点，等等。至于自然林地，最基本的功能是它的自然生态性功能，人工的微绿化处理仅仅只是辅助性的工作。

当前，国内城市道路普遍存在的问题是在进行道路绿化时，考虑更多的是城市道路的美化问题，而一条城市道路与城市周边环境

的关系是什么，这条道路的绿化景观如何与周边环境产生互动关系，如何产生生态效益等则研究较少。如果从现在开始，紧紧抓住这些问题进行认真研究，就一定会取得相应的成果，在生态文明时代实现道路建筑的生态化。

以城市道路为例，如果城市地处江河湿地纵横、紧靠自然生态良好的原生林地域，那么城市道路的规划、选线、绿化就需要充分考虑"鸟类和哺乳动物的植被通道，街道行道树廊道与城市桥梁，大坝、河滩等相关环境下野生飞禽、鱼类及小动物之间流动的内在关系……"① 这样的道路规划与绿化，必定会更好地使道路系统有机地融入自然环境，道路在方便城乡交通环境的同时，对自然生态环境的影响也会减少。

3. 大力兴建城乡绿道

何为绿道？这里的绿道绝非交通管理部门所说的那种安全、通畅的道路，而是一种具有生态意义又有交通意义的道路，是生态与交通的统一体。"《牛津字典》中'绿色'（green）的定义之一是'将关心或支持环境保护作为一项原则'，而'路'（way）的定义之一是'通道，到达某地的路线或通道。'"② 这两个词合起来就是绿道，即英文的 greenway，绿道最初指供人到达乡村的通道，之后又增加了联系城市和乡村景观的功能。"Ahern 在 1996 年又提出了一个更为全面的定义，即绿道是人们为了各种经营目的而规划设计的土地网络，但无论如何都要符合可持续的土地利用方式。这一定义融合了绿道的不同功能及在不同的环境背景下（包括自然、文化、空间或政治）下建立的类型。"③ 因此，真正意义上的绿道，具有生态、文化、空间和政治等诸多内容，而非目前国内用得最普

① 谢怀建、王昌贤：《实施生态绿化，促进重庆外环高速公路的路域生态建设》，《城市发展研究》2009 年第 1 期，第 80—84 页。

② ［荷］罗布·H.G. 容曼、［英］格洛里亚·蓬杰蒂：《生态网络与绿道——概念·设计与实施》，余青、陈海沐、梁莺莺译，中国建筑工业出版社 2011 年版，第 2 页。

③ 同上书，第 3 页。

遍的所谓加大"绿面"与"绿量"城市景观道。由于绿道的生态性本身就包括了生物的多样性，从植被到飞禽、昆虫甚至小型哺乳动物都是绿道需要考虑的生态内容，从历史遗迹到文化遗产都是绿道要保护的文化生态，从生态政治到生态文化都是绿道要表现的道路景观，因此，绿道基因决定了它的建设与发展，理所当然地会避免那种"千道同景"的弊端。

　　绿道的生态性打造，有益于人的身体健康；绿道的人文生态保护，有益于人的精神与心理健康；绿道的生态文化空间走廊景观，有益于生态文化的传播，使生态文明时代的道路具有生态文化的意蕴。这样，既避免了道路景观的千篇一律，又降解了道路在给人带来交通便利的同时，给环境带来的负面影响。这正是我们道路景观文化的研究者追求的目标。

后　记

　　本书作为国家社科基金项目成果，完稿至今已近两年。种种原因导致付印滞后。即将出版之时，对为本书成稿给予帮助的以下朋友表示感谢。

　　就职于美国 IBM 德克萨斯州奥斯汀分营部的 Yang Yanhua 女士，就职于 Ciena 公司的加拿大渥太华的 Dongyang（Daniel）Zhou 先生助我完成了北美地区人们对道路景观认识的网络调查；重庆交通大学人文学院张玉蓉教授在访英学习期间，及重庆交通大学人文学院李红秀教授在任贝宁孔子学院院长期间帮助我完成了人们对道路景观认识的欧洲和非洲调查。正是这些调查，坚定了我对道路景观具有文化功能、教育功能的认识，成为促使我完成本书的重要因素之一。

　　同时，课题组的同仁们也做了许多工作。中国城市科学研究会副秘书长徐文珍规划师、重庆交通大学思政教研部的郑国玉副教授、重庆交通大学研究生院院长张铭教授等，都针对本书做了校阅工作，并提出了建设性建议。这些对完成本书起到了积极的作用。在此一并致谢。

　　最后要感谢的是中国社会科学出版社的韩国茹老师，她对本书文字的编校做了大量的工作，认真且细心，使本书的质量在原稿基础上有所提升。

作者于 2016 年 8 月 18 日